U0816401

乡村产业振兴
典型案例集 2022

中国城乡发展国际交流协会
中　国　食　品　报　社　主　编

林家彬　执行主编

中国发展出版社
CHINA DEVELOPMENT PRESS

图书在版编目（CIP）数据

乡村产业振兴典型案例集 . 2022 / 中国城乡发展国际交流协会，中国食品报社主编；林家彬执行主编 . — 北京：中国发展出版社，2023.8
ISBN 978-7-5177-1383-8

Ⅰ . ①乡… Ⅱ . ①中… ②中… ③林… Ⅲ . ①乡村—农业产业—产业发展—案例—汇编—中国— 2022 Ⅳ . ① F323

中国国家版本馆 CIP 数据核字（2023）第 155260 号

书　　名：乡村产业振兴典型案例集 2022
主　　编：中国城乡发展国际交流协会　中国食品报社
执行主编：林家彬
责任编辑：吴　佳　王海燕
出版发行：中国发展出版社
联系地址：北京经济技术开发区荣华中路 22 号亦城财富中心 1 号楼 8 层（100176）
标准书号：ISBN 978-7-5177-1383-8
经 销 者：各地新华书店
印 刷 者：北京市金木堂数码科技有限公司
开　　本：710mm × 1000mm　1/16
印　　张：17.75
字　　数：300 千字
版　　次：2023 年 8 月第 1 版
印　　次：2023 年 8 月第 1 次印刷
定　　价：78.00 元

联系电话：（010）68990625　68360970
购书热线：（010）68990682　68990686
网络订购：http://zgfzcbs.tmall.com
网购电话：（010）88333349　68990639
本社网址：http://www.develpress.com
电子邮件：15210957065@163.com

版权所有 · 翻印必究
本社图书若有缺页、倒页，请向发行部调换

编委会

主　　编：中国城乡发展国际交流协会

中国食品报社

执 行 主 编：林家彬

编委会成员：（按姓氏音序排列）

杜玮彤　魏　韬　肖金成　邢　浩

徐小青　杨育玲　袁崇法　赵　锋

在乡村振兴中实现农村农民共同富裕（代序）

党的二十大报告中，习近平总书记对推进乡村振兴再次做出了深刻论述和全面部署：全面建设社会主义现代化国家，最艰巨最繁重的任务仍然在农村[①]。这既阐明了乡村振兴与建设现代化国家的关系，又揭示出城乡发展不平衡、农村发展不充分，是当前我国社会主要矛盾的集中体现。因此，推动乡村振兴，不仅是农村和农民的事，更是全党和全国人民的事。

乡村振兴的目标是什么？一是加快建设农业强国，14 亿多人口的大国，只有把饭碗牢牢端在自己手中，才能掌握建设现代化国家的主动权。二是建设宜居宜业和美乡村，使农民富裕幸福，农村和谐秀美。前一个目标是“国之大者”，后一个目标是民之所盼，必须相辅相成、同步推进，才能相得益彰。

怎么实现乡村振兴？扎实推进乡村产业、人才、文化、生态、组织五大振兴。其中，人才、组织是主体，产业、文化、生态是客体，振兴主体的目的是振兴客体。不仅要提高乡村专业人才的比重，更要提高广大农民的文化科学素质；要充分发挥乡村基层党组织的领导作用，振兴农村集体经济组织和村民自治组织，发展农民需要的各种新型经济组织和社会组织，提高农民推进乡村振兴的组织化程度。振兴乡村的产业、文化、生态，实际上就是要充分发挥乡村的这些特有功能。乡村的价值，主要体现在它具有城市不具备但却是整个国家发展不可或缺的特有功能，那就是巩固农业基础、守护青山绿水、传承中华民族的优秀传统文化。因此，乡村振兴，不能简单地比照城镇建设的路子。习近平总书记讲过，搞新农村建设要注意生态环境保护，注意乡土味道，体现农村

① 《高举中国特色社会主义伟大旗帜 为全面建设社会主义现代化国家而团结奋斗》，《人民日报》，2022 年 10 月 26 日。

特点，保留乡村风貌，不能照搬照抄城镇建设那一套，搞得城市不像城市、农村不像农村①。因此，推进乡村振兴重在发挥乡村的特有功能。城市和乡村有着不同的功能，这就和一个人一样，人有五脏六腑、四肢五官，它们各有各的功能，缺一不可；五脏六腑完备、四肢五官齐整，才是健康的人，否则就是病人、残疾人。一个国家也是如此，只有使城镇和乡村各自所特有的功能都得到充分发挥，国家的现代化进程才能是健康的、完整的，否则就是残缺的、不完整的。

如何才能使乡村在发挥其特有功能的同时，实现农民的共同富裕？党的二十大报告中已经提出了很多措施，包括改善农业生产条件、加快农业科技进步、加强乡村基础设施建设和公共服务、深化农村改革和推进农业经营体制创新、完善农业支持保护制度、健全农村金融服务体系等，同时，还明确提出要健全种粮农民收益保障机制和主产区利益补偿机制，发展乡村特色产业，拓宽农民增收致富渠道。相信只要切实落实好这些政策举措，就一定能够加快提升农民的富裕程度。

但对当前城乡发展不平衡、农村发展不充分的现实不可低估。城乡居民收入差距，是衡量全体人民共同富裕程度的重要指标，要看到，我国经济的增长情况和城乡居民的分布格局都与十几年前有了很大的不同，所以，以往的经验不见得适合当下和今后。因此，从现在起，就应当抓紧对农民人均收入的增长和城乡居民收入差距的缩小的前景进行规划，以使这两个指标与我国基本建成社会主义现代化国家和建成社会主义现代化强国时的状况能够相称。

（2022 年 11 月 26 日在中国社会保障学会主办的“共同富裕大家谈”活动上的讲话）

中央农村工作领导小组原副组长，第十三届全国人大常委会委员、

农业与农村委员会主任委员

① 《十八大以来重要文献选编（上）》，中央文献出版社，2014。

目 录

第一章
种养殖业助力产业振兴

河北大名

着力五个推动　赋能双台振兴 *

中共大名县大街镇双台村支部委员会

习近平总书记指出，乡村振兴是包括产业振兴、人才振兴、文化振兴、生态振兴、组织振兴的全面振兴①。国务院发展研究中心党组高度重视定点帮扶工作，把定点帮扶河北省大名县双台村的工作作为一项政治任务来抓。2021年12月，再次选派国务院发展研究中心办公厅（人事局）人才处处长、一级调研员，曾任双台村第一书记，先后获“全国先进工作者”“中央和国家机关脱贫攻坚先进个人”“河北省优秀第一书记”表彰的杨玉洋同志，第二次挂任双台村第一书记。再次回到驻村第一书记位置上的杨玉洋同志，认真学习领会“五个振兴”的重要指示，按照国务院发展研究中心党组关于定点帮扶工作的要求和指示，在深入调研的基础上，结合双台村实际和以往工作基础，形成了“推动产业振兴打基础，推动人才振兴抓关键，推动文化振兴生动力，推动生态振兴做支撑，推动组织振兴强保障”的基本框架和思路，并通过充分调动整合各方资源，围绕“五个推动”开展了一系列工作。

一、完善产业布局，推动产业振兴打基础

双台村发展的根基在产业发展，核心是解决村集体和农民增收问题。双台村在乡村产业振兴方面确立的指导思想，是走城乡融合发展之路，走一二三产业融合发展之路，进一步拓展农村经济发展空间。具体做法是，在推动农业产

---

* 本文部分内容引自《双台村：三产融合筑“凤巢”》，《中国经济时报》，2022年7月11日。

① 《习近平论“三农”》，《人民日报（海外版）》，2019年5月8日。

业链延伸融合的同时，进一步推动乡村产业功能拓展融合，培育壮大一二三产业融合发展的组织载体，实现多产业联动发展。

（一）固本强基，稳步增收

一方面，在守住基本农田防止出现“非粮化”“非农化”底线的基础上，正在加强与青岛农业大学、种业公司的联系与协作，计划在双台村推广优质小麦品种的种植，该计划实施后，全村现有基本农田 3455 亩，按亩产增收 300 元计算，年增收总计可达百万元以上；另一方面，与红日药业、北京康仁堂药业、河北肽都集团已初步达成协议，拟在双台村一般农田发展药食同源中药种植，全村现有一般农田 75 亩，按亩增收 2000 元计算，年增收总计可达 15 万元。同时，由河北省市场监管局批准注册的“杨玉洋的羊”品牌肉羊养殖项目，在与北邯大养殖公司、北京二商大红门肉类食品有限公司的通力合作下，正稳步进行，每年可为村集体带来 5 万元集体收入，该项目采取“合作社 + 农户 + 企业”模式。

（二）梯次布局，互补提升

除第一产业外，双台村集体与村里有建筑安装专长的技术能手联合成立了双台建筑安装有限公司，该公司聘用的员工全部是双台村的村民。截至 2022 年，已完成建筑面积 3600 平方米、500 多万元的总合同额，提供了 60 人次的就业岗位。同时，培育壮大了双台玉带农牧种养合作社、双台文化旅游开发有限公司、双台五礼记贸易有限公司、台上文化传媒有限公司 4 个一二三产业融合发展组织载体，进一步发展壮大“合作社 + 农户 + 企业”的载体模式，并已经实施“双台品牌”打造和提升计划，突出双台村地域特色、产业特色、产品特色，打造了一批具有双台特色的企业品牌和产品品牌。4 个村集体经济参与的经济平台载体，已拥有“杨玉洋的羊”“千年宋府文化双台”“五礼记”3 个标识和注册商标。其中吸引社会资金注资并实缴 220 万元的双台五礼记贸易有限公司，已开发出 9 个小而特、小而精、小而美、小而优的乡土特色品牌产品并开始量产。经过努力，已与昌晨集团、青岛三特集团等多家企业签订购销合同超过 300 万元。至此，双台村已形成全产业布局的产业业态模式。

（三）精准发力，特色增效

双台村当前正在启动建设数字双台、发展网红经济、赋能乡村振兴。在培育壮大双台特色创新产业业态和经营模式上，双台村争取到了河北肽都集团、河北初实文化发展有限公司的大力支持，建设完成了 857 直播（双台村）基地。2022 年该直播基地已建成 13 个直播间，并独立安装了千兆商务快线和智慧云广播系统。下一步，随着网络直播带货业态模式在双台村的发展，将在培养“本土网红”上下功夫，将双台村打造成“网红村”，实现“村企开发产品 + 数字化”的有效供给，促进双台村一二三产业融合发展，提升增收附加值。

二、吸引人才聚集，推动人才振兴抓关键

农村发展需要人才发展，乡村振兴需要人才振兴。双台村要实现乡村振兴，关键在人。2022 年以来，双台村工作队和村“两委”一班人统一思想，在培养人才、引进人才、留住人才上下真功、用实招，为乡村振兴工作不断注入新的力量。

（一）立足基础资源，培养本土人才

一是从村党员干部队伍中培养人才。双台村有 46 名党员，他们政治觉悟高、集体荣誉感强、工作经验丰富。村“两委”干部、工作队共 11 人，经过会议研究进行了分工，分组带领党员分别联络对接双台村争取到的 11 家帮扶单位和企业。同志们在工作中成长、在成长中工作，干劲十足，效率很高，是双台村乡村振兴工作的“人才库”和“生力军”。二是从村致富能手

中发现人才。村民程付臣、吕永辉等都是远近闻名的致富能手，个人家庭早早已经实现了“超小康”。2022 年邀请他们从城市回村，他们不仅担任具体项目的负责人，而且还带回了自己的团队和人脉资源，发挥出了很大的作用。三是从村民群体中培训人才。村民群体中有养殖能手、种植专家、小作坊主，随着各产业的发展，双台村充分发挥和调动这些“民间高手”的作用和积极性，成立了“双台村乡村振兴理事会”，大家各尽其能，各显神通，加入双台振兴中来。

（二）打造创业平台，吸引人才回流

双台玉带农牧种养合作社、双台文化旅游开发有限公司、双台五礼记贸易有限公司、台上文化传媒有限公司 4 个村办企业和组织，已经吸引外来 11 家合作单位和企业，向社会聘用了 4 名经理人和员工，并签约了 2 个直播团队 20 余名网红。2022 年 1 月，借寒假大学生返乡之机，双台村组织召开了返乡大学生人才工作座谈会，26 名来自双台村及周边村的大学生对双台村的乡村振兴规划反响强烈，表现出了积极的参与意识，现场就有部分大学生表示毕业后要回村创业，参与家乡发展。

（三）发挥组织优势，引领人才成长

早在 2018 年 6 月，双台村就成立了大名县第一所农村党校，通过借助组织力量，发挥组织优势，立足于有形式、重内容、接地气、见成效的标准和要求，以“群众‘点餐’、党校‘下单’、名师‘下厨’”的方式开展活动，实现了基层党建活动阵地前移、课堂前移、思想前移的重要途径。2022 年以来，已完成时政宣讲、党员教育、助农培训、直播培训 10 余场，受众达 160 余人次。这在双台村的乡村振兴工作中，起到激发党员动力、群众队伍活力，形成乡村振兴合力的作用，为双台村建起乡村振兴的小智库、打造不走的工作队、培养有本事的致富带头人发挥了重要作用。

三、发掘历史资源，推动文化振兴生动力

加强双台村的文化振兴，就是解决乡村振兴中不光要“富口袋”，也要“富脑袋”的问题。双台村在培育文明乡风、良好家风、淳朴民风，提升农民精神风貌方面持续做了以下几个方面的工作。

（一）加强公共文化建设，提升文明水平

经过不断努力，双台村 2019 年已建成下沉文化广场、民俗文化广场、健康文化园、857 直播网红打卡地、宋府探秘、五礼记碑原址等多处公共文化设施。这些公共场地，已经成为村民日常活动的聚集地、文体活动的娱乐场、展示村容村貌的“金名片”。包括建设和运营中的双台农家书屋、忠义广场小戏台等文化设施，在寓教于乐中提升着村民的文明素养和集体荣誉观念。这个过程的坚持，可能非一日之功，但这个过程，一定是提升农民素养、提高农民现代化生活水平的过程。只要坚持下去，村民的现代生活理念、生活方式会随生活的共同富裕一同实现。

（二）着力建设智慧双台，加强文明治理

当前，“数字双台”建设计划正在稳步推进，其中“智双台”村级管理小程序开发已经完成，正在与相关系统进行对接。“VR 双台”航拍素材已完成取景，相关资料正在完善。日后，客人进入双台村，只需拿起手机扫描双台村村标上的二维码、农户家门口的二维码，就可以了解双台村的“前世今生”，了解每一户村民的基本情况。而双台村干部和村民可以通过在“双台村微生活”的公众号里下载“智双台”小程序，就可以使用收发通知、实时缴费、一键呼救、年度最美村民评选、“关键小事”曝光台、疫情防控等各项功能。双台村治理水平正在向数字化、智能化、规范化迈进。将来，双台村的干部群众就会慢慢习惯和依赖“数字双台”的生活，并在数字科技中享受现代生活带来的便捷和乐趣。

（三）丰富乡村文化生活，提振农民精气神

2022 年 3 月，双台村召开了文体活动小组联络人座谈暨 2022 年文体活动部署会，讨论通过了小戏班重点节目打造、乒乓球比赛逐步推广、拔河比赛全员参加、舞蹈队活动贯穿全年的活动方案，启动了双台村 2022 年文体活动计划。初步统计，包括各小组参加活动的队员、裁判员、组委会等共计 300 余名村民直接参与活动。双台村舞蹈队 2022 年度 5000 元活动经费已发放到位，并已连续多年蝉联大街镇广场舞比赛冠军。双台村小戏班的乐器补充工作已经完成，重点打造的戏曲节目争取登上大名县春晚的舞台。这些文体活动的组织和普及的常态化，进一步提升了双台村百姓的幸福感、获得感，将为双台村的乡村振兴工作提供持续的内生动力。

四、坚持绿色发展，推动生态振兴做支撑

对于双台村来说，绿色发展的概念需要从人、居、农 3 个方面持续发力，久久为功，由环境整治向生态宜居方向努力迈进。

（一）思想先行，提高全民绿色发展意识

在双台村口，一入村，就能看到“双台是我家，美丽靠大家”的宣传标语。村委会的宣传栏，设立了一面“生态墙”，“智双台”小程序中也设立了“生态栏”，定期宣传农村绿色发展理念。通过加强宣传和适时开展教育，进一步强化了村民的环保意识，调动起村民绿色发展的积极性、主动性、创造性。

（二）管服结合，规范进行农村环境治理

结合各级有关人居环境整治举措，双台村已陆续完成厕所改造 160 户，建成公厕 6 处。全村实现了燃气户户通。2022 年新修建排污沟 3.5 公里，在全村划分区域设立了 16 处垃圾投放点和收集点。向大名县申请设置了 20 个环境卫

生清扫公益岗，每个岗位每年领取公益补助3000元。由党员干部、理事会成员组成的环境卫生检查组，定期入户进行环境卫生大检查，并发放流动红旗和奖品，进一步提高村民的环保意识和卫生意识。2022年植树节期间，双台村协调有关单位和企业出资，为全村村民发放了100亩面积的景观树苗和向日葵种苗，鼓励村民在房前屋后自由种植，村民们说："在闲杂地上种上树苗和向日葵，就不让这些空地里长草了！"

（三）创新理念，积极推进绿色农业发展

自2022年春天起，双台村开始倡导村民使用易降解地膜，并试种无公害高油酸花生，直接进入"五礼记"品牌花生加工的供应链。由北京中医药大学教育部中药材规范化生产工程研究中心指导试种的中药材，从施肥、管护等各环节进行"绿色"技术介入，让双台村产出的中药材进入"道地药材"全程溯源和智能定制行列，由红日药业、河北肽都集团定点收购。

五、提高政治站位，推动组织振兴强保障

抓住组织振兴这个"牛鼻子"，强化对乡村振兴全局的保障作用，在工作中做到既扎实有效又能持续可行，既有章可循又要化繁为简，上要贯彻好党中央要求下要紧接农村"地气"，双台村坚持守正创新，在建设基层组织、依托基层组织、发挥基层组织作用方面摸索形成了一个阵地、两支队伍、三个机制的组织振兴一二三的双台模式。

（一）坚守一个阵地意识不动摇

"村看村，户看户，群众看支部。"双台村党支部在选优配强支委干部后，没有一选了之，在加强支部建设、发挥战斗堡垒作用、提高干部队伍的能力素质上持续下功夫。一是通过认真落实"三会一课"制度，坚持党建工作常态化，强化阵地意识；二是加强支委干部的集中培训，坚持常学常新，提升党员干部的能力

素质；三是严格落实民主集中制，聚力向心，发挥支部战斗堡垒作用。2022年以来，双台村党支部召开支委会6次，研究重要党务、村务21项，发放学习资料4本，组织党课学习3次，外出参观学习1次。双台村支委一班人的党建能力、发展眼界、工作标准、进取意识有了较大的提升。

（二）发挥两支队伍作用不懈怠

除了村“两委”班子，双台村自2022年以来重点建设了两支队伍：党员队伍和理事会。党员队伍是双台村的骨干队伍，46名党员分成8个组，由党员骨干任组长，遇有急难险重任务，党员队伍总是冲在前，积极发挥了模范表率作用。同时，双台村在返乡回村的“能干人”、下乡创业的“实干家”中组建成立了“双台村乡村振兴理事会”，并设立了轮值理事长制度。一是发挥大家的“能人”效应、组织能力，为村“两委”建言献策，协助和监督村“两委”处理村务；二是作为入党积极分子的培养考察对象，成为双台村人才队伍、组织建设的重要后备力量。随着这两支队伍建设和作用的发挥，双台村基层组织的组织力、战斗力、凝聚力明显提高。

（三）建立三个长效机制不放松

在以往“扶贫”“扶智”的基础上，随着乡村振兴工作在双台村的深入推进，“人、财、物、事”管理的复杂性、必要性与乡村管理弱化的矛盾日益凸显，“扶制”显得尤为重要。经过一段时间的摸索和试行，双台村不仅确立了民主议事、村务公开、政务监督三个机制，重点在锚定长效落实上注重形成闭环。一是民主议事的有效落实。支委会坚持民主集中制、理事会坚持少数服从多数，同志们已形成了“有话在会上说、有活在会后干”的原则和习惯。讨论和决策过程中，可能会产生激烈的讨论甚至吵得面红耳赤，但一旦按照民主议事会议决定下来的决策办法，必须统一思想、无条件执行。二是村务公开的有效落实。扩大群众知情权的过程也是增强组织公信力的过程，双台村不仅在村委会设立了村务公开栏，还在“智双台”小程序上公开村务，让村民在公开场所、在手机上关心村务和了解村务，凡是主观上造成村民不知情的村务，一律重新讨论、重新公开。三是村务监督机制的有效落实。为有效监督村务公开后的执行落实情况，理事会代表村民进行监督落实和问询，轮值理事长有权代表村民向村务提出异议，有权要求向上级党委和政府部门提出纪律监督和财务审计，让群众成为监督主体。2022 年以来，理事会共受理各类事项 5 件，办结 4 件。过去“村委管不好、干部管不了、村里无人管”现象在监督机制有效落实的过程中逐步得以化解，村“两委”的决策力、自觉性也得到了较大提升。

经验总结

实践工作证明，“五个振兴”互相促进、相辅相成、互为条件、互相支撑，必须科学统筹、协同推进。双台村的乡村振兴工作才刚刚起步，一些做法也是“摸着石头过河”。双台村工作队和村“两委”一班人，按照五个推动的思路和方向，锐意创新，真抓实干，带领双台村群众，迎着乡村振兴的春风，信心十足地走在奔向共同富裕的道路上。

◎ 857 直播双台村基地（作者摄于 2022 年）

专家点评

双台村的案例材料总结得比较全面，从产业、人才、文化、生态和组织“五个振兴”方面，讲述了双台村的变化。大名县双台村的产业基础比较弱，除了做好计划中的推广优质小麦品种种植和加工产业外，确实需要多业经营，坚持持续发展双台村已有些基础的中药材种植、肉羊养殖、建筑、文旅、电商直播平台等多行业。双台村的群众监督机制有特色，“双台村乡村振兴理事会”的组织和制度需要坚持与不断完善，亦可复制推广。

——徐小青[①]

① 徐小青，国务院发展研究中心农村经济研究部原部长，研究员，享受国务院政府特殊津贴。从 1986 年起，就职于国务院农村发展研究中心和国务院发展研究中心农村经济研究部，长期从事农村调查研究工作，其间曾在美国农业部经济研究局做访问学者一年，主要研究美国农业法案。参加和主持多项农村政策研究课题，如 WTO 农业对策问题研究、农产品流通体制改革、粮食安全与供求变化研究、农村公共服务研究、农业保险研究等。

北京

“金鸡”报晓 助力乡村振兴

北京德青源农业科技股份有限公司

为贯彻落实扶贫开发“四个切实”“六个精准”的重大战略决策，实现国家到2020年全面脱贫战略目标，在国务院扶贫开发领导小组办公室①、发展和改革委员会、财政部、农业部②的大力支持下，北京德青源农业科技股份有限公司（以下简称德青源），以蛋鸡产业为抓手，在国家扶贫政策、资金的支持下，通过市场化运作，于2015年发起实施了金鸡产业项目，该项目率先在河北威县试点。在试点过程中，德青源大胆创新，探索形成了一套三权分置、合作共赢、政府投资建场、企业租赁经营、收益带动脱贫的德青源金鸡产业帮扶模式，得到了国务院扶贫开发领导小组办公室的充分肯定，并组织在全国逐步推广。德青源金鸡产业帮扶模式已作为精准扶贫典型案例被收录进2017年2月21日中央政治局第39次集体学习的会议材料中，成为国务院扶贫开发领导小组办公室向全国重点推广的产业帮扶工程，并荣获2017年全国脱贫攻坚奖创新奖。

金鸡产业项目实施7年以来，在14个省、自治区、直辖市的26个贫困县落地，已全部投产运营。金鸡产业项目满产后，蛋鸡养殖规模将超过5000万只，年产销鸡蛋120亿枚，产值近百亿元，稳定带动近30万人减贫脱贫。

---

① 现为国家乡村振兴局。

② 2018年3月，由于职责整合，组建农业农村部，不再保留农业部。

一、探索三权分置模式

（一）贫困县享有所有权

贫困县通过资产公司整合涉农资金和产业金融，按照德青源的要求投建生态园，形成物化资产，改变了长期以来“大水漫灌、撒胡椒面”的扶贫资金使用方式。这样一是不会造成国有资产流失，充分发挥扶贫资金效益；二是把经营风险转移给龙头企业，同时获得长期稳定的资产收益。

（二）龙头企业享有经营权

德青源通过运营公司租赁运营贫困县的固定资产，与贫困县签订 15 年的租赁协议，每年按照 10% 支付固定比例的租金，取得项目的经营权。这样一是实现了轻资产扩张，相当于反向 PPP 筹资建厂，迅速做大企业规模；二是避免与贫困群众直接对接，可借助政府资源建立带贫机制。

（三）贫困群众享有收益权

金鸡产业帮扶模式将产业园区设在了田间地头，贫困群众不用背井离乡外出打工，在家门口就可以就业。劳动技能弱的人，可以申请扶贫专岗或公益岗位从事力所能及的劳务；劳动技能强的人，可以申请到金鸡产业园做产业工人；爱农业、懂技术、善经营的致富带头人，可以申请建立合作社承接金鸡关联产业。

二、带贫减贫成效

按照国务院扶贫开发领导小组办公室在全国产业扶贫带贫减贫机制培训班上提出的“379”① 带贫减贫机制要求，截至 2022 年 6 月底，24 个已投产项目已

① “3”指在德青源金鸡产业项目的直接就业人数中，建档立卡贫困群众占比不低于 30%；“7”指金鸡帮扶关联产业各环节所设立包装、劳务、物流、种植合作社中，建档立卡贫困群众占比不低于 70%；“9”指金鸡帮扶通过缴纳租金所创造的资产收益，用于为建档立卡贫困人口设立公益岗位，比例不低于 90%。

通过直接就业、关联产业和资产收益等多种途径累计带动266120名建档立卡贫困群众减贫脱贫和增收致富。

三、解决了产业帮扶的痛点问题

（一）快

绝大多数种植、养殖的自投现代农业项目，建设期要两年，种养期要3年，贫困群众要拿到收益，通常需要等5年时间。金鸡产业帮扶模式实现了建设和运营的标准化，采取分期建设、分批投产、分段养殖，贫困群众12个月就能拿到收益，有效解决了产业帮扶周期长、见效慢等问题。

（二）稳

金鸡产业帮扶模式是县政府投资建厂，德青源租赁运营，每年按固定资产的10%租金租赁经营，项目合同期15年。带贫机制一是通过生态园直接就业，二是通过关联产业间接就业，三是通过资产收益设立公益岗位。通过这种模式，贫困群众不用承担经营风险，可实现长期稳定的增收。

（三）长

德青源与各项目县签订的协议有效期为15年，到期后约定两种退出方式，一是与项目县重新签订合作协议续租10年，二是按市场评估价值回购资产。15年稳定的就业和收益，不仅可以带动一代人稳定长效脱贫，对于许多家庭而言，还可以切断贫困的代际传播。

（四）清

金鸡产业项目秉承绿色发展理念，探索出一二三产业融合发展的循环农业发展模式，实现有机肥料、有机种植、生态养殖、食品加工、清洁能源的一体化运营。不仅在发展过程中解决了鸡粪污染问题，还实现了农业废弃物的资源化利用，不仅在产区带动贫困群众脱贫致富，还在销区推动蛋品消费升级。

四、实现了“四个带动”

（一）带动精准帮扶

金鸡产业帮扶模式解决了脱贫攻坚后期两个典型问题，一是德青源通过资产收益，有效解决了插花式分布的散贫地区不利于发展产业的问题；二是德青源通过带贫机制，有效解决了农村合作社缺乏有效组织引导的问题。

（二）带动产业升级

金鸡产业帮扶模式解决了贫困地区产业结构单一问题，蛋鸡养殖是一产，蛋品加工是二产，清洁能源和物流服务是三产。德青源全产业链运营，带动贫困地区的现代农业产业升级，推动当地一二三产业融合发展。

（三）带动食品安全

金鸡产业帮扶模式解决了贫困地区的食品安全问题，德青源全产业链质量管理体系可确保每一枚鸡蛋从田园到餐桌的食品安全，一方面将贫困县打造成优质农产品供应基地，另一方面推动农村和城市的消费升级。

（四）带动绿色发展

金鸡产业帮扶模式解决了贫困地区的面源污染问题，德青源将畜禽粪便转化成清洁电力、绿色燃气和有机肥，既解决了鸡粪产生的环境污染问题，又将鸡粪变废为宝，带动了当地能源结构优化和有机农业种植。

五、突出了“两个价值”

（一）帮扶资金收益率高

德青源金鸡产业项目租期为15年，在保证了国有资产不流失的前提下，承租期内政府可通过项目租金收回投资总额的1.5倍，相对于帮扶开发早期无论是送钱送物送项目的“输血式”帮扶，还是“大水漫灌式”的粗放帮扶，金鸡产业项目均大幅度提升了政府帮扶资金的使用效益。

（二）带贫机制长效稳定

同样因为项目租赁期长达15年，不仅可以保证建档立卡贫困群众长期稳定就业，且其间不返贫，还可带动两代人长效稳定脱贫，努力切断贫困的代际传递。

金鸡产业项目打造了“政银农科企”五位一体的投资收益帮扶新模式，通过蛋鸡产业带动建档立卡贫困人口脱贫增收，同时带动了县域经济发展。其不仅是贫困县脱贫摘帽的重要抓手，也将在当地脱贫攻坚向乡村振兴的衔接过程中发挥重要作用。

经验总结

德青源金鸡产业项目既是推进国家脱贫攻坚任务的内在要求，又是调整农村产业结构、带动乡村结构优化升级的需要，对推动县域经济社会发展，特别是精准扶贫工作产生重大影响。一是创新了产业扶贫模式，构建了新型滴灌式精准到人、到户的扶贫方式，通过蛋鸡产业带动贫困人口脱贫，实现了由“输血型”向“造血型”转变。二是推动扶贫格局由“单打独斗”向“合力攻坚”转变，由政府成立县农投公司，通过整合分散的扶贫资金及涉农资金作为贫困人口入股资金，用于德青源项目固定资产建设，通过市场化经营和产业发展实现脱贫致富。三是推动扶贫效果由“分散式个体增收”向“区域性整体脱贫”转变，德青源每年按照固定资产投资的固定比例向政府支付租金，其租金收益的 90% 以上以扶持资金的方式发放到村，用于发展壮大村级集体经济，设立扶贫专岗和发展公益事业，解决村内建档立卡贫困户就业、就医问题，从而实现贫困人口稳定脱贫。四是构建了产业扶贫与金融扶贫合作机制，建立金融资本与龙头企业相结合的扶贫模式，解决了有人力没技术、有产品没资金、有产品没品牌、有产品没产业链、有利益没机制等难题，真正带动贫困户脱贫致富。同时，德青源金鸡产业项目体现了精准扶贫战略与乡村振兴战略的统一。贯彻落实国家扶贫战略“四个切实”“六个精准”的具体要求，有效发挥了产业扶贫在脱贫攻坚中的关键作用和根本作用，确保农村贫困人口到 2020 年如期脱贫。金鸡产业项目打造了“政银农科企”五位一体的投资收益扶贫新模式，通过蛋鸡产业带动贫困人口脱贫和关联产业发展，将脱贫攻坚后续巩固提升工作与乡村振兴有机结合，全盘考虑、统筹推进，为推进乡村振兴战略夯实了基础。在乡村振兴阶段，为强化金鸡产业项目的产业帮扶责任，巩固拓展脱贫攻坚成果同乡村振兴有效衔接，德青源将依托各地金鸡农场，在各地构建区

◎ 金鸡产业项目一期鸡蛋分选中心工作场景（作者摄于 2022 年）

域性主导产业带动型的农业产业化联合体。一是夯实蛋鸡主导产业，加速各项目全面投产运营，释放规模效应，完善供应链各环节的市场化服务标准；二是做强专业合作社，针对各项目地政府已成立的劳务、包装、物流和农业经营4类合作社进行专业培训和经营孵化，激活这类市场化服务；三是成立产业联合体，按1+4模式建立分工协作、要素共享和利益分配机制，向各项目所在省农业农村厅申报蛋鸡产业联合体，通过组织创新，将金鸡产业项目的产业帮扶制度化，在巩固拓展脱贫攻坚成果，实现同乡村振兴有效衔接的过程中，进一步发挥产业优势，健全利益联结机制，将产业帮扶的益处更深广地惠及农民，在提升价值链中持续完善政府、农民和企业共同参与、共同受益的乡村振兴模式。

专家点评

政府投资建场、企业租赁经营、收益带动脱贫攻坚与乡村振兴，这是德青源与河北威县共同探索出的一个以蛋鸡产业为载体，政府、企业、农民三方各尽所能、合作共赢的成功模式。政府投入的是资金和行政资源，企业投入的是养殖技术与管理诀窍、品牌和销售渠道，农民投入的是土地和劳动力。合作的结果是，政府提高了扶贫资金的使用效益，企业扩大了产量规模、提高了市场占有率，农民获得了就业机会、提高了收入水平。在这个模式之中，龙头企业的带动作用和三方合作共赢的机制设计是成功的关键。当然，产品市场尚未饱和也是重要的前提。

——林家彬[①]

① 林家彬，1982年7月毕业于清华大学土木系。1983年10月由国家公派赴日本东京大学留学，攻读国土与区域规划专业，1989年获工学博士学位。1990年4月至1995年6月在联合国区域发展中心任职。1995年7月起在国务院发展研究中心任职，曾任社会和文化发展研究部巡视员。现担任中国发展研究基金会理事、日本立命馆大学客座教授。

江苏南通

特色产业融合　让西蓝花成“幸福花”

江苏省如东县乡村振兴局

大豫镇位于江苏省南通市如东县东南沿海，2016 年作为“西蓝花小镇”入选全省农业特色小镇培育计划及 2019 年度全国综合实力千强镇。2020 年，该镇成功举办全省甘蓝类蔬菜农机农艺融合技术观摩培训班。2021 年，再次获得江苏省绿色蔬菜产业特色镇荣誉称号，成为全国农村产业融合发展示范项目。

大豫镇挖掘沙壤土质以及气候、水文资源优势，因地制宜地发展西蓝花特色优势产品，把特色转化为价值、锻造成优势、培育出品牌，打造有全国影响力的西蓝花特色产业集群，逐步发展形成“1+N”蔬菜产品结构。围绕甘蓝类蔬菜，不断前延后伸产业链，提升农产品附加值。该镇以万亩标准化原料生产示范基地、农产品加工企业和集散中心为主导，构建现代农业产业化体系，创新农户、合作社、企业利益联结机制，为种采收、仓储、冷链物流、深度加工、交易集散等提供全程式、一条龙、专业化服务，在农业、加工业与乡村旅游等产业深度融合中，实现城乡融合、民生幸福。

大豫镇以西蓝花为主的甘蓝类蔬菜产业发展迅速，已经具备了一定的产业基础，但在产业融合发展方面，仍存在一些短板：

生产环节方面，一是种植基地建设标准偏低，单产水平、产品质量仍有提升空间；二是种植品种相对单一，市场竞争力不强，需要加快新品种引进推广及加大育苗设施投入，解决供种、育苗、集中上市等环节遇到的困难。

加工环节方面，主要是以直接交易和初加工为主，产品结构单一，对功能性、休闲性食品的深加工和研发滞后，对西蓝花的叶、茎类的综合利用率低。

流通环节方面，一是冷库及冷链物流建设落后，现有田头冷藏保鲜设施分散，产业自我调节能力较差；二是流通平台建设滞后，尚未形成知名交易市场；三是品牌营销推广不够，产品市场影响力不足。

为解决以上问题，采取了以下措施：

生产加工方面：一是不断壮大甘蓝类蔬菜产业。2020 年，成立大豫镇西蓝花种植产业联合体，依托 2021 年国家级产业强镇项目，建设标准化西蓝花基地 3 万亩，为西蓝花产业发展提供技术培训指导、生产经营互补。全镇常年甘蓝类蔬菜播种面积 6.25 万亩，种植品种有西蓝花、白花菜、松花菜、甘蓝等，平均亩产值 3800 元，主导产业全产业链产值 4.3 亿元，其中一产产值 1.2 亿元、二产产值 2.55 亿元、三产产值 0.55 亿元，甘蓝型蔬菜加工冷冻出口占比约 40%。二是夯实农产品加工业基础。2021 年大豫镇生产总值 91.78 亿元。现有农产品加工企业十多家，其中国家级龙头企业 1 家，市级龙头企业 3 家，县级龙头企业 2 家。2021 年农产品加工业产值达 7.71 亿元，农产品加工业产值与农业产值之比达到 2.09 ∶ 1。依托 2021 年国家级产业强镇项目，新建冷库 2 万立方米，改造研发中心 500 平方米以及新建加工包装车间 500 平方米，同时建有装卸区、保鲜库、粗加工生产线等配套设施。基本形成较为雄厚的农产品加工基础，农副产品附加值不断提高，农业产业链不断延伸，推动一二三产业融合发展。

销售服务方面：一是完善产业融合发展基础设施。提升融合发展先导区内高标准农田和水利基础设施建设水平，做到沟渠林路等配套设施完善，高标准农田比重达到 75%。促进优质安全绿色甘蓝类蔬菜供应。二是完善农业产业链条。大力推进“互联网 +”现代农业建设，引导各类农业市场主体发展电子商务，强化特色产业与电商嫁接，加快推进农业生产智能化、特色产业电商化、信息服务数字化。截至 2022 年底，大豫镇共有 8 个农产品电子商务平台，智能农业（物联网）技术应用点 6 个，益农信息社 14 家。三是发展新业态新模式。按照规模农业基地化、基地农业景观化、景观农业创意化的思路，加强统筹规划，推进农业与旅游、教育、文化、健康养老等产业深度融合，实现农业从卖产品向卖产品与卖风景、卖体验、卖休闲并重转变。2021年，获得3个县级农业品牌。四是深化农民利益联结机制。总结并推广合作社联农带农经验，在联农带农机制上，鼓励村集体、农民专业合作社、生产大户等新兴经营主体用土地、资金等入股，推动股份分红、二次分配，创新发展订单农业，鼓励农产品产销合作，建立技术开发、生产标准和质量追溯体系，打造联合品牌，实现利益共享。

质量建设方面：在“党建+农业”模式引领下，大豫镇农产品在食品安全和质量上严格把关，确保广大群众“舌尖上的安全”。以龙头企业南通绿海冷冻食品有限公司为例。该公司成立于2012年6月，注册资本2000万元，位于如东县大豫镇农场社区人民路3号，公司现有固定职工40余人，占地面积16亩，其中固定资产约1500万元。公司主要以西蓝花等甘蓝类蔬菜冷冻加工为主，年生产能力约5100吨，产品主销日本、欧盟等国际市场，2021年公司销售收入达2000万元，净利润300万元。被日本蔬菜进口企业日冷公司定为中国区专供基地。2020年12月，南通绿海冷冻食品有限公司作为牵头单位，成立了南通绿海冷冻产业联合体。长期以来，南通绿海冷冻食品有限公司采用“公司+家庭农场+基地+农户”的经营模式，与40多家家庭农场和蔬菜种植专业合作社紧密合作，辐射面积超20000亩，带动农民5000余人。作为南通市重点龙头企业，公司始终为如东农业增效、农户增收发挥积极作用，通过引进西蓝花新品种，全面推广西蓝花标准化生产技术，提高亩均效益，形成农场社区西蓝花高效种植区。

经过不懈努力，取得了以下成效：

产业布局不断优化。2022年甘蓝类蔬菜全年播种面积达6.3万亩，总产量10.35万吨，主导产业全产业链总产值达5.83亿元。2022年底，大豫镇西蓝花基地全面实行标准化生产，做到生产全程可追溯。2020年，通过全省西蓝花绿色优质基地认证面积3.1万亩，2021年西蓝花绿色食品申报认证23554亩，“百姓西蓝花”“柏川西蓝花”“勇兵西蓝花”均已获得绿色食品认证，2022年积极申报15000亩西蓝花绿色食品认证。在种植方式上采用温室、大棚、小棚、地膜和露地等，全镇建有智能温室大棚 26 个，温室面积 150 亩，蔬菜保鲜库 30 家，总容积达 4.3 万立方米，保证一年四季均有西蓝花上市。

新型农业经营主体不断壮大。注册家庭农场 192 家，其中申报省级示范家庭农场 7 家，市级示范家庭农场 2 家，县级示范家庭农场 30 家，集体经营经济合作社 6 家，3 个全覆盖村 1 家。发展市级龙头企业 3 家（南通昌华水产食品有限公司、南通绿海冷冻食品有限公司、南通琳丰食品有限公司如东分公司），县级龙头企业 2 家（兵房镇凯缘食品厂、南通汇泰生态农业有限公司）。在新型农业经营主体和种植大户的带动下，累计流转面积达 70% 以上，逐步形成典型带动、集中连片、规模发展的思路，着力推进全镇以西蓝花为主导的甘蓝类蔬菜产业的发展。同时大大小小的合作社、家庭农场与各龙头企业均有合作关系，为各农业龙头企业提供优质原料。

农业科技水平不断提升。2022 年 9 月，江苏省农业科学院亚夫科技服务“如东大豫工作站”在如东县大豫镇揭牌成立，作为江苏省农业科学院服务地方农业需求的桥梁纽带，积极探索科技供给与产业需求相统一、专职推广与兼职服务相结合、科研院所与推广部门相协同的推广服务理念和机制。来自江苏省农科院的专家在已改造完成的研发大楼培训教室里为大豫镇的新型经营主体、种植大户进行西蓝花全产业链生产关键技术示范推广培训，精准服务地方优势特色产业。

国家西蓝花产业融合项目彰显杠杆效应。国家产业融合项目总投资 4010 万元，其中申请财政资金 1000 万元，自筹资金 3010 万元。充分发挥财政资金的示范带动作用，加强与国有公司对接合作，引导社会资本投入项目建设和主导产业发展，全力支持项目建设。成立由龙头企业南通绿海冷冻食品有限公司、南通琳丰食品有限公司如东分公司、南通汇泰生态农业有限公司等种植大户为主的大豫镇西蓝花种植产业联合体，探索推进产业联盟利益共享机制，推广“加工企业 + 产业联合体 / 联盟 + 农户”的模式。根据国内外市场的不同准入标准、需求等，积极带动普通农户实施标准化蔬菜种植，统一育苗、统一移植、统一施肥与病虫害防治、统一收割，再由龙头企业统一包装与销售。农民为企业生产提供原料，企业按照约定的数量、质量和价格收购农民原料，实现标准化种植基地逐年扩充，新增从业农民1000余人，农民人均可支配收入增长显著。

经验总结

在全面推动乡村振兴和“产业强镇”项目实施背景下，延伸甘蓝类蔬菜生产产业链，实现从蔬菜半成品生产向调理食品包装生产的转型升级，是推动农产品深加工，提升农产品附加值的必由之路。

1. 坚持规划先行。以申报2023年省级现代农业产业高质量发展示范园为契机，邀请高校专业团队为大豫镇编制农业产业发展规划，以乡村振兴规划为统领，统筹考虑乡村产业发展、人口布局、公共服务、土地利用、生态保护等，合理选择符合乡村发展定位和发展趋势的联建方式，做到发展有遵循、建设有规划。

2. 围绕蔬菜产业的产前选种、育苗，产中种植，建立农业标准体系，编制农业技术标准，让农产品利用率和副产品再回收利用率提升，新增加的原料需求通过订单的方式与种植户签订收购合同，能解决农户卖菜难、菜价低的产业发展难题。

3. 通过产业强镇项目，实现库容10000吨，年加工蔬菜20000吨，冷冻产品10000吨，通过蔬菜错峰上市，优化蔬菜入市时间，让更多蔬菜由季产季销转变为季产年销，实现理想菜价。

4. 进一步优化农业产业结构，延长产业链、拓展农业多种功能，让镇域企业、家庭农场、农户相互之间建立利益共享机制，企业和农户推行订单合作机制，实行“保底收益＋溢价收购”，在服务农户的同时，让农户更多分享二三产业增值收益，实现扩容增效，推动传统农业转型升级以及全镇经济、社会、生态效益全面提升。

5. 深化农民利益联结机制。在联农带动机制上，鼓励村集体、农民专业合作社、生产大户等新兴经营主体用土地、资金等入股，并推动股份分红及二次分配。创新发展订单农业，鼓励农产品产销合作，建立技术开发、生产标准和质量追溯体系，打造联合品牌，实现利益共享。鼓励发展农民股份合作，探索不同区域的农用地基准地价评估，为农户土地入股或流转提供依据，探索形成以农民土地经营权入股的利润分配机制。强化龙头企业联农带农激励机制，健全风险防范机制，规范工商资本租赁农地行为，建立土地流转、订单农业等风险保障金制度，鼓励制定适合农村特点的信用评级方法体系，制定和推行涉农合同示范文本，加强土地流转、订单等合同履约监督。

综上所述，大豫镇西蓝花产业集群集聚、蓬勃发展，高水平的农产品加工体系、广覆盖的冷链物流体系、全域化的农旅康养体系、高效便捷的农村电商体系基本形成，如东县农村一二三产业深度融合走在江苏省前列。

◎ 江苏省南通市大豫镇西蓝花（作者摄于2022年）

专家点评

西蓝花以及整个甘蓝类蔬菜，属于大众食材，消费者更多关注的是它的安全性和能否常年均衡上市。

江苏省南通市如东县大豫镇的西蓝花产业，之所以搞得红红火火，恰恰是当地的一系列措施顺应了市场的需求，其中有两点经验非常好。

一是努力将西蓝花生产打造成全过程现代化的农业产业。无论是生产、加工、销售，还是生产投入综合水平、商业营销业态，都具有了较高的现代技术含量，紧紧跟住并融入时代潮流，甚至站到前沿，在竞争中不断获得自己的市场份额。二是大豫镇西蓝花产业，主要由大豫镇规划并具体落实推动。在镇辖范围统一优化配置各种资源，协调市场主体和农民之间的各种利益关系，从而围绕西蓝花产业发展，在全镇范围形成真正的利益共同关系。

大豫镇的经验，对于通过“一镇一品”或“一镇一产”方式推动乡村振兴的地区，具有借鉴意义。

——袁崇法[①]

① 袁崇法，中国农村社会经济研究领域著名专家，国家发展和改革委员会城市和小城镇中心规划委员会原副主任、研究员；曾兼任国家发展和改革委员会国际合作中心规划总监，中国城市发展研究院副院长，中国国际城市化发展战略研究委员会城市可持续发展专委会专家顾问。主要从事中国农村改革的调研和政策咨询工作，中国中小城镇发展与“三农”的关系、城乡统筹实现路径及城镇化领域范围内课题研究工作。在国家发展和改革委员会城市和小城镇改革发展中心主持多项重大课题研究，指导制定多项城镇经济社会或专项发展规划。

福建古田

企农合作 助力银耳产业新升级

福建古田康亿达生物科技有限公司

福建古田康亿达生物科技有限公司（以下简称康亿达）成立于2016年，专注于高端银耳产业的投资管理和市场运营，创建了中国第一个高端银耳品牌“金燕耳”。康亿达始终致力于推动高端银耳产品的市场开发和银耳产业的升级发展，2022年已形成从银耳培植到产品深加工研发生产的全产业链布局，生产银耳干品、银耳食品饮料和银耳护肤品等系列产品。

康亿达通过组织形式创新、科技水平提高、产品质量保障和合作利益一体化，构建产业发展新模式，深化产业结构性改革。康亿达改进与农户合作的传统形式，与农户构建利益一体化关系，主动承担风险，吸引大量优质人才的加入，协同共建新型企业、富裕乡村。新型“企业＋农户”的合作模式，以公司带动为核心，聚合农户集中进行规模生产；引进高新技术，提升产品生产的科学规范；完善产业生产规范和制度结构，逐步实现乡村产业振兴。

银耳产业的现状可观，具有很好的发展前景，但是在发展的过程中也存在一些问题。一是产业规范不足，知识产权意识淡薄。在银耳市场规模的持续扩大之下，银耳产品的结构不够合理。银耳市场出现内卷化现象，部分生产经营者用低价抢占市场，忽视了品质提升。行业内商标混淆、蹭流量等不正当竞争现象时有发生，破坏了市场公平竞争秩序，阻碍了行业创新与健康发展，损害了正当经营者和消费者的合法权益。二是科技支持不足，生产与加工的标准不够完善。经过多年的生产经营积累，古田在银耳生产加工方面已积累了丰富的经验，但随着人民对美好生活需求的日益增长，对高品质银耳的需求也在不断增加。这就需要对传统的生产与加工方式进行不断的升级与创新，通过规范的模式提高产品的质量与安全，从而增加菇农和企业的收入，巩固古田县作为中国食用菌之都的地位。三是传统合作经营模式落后，未结成紧密的利益共同体。在传统生产模式中，企业与农户合作制度不完善，生产与销售之间难以保持平衡，导致合作关系不稳，利益分配不够合理，合作效果不佳。落后的合作生产模式不仅影响到企业与农户双方的收益，更阻碍了先进生产科技的推广以及产品质量的持续提升，破坏了银耳产业生态建设。

一、公司采取的对策

（一）科学规范，完善培育生产体系

康亿达对银耳产品开展严格的质量监管，按照有机食品标准进行技术规范。在银耳的生产培育环节，康亿达建设优质培植基地，完善生产制作流程，并制定了一套科学完善的规范体系。

一是科学选棚，综合考虑空气、水质等环境因素，选择适宜银耳生长的最优客观条件。在环境适宜处建设生态基地，实现银耳的规模化、高质化生产。

二是科学选人，结合技术水平、人品道德、生活习惯等综合因素进行种植户的选择和培养。同时，康亿达还通过打分制度对生产环境的管理、工作人员的实操进行综合考察，年终按照 KPI 指数进行奖励，极大地激发了康亿达员工和承包种植户的自主积极性。

三是科学培植，将科学方法有效融入银耳的培植全过程，有效地提高了产品质量。利用螨虫的三大克星——石灰、水和高温，运输银耳时将运输车停在石灰上，并在周围利用水沟隔绝，有效地防止了螨虫的侵害；使用艾草和物理隔离的方法驱隔飞虫，严格禁止在培育过程中使用蚊香、农药等有害产品；采摘银耳时，在大棚现场摘去蒂头，并使用一次性塑料袋包装，冷藏车收回，以保障产品的卫生质量。

四是科学服务，康亿达成立专门的技术服务队，通过每日巡逻来了解农户

需求，提供服务，严格跟进每一个生产环节，进行质量把控；划分片区和片长，每日对 69 个基地（由一个或若干个农户合作组成）进行巡查打卡，防止失误。

（二）技术创新，推动产业结构升级

用科学技术结合历史经验，改变传统认知误区，有利于寻找问题根源并解决。康亿达鼓励农户创新培植技术，依照康亿达新型培植技术规范进行大棚管理，再根据存活率和品质获得收入。

在生产过程中运用科学方法进行创新，可以有效地提高银耳的产量和品质，如收集菌种进行基因测试，挑选优质基因培育香灰菌，通过客观数据对产品进行科学分析。为推动产业链的创新升级，康亿达不断尝试新技术，并与福建农林大学和福建中医药大学展开了深度合作。福建省农业科学院食用菌研究院首席专家、高级研究员林衍佺，带领 3 名博士组成的团队，参与不同的生产环节，他们的加入提供了全面有效的科学技术保障。同时，福建中医药大学的参与促进了银耳培植标准的完善，实现三方科学培植。

（三）合作共赢，促进产业经济发展

与企业传统的合作模式不同，康亿达不是将农户视为普通的合作者，而是共发展、同富裕的利益共同体。康亿达与农户签订合作协议，将已接种并发菌健康的菌包分发给菇农，菇农只负责银耳在菇棚内生产过程的管理，不承担除管理责任外的感染风险、产量风险、财务风险；待银耳成熟采摘后，再由康亿达统一组织采收，进行集中化的加工、包装和销售。

康亿达同时承担生产端和销售端的风险，为农户获得稳定的管理收益，收入差别仅体现在考核体系中有数字化的管理差异。通过构建新型的企农合作模式，刺激参与者的生产积极性，激发产业新的创造力，推动产业经济的繁荣发展。

二、取得的成效

（一）完善产业链，提升产品品质

康亿达建设大量的优质培植基地投入生产环节，同时完善生产制作流程和管理制度体系。从产业链上游进行溯源和把控，各个环节参与协同配合，极大程度地降低了生产过程中不可控因素带来的危害。绿色培植、人工采摘、全面清洁、无尘包装……在多个提质环节的推进下，康亿达在银耳生产的数量和品质方面都有了显著提升，在品牌质量的保证下不断朝着高端化的方向发展，将整个产业链规模化、技术化、标准化。全产业链的协调与完备为银耳产品的安全性提供了有力保障，让消费者买得安心，吃得放心，用得舒心。

（二）创新驱动力，科技引领企业发展

创新推动生产力的发展和生产关系的变革，新兴技术及其管理团队为康亿达银耳产业注入了新鲜血液，同时也为企业产品提供了有效的技术和安全保障。福建中医药大学的专家提供了相关技术咨询，正在致力于研究中药材提纯，注入营养液，制作液体培养基；同时努力攻克新发酵技术，不久将会实现菌种由固体到液体的转变。

产业链的创新使“金燕耳”品牌不断焕发生机，持续提高品牌核心竞争力。康亿达对科技创新的高度重视将生产领域与技术要素深度融合，通过创新驱动战略提高企业生产水平，用技术创新促进产业升级，使传统产业注入新动力，释放新动能，产生新活力，持续推动企业的结构性转变和创新性发展。

（三）构建利益联结体，企农携手合作共赢

康亿达与农户共享利益，建立合理稳定的收入分配机制。此模式自 2022 年 1 月开始执行，截至 2022 年 7 月底，康亿达总共发放给种植户的报酬达 765.17 万元，平均每个种植基地收入 11.09 万元。康亿达的保障让他们不再为培育风险和收入感到担忧，极大地提高农户的积极性和参与度，有效地提升产

业的生产力和创造力，扩大生产规模。在合作过程中通过诚信经营夯实合作基础，建立平等互利关系，平衡好整体利益与个体利益。农户依赖于康亿达，康亿达倚重于农户，两者的根本利益紧密而长久地联系在一起，形成一种稳定的利益联结关系，由此实现共同增收的双赢局面。

经验总结

在全面推进乡村振兴的背景下，以优质企业带动农民，协调区域，这种新型“企业 + 农户”的产业模式更加适应新时代的市场特征，具有企业化、市场化、社会化的功能。

1. 完善规范体系，实现长远发展。以干品银耳为基础，从食材延伸至食品加工再到生物体系，银耳产业仍有巨大的发展空间。银耳行业的发展需重视生产规范和纳税保障，重视对行业商家的宣介，改变农户与商家的传统观念，增强法律意识，保护知识产权；加强源头监管，提升技术研发水平，提高基础设施保障和支撑能力，夯实产业基础，推动产业链完善升级。银耳产业是一种事业而非单纯的商业，只有用心做中国好银耳，才能将银耳行业做大、做强、做长久，带动中国银耳产业的发展。

2. 完善组织结构，激发内生动力。组织形式创新、科技水平提高、产品质量保障和合作利益一体的有机结合，为康亿达的整体生产环节带来了生生不息的驱动力。在内生动力的不断推进之下，更加激励企业进行自主创新和结构升级，优化和丰富企业文化，激发企业新的活力。集信息、资金、技术、人才、保障等多种优势要素于一体，康亿达最大限度地将现代要素融入生产环节，开发银耳产业新的潜能，不断优化产业组织结构的协调性。

3. 完善协同合作，强化产业优势。实施乡村振兴战略是实现全体人民共同富裕的必然选择，产业振兴在其中发挥着至关重要的作用。优质企业是推动乡村产业经济发展的蓬勃动力，可以壮大一个产业，激活一片区域，养活一众农民。康亿达发挥龙头企业引领作用，将零散的个体农户聚集起来，带领合作农户致富。短期内看，这会给企业和农户都带来可观的收益；从长远利益上看，将实现全产业的创新性变革和整个区域的经济增长，推动区域经济模式的结构性转变。

康亿达充分利用自身优势，挖掘地域优势，强化特色产业优势，以资本积累带动劳动生产率提高，促进经济高质量发展。康亿达完善全产业链建设，通过内部动力循环机制实现现代银耳产品生产的高效化和优质化，进一步促进古田县银耳产业的发展，助力产业振兴。在优势企业的引领之下，以特色银耳产业为主导，实施创新驱动发展战略，统筹产业链内外基础设施改造和区域全面发展，逐步推进产业振兴，进而推动当地乡村振兴。

◎ 长势良好的银耳（作者摄于2022年）

专家点评

康亿达是通过产业发展来推动当地乡村振兴的典型案例。其特点一是“创建中国第一个高端银耳品牌‘金燕耳’”，主打产品起点比较高；二是一开始就向着建立银耳产品全产业链的方向发展，且已取得明显成效；三是追求建立“新型企业＋农户”的合作模式，实践“不是将农户视为普通的合作者，而是共发展、同富裕的利益共同体”理念，做到公司提供种子、技术和管理规范并承担市场风险、保障农户收入。综合来看，这是一个成功的产业推动乡村发展的典型案例，其发展模式可复制、可推广。

此外还有改进的地方，如企业经营的成果与效益，带动农户的数量和基本情况，农户通过这种模式增收的情况等，比较充分地反映出企业情况，便于总结经验，解决企业发展中的问题。

——徐小青

河北阜平

升级转型破困局　红枣产业开新篇

河北山风秋宝农业开发有限公司

河北山风秋宝农业开发有限公司（以下简称山风秋宝公司）注册成立于 2018 年，系由阜平县众翘枣树种植专业合作社、阜平县农缘家庭农场发展升级而来，是一家集红枣种植、托管服务、红枣产品加工、红枣产品研发于一体的农业综合性企业，地处阜平大枣之乡下家峪村。山风秋宝公司拥有大枣种植基地和红枣加工厂，总资产 1700 万元，是阜平县规模最大的红枣种植加工及销售企业。2019 年荣获第四届京津冀果品争霸赛金奖；河北省 2021 年第一批认定高新技术企业，2021 年评定为保定市农业产业化重点龙头企业。

阜平县是全国著名的大枣之乡，枣产业是阜平县最大的特色优势农业产业之一。枣产业收入曾经占全县农业总收入的 25% 左右，占产枣区农业总收入的 30%~50%，高的达 80%。红枣产业曾经为当地农民增收做出了很大的贡献。但是，从 2015 年开始阜平大枣市场受到其他地区产品的竞争冲击，销量锐减且价格走低，阜平红枣生产出现大幅度下滑，从个别农户弃耕弃种弃管，到成片、整村的枣园荒芜，农村劳动力失去用武之地和收入来源，只得外出务工、干苦力谋生路，枣区收入水平也因之显著下降。山风秋宝公司及时转型为以红枣加工为主，以红枣加工带动红枣生产和销售，实现了稳定增长发展，成为当地以加工促生产、促产业的发展模式。

2015 年以来，阜平大枣产业出现了严重的问题：一是自然气候因素影响大。到红枣收获期，阴雨天气会导致红枣发霉腐烂，并且阴雨天为捡拾红枣、临时储存带来很大困难，使得地面和树上的红枣来不及收就变质霉坏，产地烘干设施和能力不足，农产品收购加工能力不足，农户所有的投入都会损失殆尽。二是小农户分散经营的弊端显现。枣园病虫害的统防统治是关键，一个地块放弃管理会导致周边地块的枣园防治失去效果，一户放弃管理会导致多家农户白白忙活，最后的结果就是全部农户放弃管理，粗放经营乃至撂荒。三是科技应用程度低，新技术、新品种推广慢，品种结构不合理等，导致阜平红枣产业发展停滞不前。四是红枣产业提质增效遭遇技术难题：枣缩果病长期为害，导致优质果率降低。发病较重园区病果率超 50%，经济效益锐减。五是缺乏创新产品和创新能力，加工能力严重欠缺，成为影响红枣产业发展的最关键因素。红枣加工企业粗加工产品多，深加工产品相对较少。红枣主要以干制为主，加工产品大部分为传统初级加工品，通常只是对果品进行整体加工，改善颜色、风味和形状，加工层次较低，附加值低。规模小、品种少，不能形成有效的红枣资源转化能力，规模化生产水平不高，制约了产业发展。就全国来看，2022 年全国红枣种植面积达到 2300 万亩，国内规模较大的红枣科研机构、生产企业只有 40 多家，加工能力最多为 20%，加工能力明显不足。

只有改变原有的生产经营模式，创新现代农业生产管理机制，适应市场经济，建设示范带动的园区和龙头企业带动，完善产业链条，才能实现产业的稳定发展。

一、山风秋宝公司的探索与实践

（一）发展红枣加工产业

一是从初加工开始，干制红枣标准化加工，购置了红枣清洗、烘干、分级、包装等设备，收购农户红枣进行初级加工包装销售，注册了“山风秋宝”“䆄养”“䆄健”等产品商标，提高了红枣价格，增加了企业和农户的收入；二是红枣深加工多元化产品开发，将干制红枣经过较复杂的加工或再加入一些辅助原料，经过某种工艺流程加工而成新的产品。山风秋宝公司不断开发新产品，逐步扩大加工产能和规模，按照现代企业管理要求，设立产品研发部、生产部、市场部，明确各部门职责，使企业生产逐步规范化，同时购置实验室仪器设备，不断进行新产品研发，建造了烘干、冷藏设施，添置了清洗、分拣、包装等生产线，研发出了焦枣茶、陆宝暖茶、红枣赋能等新产品，陆续申请获得了12项设计和发明专利，红枣加工产品达到30多种，为红枣产业升级发展做出了积极贡献。

（二）建立生产基地

山风秋宝公司通过土地流转、枣树转包、枣树托管等方式连片建成枣树园地2000多亩，建立起统一经营管理的生产基地，实施规模经营和专业化经营管理，组建了专业小组，统一农资投入、统防统治，从而克服了在分散经营条件下难以应对的困难。由此提高了种植红枣的品质和产量，获得了规模化经营效益，同时和农户建立了明确的利益联结，采取保底收益加分红的方式，保证了农户的收益。

（三）实行标准化和绿色化栽培技术

利用阜平县远离城市、无工业污染、自然环境好的优势，全面推行大枣无公害和绿色生产，禁止高毒、高残留药品的使用，统防统治；控制化肥的使用，全面推广生物肥料、有机肥料。企业基地生产红枣品质好、营养成分含量高、口感好，每斤的市场价格高出其他产品5元以上，并且轻松通过检测，获得绿色食品认证。

（四）着眼长远创新发展

不断学习应用新技术，更新装备，研发新产品，加快对阜平大枣保健功能和药用价值的研究，开发适合不同消费层次具有高附加值的功能性食品等。正在试验开发红枣冻干、微粉碎、水溶代茶饮料等产品，通过扩大红枣加工销售带动红枣种植的发展，实现红枣产业振兴。通过多年努力，取得以下成效。

二、山风秋宝公司取得的成效

山风秋宝公司拥有统一经营的红枣种植基地园区 2000 亩，常年聘请农业专家担任技术顾问，改进技术、改良品种。常年雇请县农业、林业技术人员担任驻园区指导员，常年雇请 10 余名村级技术员进行生产全过程的技术管理。统一采用现代植保绿色防控技术，生产优质阜平大枣产品。在加工方面，建成了多条农产品加工生产线，制定执行标准生产规程，生产免洗枣、枣夹核桃、红枣核桃派、焦枣茶、陆宝暖茶、均衡赋能冻干红枣、冻干水果等多种红枣及农产品加工产品。正在投资 500 万元生产红枣微粉产品，合成以红枣为主要原料的功能代茶饮产品。山风秋宝公司 2021 年销售金额 1200 多万元，其中网上销售 560 万元，缴纳税金 3.3 万元，安排农村劳动力务工就业 80 多人，工资开支 100 多万元，通过收购加工的原材料红枣、农村特产等，带动了当地农民增收，带动了产业发展。

（一）带动农民收入持续增加

山风秋宝公司采用“公司 + 合作社 + 农场 + 农户”的运营模式，采用托管、土地流转、枣园地流转、收益返还分红等利益联结机制，实现利益共享，共同增收。2021 年全年支付农民土地流转金 20 万元，吸收农民务工支付工资报酬 100 万元，吸纳 80 多名劳动力就业。

山风秋宝公司秉持抱团发展合作模式，创新引领带动方式，采取“一地生四金”（即土地流转租金、托管保底收益、农民劳动力薪酬佣金、年底收益分红）模式助力本地农民增收。做到 3 个优先：优先安排低收入户务工，优先安排低收入弱劳力到“轻、闲”岗位，优先收购困难户红枣等农产品，优先保证发放低收入户工资收入和红枣收购款。如山风秋宝公司所在地下家峪村村民柴俊梅，其丈夫多年病重，花光了积蓄，生活困难，山风秋宝公司安排她到加工厂务工，每年获得工资 15000 多元，并且招录其儿子到山风秋宝公司电子商务岗位上班，月薪 3000 元，彻底解决了其家庭困难问题。

（二）带动产业发展，产业化经营规模不断扩大

山风秋宝公司实行订单农业，按照高于市场价向合作社、农场支付红枣收购款，带动3个红枣种植专业合作社发展壮大，带动周边20多个村红枣种植技术管理标准化生产。果园流转、枣树托管等形式的红枣规模经营主体逐年增加，红枣产业园区面积规模不断扩大，红枣产业正在复兴。

（三）探索阜平县撂荒枣园恢复利用的模式道路

伴随城镇化进程，很多山区行政村、自然村的村民搬迁到城镇，原来村庄的枣园、果园荒芜，山风秋宝公司充分利用产业资源，以加工促生产，以加工带基地，以加工带产业的实践取得了成效。

经验总结

山风秋宝公司依据区位优势和产业基础优势，为乡村振兴和乡村建设做出了贡献。

1. 发展产业要符合当地规划，因为规划是经过几代人探索总结出的发展方向。《阜平县国民经济和社会发展第十三个五年规划纲要》提出："发展壮大农产品加工业，做强做优特色林果加工业。做大做强红枣深加工，打造大枣产业园。以企业为依托，做好干制红枣标准化加工，推进红枣深加工产品开发。研发红枣加工新产品。"《阜平县城乡总体规划（2013—2030）》提出："加快传统农业向现代大农业转变，壮大以大枣、核桃等为主的林果业"。

2. 要充分利用当地资源，阜平大枣生产基础好，以其品质优，种植面积大，产量高，被评为中国名特优经济林大枣之乡，全县有枣树40万亩，1800万株（含散生树），全县还有40多万亩适宜发展枣树的山场优势，这是红枣产业做大做强的基础。

3. 产品的销售是产业发展的关键，销售的关键在于多层次、多用途的加工产品种类，在于多渠道的推广。企业以红枣为载体将阜平文化持续弘扬。着力

推广提升品牌影响力，山风秋宝大枣产品先后进入中国农业银行益农融商、农银 e 管家、建行善融商城、北京石化易捷、832 平台、北京双创等多家平台展售，产品供不应求。通过大力推进红枣加工及深加工，拉长和壮大产业链，阜平大枣有巨大的发展空间。

4. 坚持突出品质。为提高红枣品质，山风秋宝公司统一经营红枣种植园，先后获得优质农产品、绿色农产品认证和国家地理标志保护产品称号。自创办以来，公司以良好信誉和过硬品质赢得了社会各界的好评认可，大枣产品成为电影《解忧杂货店》首映礼现场的观影伴手礼，国内首项国际斗腕赛事——中日掰手腕大战的官方伴手礼，以及电影《大坏狐狸的故事》的观影伴手礼。品牌影响力和市场规模不断扩大，阜平大枣正在成为高端产品。

5. 加大宣传力度，打造强势品牌，树立品牌意识，实施名牌战略，充分发挥阜平大枣著名商标和原产地域保护的作用，利用网络、电视、报刊等媒体形式，加大宣传力度，提升阜平大枣这一传统品牌的影响力，使阜平大枣

◎ 阜平大枣（作者摄于 2022 年）

成为市场上的名牌产品、拳头产品，让高品质的阜平大枣真正走出大山，走向世界。

专家点评

山风秋宝公司是典型的通过发展产业推进乡村振兴的案例。这个案例中遇到的困难具有普遍性，如农产品加工能力不足、产品的技术含量低、缺乏创新能力和小农户分散经营等问题。本案例中近年山风秋宝公司采取的 4 项措施均已见效，所总结的 5 条经验也符合实际。这个案例可复制、可推广。

枣业竞争激烈，新疆、陕西、山西的红枣都有品牌和一定规模及市场，竞争力也比较强，阜平枣业需要在打造品牌上发力，材料显示阜平红枣注册的品牌有些分散，可考虑集中。

——徐小青

江苏海安

推动蛋鸡产业融合发展　助力乡村振兴

江苏天成科技集团有限公司

江苏天成科技集团有限公司（以下简称天成集团）位于江苏省海安市，创立于1989年，是一家以蛋鸡产业链为主导，集饲料加工、种禽繁育、苗鸡孵化、智能化蛋鸡规模养殖、品牌蛋销售、蛋品精深加工、有机肥生产、信息（数字）化技术支持服务、科技研发于一体的一二三产业融合发展的综合性国家级农业产业化重点龙头企业，2021年实现销售收入32亿元。天成集团始终坚持发展不忘党恩，积极履行社会责任，坚守引领海安“百万雄鸡下江南”服务畜禽养殖的初心，将企业发展与全面建成小康社会有机融合。2017年以来，天成集团以党的十九大精神为指针，积极投身实施乡村振兴战略伟大工程，履行农业产业化国家重点龙头企业的引领责任，以蛋鸡全产业链规模养殖为发展抓手，以“天成＋天晟牧园”品牌为载体，形成了一头以饲料加工为龙头带动家庭农场、合作社和种植农户，另一头以蛋品深加工为龙头带动家庭牧场、合作社和养殖农户独特的“哑铃型”种养全覆盖的多层次联合联动、全面联农带农共同发展、助力乡村振兴的天成模式，2020年“天成模式”获评江苏省农业龙头企业联农带农典型案例，全省仅4家。

一、“四力”乏力问题凸显

改革开放进行到21世纪头10年，中国经济发展进入了日趋成熟的市场经济时期，工业取代农业占据了社会经济的决定性地位，农业比较效益显著下降，城乡居民的收入差距越拉越大，城乡发展的不平衡成了当时中国最大的不平衡，农村发展的不充分成了当时中国发展最大的不充分。在激烈市场竞争下的海安家禽养殖业，出现了亟待解决“四力”乏力的问题。

（一）缺少竞争力

市场经济体系的建立，使得围绕资源要素的竞争更加激烈，养殖业迫切需要转型升级，规模小养殖户和散养户缺技术、缺市场、缺管理、缺资金、缺议价能力，这“五缺”让农业和农户双双发生了危机，导致一部分农民在市场竞争中丧失了竞争力。

（二）缺少原动力

一些在改革开放初期开始从事养殖业的农户，得益于当时物资短缺的市场环境，通过养殖纷纷发家致富，产生了惧怕失败守摊子、小富即安享太平的畏难心理，不愿再拼再闯谋发展，失去了自身发展和带动身边农户在乡村振兴事业中求发展的原动力。

（三）缺少财力

一些未能抓住发展机遇、经济条件不好、现在有志想从事养殖业的农户，苦于缺少启动资金，没有条件进入养殖业发展，难圆他们依靠自身力量投身乡村振兴发展的梦想。

（四）缺少持久力

伴随着中国经济发展，人们追求高质量生活，从吃得饱、吃得好，转变为吃得安全、吃得健康，加之美丽中国建设，传统的小而散养殖模式已经受到严重制约，低质量、品质无保障的农贸市场式的蛋品市场的发展持久力日渐式微。

市场在变、市场要素在变，驾驭市场要素的人们思想也在变，海安养殖业如何爬坡过坎，怎样转变这个重要课题现实地摆在养殖人的面前。

二、“四轮驱动”解难题

建章立制、规范管理、精准实施。构建“四轮驱动”发展引擎，解决“四力”乏力问题，通过天成模式，推动蛋鸡产业融合发展，实现联农带农致富，助力乡村产业振兴。

（一）建立专门服务平台，打造“七链”支撑，增强竞争力

为了推动海安家禽养殖业转型升级，肩负起引领蛋鸡产业发展的责任，天成集团建立支持合作服务平台，构建“产业链、供应链、资金链、人才链、创新链、数据链、服务链”七条链系统解决方案，全方位全过程提供养殖生产过程的技术支持。产业链：建成集饲料加工、种禽繁育、苗鸡孵化、规模化蛋鸡养殖、品牌蛋销售、蛋品精深加工、有机肥生产、社会化服务、科技研发于一体的蛋鸡全产业链。推动链内价值、企业、供需、空间的协同发展，充分发挥产业链自身存在的上下游合作关系，挖掘相互价值的交换潜力，促进链内更加集成健全，融合更加精准高效。供应链：建成“以饲料加工为龙头带动家庭农场、合作社和种植农户，以蛋品深加工为龙头带动家庭牧场、合作社和养殖农户”上游与下游紧密合作的双龙头网链体系，激活供应链资源配置倍增效应，为产业链提供不竭的源头活水。资金链：正常生产经营往来资金及时结算，保障资金链条良性循环。对缺少发展资金的养殖农户提供“输血服务”，为联合体中需要资金的成员提供担保，或者对缺少资金但信用良好的养殖农户直接给予资金支持，保持各联合体成员资金不断循环运转，为产业的稳健发展注入了资金血液。人才链：组建一支从产品研发到产品售后服务蛋品全生命周期的专业人才服务队伍，夯实产业发展基石，保证了核心竞争力优势，为联合体提供强劲的人才驱动第一动力，为产业发展提供人才支撑。创新链：以满足市场需求为导向，以人才链激发创新链，实现了产业链的强链补链。创新是企业核心竞争力，通过知识创新活动将创新与产业发展连接起来，实现知识的经济化过程与创新系统优化目标的功能有效增值，为产业发展赋能。数据链：为养殖产

业快速搭建全方位的数据分析平台，建设系统互通的数据链，推动产业数字化、智慧化管理，助力提速增效。服务链：打造以信息技术、物流技术、系统工程等现代科学技术为基础，以满足养殖户和顾客最大化需求为目标，形成完整的养殖技术服务网络，将服务促进增值提效、提升产业竞争力服务链落地，助力产业提质增效。

（二）兜底保障，合同约定，激发原动力

凡是天成集团签约或协议的种养殖户无论规模大小、无论属地，天成集团都充分尊重他们选择市场自主经营的决定，只要遵守国家法律法规和产品的质量标准，种养殖户无法自主上市交易的，天成集团一律遵守约定或协议，以高于市场价进行兜底保护收购全部原粮和鲜鸡蛋，让种养殖户吃上天成集团联农带农制度的兜底“定心丸”。

（三）即时结算，“输血服务”，增加财力

针对农户缺资金问题，天成集团坚持种植户原粮和养殖户鸡蛋货款随收随结不打白条；对缺少发展资金的养殖农户提供“输血服务”，天成集团与江苏银行和江苏海安农商银行合作，为联合体中需要资金的成员提供担保，或者对缺少资金但信用良好的养殖农户直接给予资金支持，有效解决农户资金周转难的问题。

（四）标准输出，质量管控，增加持久力

通过建立蛋鸡全产业链标准化示范区，在鸡蛋生产、销售和服务全程推行标准化管理，以食品安全为核心建立全程可追溯的质量保证体系，为产品质量提供有力支持，实现了农产品从农场到餐桌的全程质量安全。

三、取得的成绩

求真务实打造产业“硬实力”，全力凝练践行带农“真本领”。形成以天成

技术领先现代化蛋鸡全产业链生态养殖体系为核心的产业支撑，建设南通市蛋鸡产业联盟企业发展载体，培育优质蛋品的市场需求，建成了以天成集团天晟牧园生态养殖农场为标杆的引领辐射周边区域蛋鸡全产业链生态养殖体系，以及以上海为中心牢牢占据市场主导地位的鸡蛋供给市场体系，为天成“哑铃型”联农带农共同发展模式常态化长效机制打下了坚实的基础，注入了不竭的发展动力。2020 年、2021 年天成集团采用多种方式让利于农，累计带动种养户增收 11513.77 万元。直接带动农民就业 1 万多人。

（一）创新驱动，技术领先是保障

打铁还需自身硬。天成集团甘当海安家禽养殖业转型升级的探路人、实干家，建成技术领先高标准现代化的蛋鸡全产业链生态养殖农场，成为引领产业转型升级的示范样板。早在 1983 年，天成集团创始人陈正荣，针对广大农民缺少养殖技术、缺乏市场信息的现实问题，成立了海安县隆政蛋鸡研究会，带领农民创业致富，呈现出“百万雄鸡下江南”的壮观场景，开创了蛋鸡养殖 1.0 时代，被称为推动农民致富的“海安之路”。2012 年以来，天成集团自筹资金 5 亿多元，聚力打造集团综合核心竞争力。建设了年存栏 300 万只智能化蛋鸡养殖基地、江苏省规模最大的 20 万套父母代种鸡养殖基地、年产 5 万吨品牌蛋加工厂、年产 5 万吨蛋液蛋粉加工厂、年产 3.5 万吨的有机肥加工厂、库容 25000 立方米冷库，占地 1000 多亩的现代化天晟牧园生态养殖农场。还有投资 2 亿多元另择厂址的年产 60 万吨数字化、智能化高档饲料加工厂，形成了高标准现代化蛋鸡全产业链规模养殖体系，为海安及周边地区 3000 万只蛋鸡养殖成功探索了一套可复制可推广的现代化智能集成规模生态养殖 2.0 模式，被称为带动农民富裕的“小康之路”。现在在海安蛋鸡 100 万只以下规模生态养殖场建设，天成集团已经能提供从“场区设计布局、基础设施建设、养殖设备选型、苗鸡孵化、蛋鸡养殖、疫病防治、饲料供给、品牌蛋销售、蛋品精深加工、有机肥生产”蛋鸡全生命周期一站式保姆式生产性社会化服务。先富带后富、致富路上一起走，一直是天成人实现产业带动共同富裕的梦想。一技在手，授人以渔，天成人一直在行动。天成集团牵头成立江苏天成蛋鸡产业化联合体，为联合体成员提供技术培训、驻场指导，传授“蛋鸡全产业链”规模化现代化生态养殖的成功经验，帮助他们多快好省实施养殖场硬件和软件建设，带动转型升级，早出效益。先后有近千家养殖场到天成集团或其帮助建设的场站学习取经。比如，泰州市沪江畜业有限公司冯云，2019 年前是生猪养殖专业户，年出栏商品猪 9 万头，由于受非洲猪瘟的影响，损失巨大。经姜堰区畜牧兽医站专家牵线，天成集团为其提供饲养蛋鸡更迭解决方案，改建成年存栏 30 万只蛋鸡养殖场，养鸡、饲料、防疫、鸡蛋销售、周转资金等全过程由天成集团为其提供蛋鸡全生命周期一站式保姆式生产性社会化服务，年销售收入 5000 万元。蛋鸡养殖全程无忧，再次燃起了冯云对养殖业的热情，每遇同行就开心地自嘲“自从有了天成集团的全程服务，我们现在这些养鸡户都退化成了傻瓜养殖人了”。养殖户的自信是对天成最真诚的信任和对天成集团模式的肯定。

（二）胸怀感恩，勇于担当是根本

2017 年党的十九大提出实施乡村振兴战略，为农业、农村发展擘画蓝图，也为蛋鸡产业如何融入乡村振兴战略再次指明了方向。天成集团审时度势确立了品牌立企、品牌强企的理念，打造蛋鸡产业高质量发展 3.0 新时代，被称为助力乡村振兴的“海安蛋鸡产业振兴之路”。“一花独放不是春，百花齐放春满园”，市场在发展，如何打好产业振兴攻坚战，天成集团再次勇立潮头，带领南通蛋鸡产业踏上强业振兴新征程。2020 年 8 月，在江苏省南通市农业农村局等有关部门的关心指导下，天成集团牵头成立了南通市蛋鸡产业联盟，并被选举为联盟理事长单位，带领联盟成员企业坚定品牌强业目标，走品牌发展之路。联盟成立以来，组织成员单位外出参观学习、组团参加行业展会开阔眼界，坚定成员单位走品牌发展之路的信心，增强做强品牌的决心。开展联盟成员单位管理能力、技术基础工作提升行动，为联盟成员及周边养殖户采取提上来技术研学、沉下去驻场传授，定期为联盟成员开展标准、原料检测等培训服务，及时发现和解决成员单位与农户在养殖过程中出现的各种问题。通过实施标准化管理，对符合要求的成员单位生产的鸡蛋产品优价收购，依托天成集团蛋品深加工这一龙头，带动家庭农场、合作社和养殖农户增收增效。2020 年、2021 年分别带动联盟成员单位增收 1984.46 万元、2543.19 万元，促成自营溢价销售分别增收 1790 多万元、1900 多万元。在天成集团的组织推动下，一个 100 万只规模的养殖场年增收可达 500 万元左右，增收效果显著，江苏婷婷食品、南通科飞生态农业发展有限公司等企业负责人一致盛赞南通蛋鸡产业联盟在促进蛋鸡产业高质量发展的贡献，纷纷表示这个产业幸好有天成集团这只领航高飞的"领头雁"。天成集团还通过合同、合作等联结带动周边农户，坚持收购种植户原粮和养殖户鸡蛋货款随收随结不打白条，提高农民的种粮积极性，带动农户共同富裕。2020 年、2021 年分别带动种植农户增收 1456.93 万元、1839.19 万元。海安金嘉家庭农场主金鑫现有农场 1500 多亩，2021 年收获小麦 700 多吨，天成集团高于市场保护价收购使其多收入 7 万多元，他高兴地说："2022 年天成集团又捐助了我一台好农机，我要更好地去种田啦。"

（三）安全为先，天成质量是法宝

随着人们对高质量生活的追求，食品质量安全成为必然选择。天成集团坚持质量是企业的生命方针不动摇，坚定为消费者提供最优质、最安全、最健康的产品，满足消费者对高质量生活的需求，是企业获得健康发展的唯一法宝。"工欲善其事，必先利其器"，继 2018 年天成集团率先在全国同行中通过了全球食品行业安全与质量体系的最高标准 SQF 认证，2022 年天成集团天晟牧园鸡和鸡蛋产品双双通过了无抗产品认证和可生食鸡蛋认证。系列认证从各个层面全方位对天成集团蛋鸡养殖全过程质量控制，进行了综合体检，对蛋品的质量品质给予了权威确认，确保每一枚鸡蛋都是安全健康蛋，实现了农产品从农场到餐桌的全程质量安全，聚力打造不负消费者期望的天成质量。凭借全产业链现代化装备，深耕蛋鸡养殖 30 多年积累的丰富的专业经验和品牌美誉度，天成集团鸡蛋和蛋品赢得了广阔的高端市场，受到了以上海为中心的广大消费者的青睐，2021 年天成集团上市优质品牌鸡蛋 53262 吨、蛋品 22660 吨。天成集团坚持将企业发展与联农带农助力乡村振兴有机融合起来，多措并举，综合施策，助力天成模式发挥更大作用，推动种养一体化联动发展。在帮扶带动工作中，同时为缺少资金的养殖农户提供“输血服务”，对缺少资金但信用良好的养殖农户直接给予资金帮扶，近两年，先后为一百多家养殖农户提供额度达 2.01 亿元的资金担保支持，有效解决了农户周转资金难的问题，助推他们正常经营运转。

经验总结

1. 党的领导、政府的支持是产业振兴发展的保证。各级党委政府坚持稳字当头、稳中求进，扎实有序推进蛋鸡养殖产业建设工作，以超常超强的力度和更强的执行力，不折不扣完成好“三农”各项工作，推动乡村振兴取得新进展、农业农村现代化迈出新步伐。天成集团蛋鸡全产业链养殖成功建设成为国家蛋鸡标准化示范场、国家蛋鸡全产业链标准化示范区、蛋鸡产业技术研发基地、首届中国蛋品产业杰出创新企业，成为全国农业高质量发展样板区、全产业链发展模式示范区、农村产业融合发展示范区，成为蛋鸡养殖产业经济的新引擎。

2. 做有担当有作为的企业家。只有胸怀感恩，才能情系乡村产业振兴。回顾天成集团的发展历程，天成集团创始人董事长陈正荣心潮澎湃、思绪万千，他由衷地感恩改革开放以来党的富民强国的好政策，让他“团结起来振兴中华”梦想得以成真；感恩各级政府的支持扶持，让天成集团得以在市场经济浪潮中快速成长；感恩家乡父老乡亲对天成集团产品的忠诚呵护，让天成集团在强手如林的市场竞争中勇立潮头担当奉献。天成集团在改革开放中发展成长，不是最大的企业，也不是赚钱最多的企业，但它始终是想方设法去帮助带领农民兄弟，一起发展致富的众多企业中最用心、最用力的企业，不与农争利、感恩回报社会，激发和勉励天成集团凝练并践行“哑铃型”种养全覆盖的“多层次联合联动”联农带农共同发展、助力乡村振兴的天成模式。

3. 建设面向小农户的生产性社会化服务体系。农业生产性社会化服务，是在小农户数量巨大背景下实现农业现代技术装备作业规模化的重要途径，适合当前小农户融入现代农业发展的主客观要求，是乡村产业振兴的有效载体。这个服务体系需要有能力、有市场来保证，天成集团从 1983 年就进行蛋鸡养殖技术研究，积累了丰富的、自成体系的蛋鸡养殖全产业链技术经验，通过建立"七链"系统解决方案为养殖安全高效提供了无限可能。辅之建设高标准现代化蛋品精深加工、大库容的冷库设施，为海安蛋鸡养殖产业加装了双重保险，为化解危机应对市场波动提供了可靠保障。

4. 坚持质量是企业的生命，促进产业高质量发展。抓好蛋鸡养殖全过程质量控制，确保每一枚鸡蛋都是安全生态蛋。坚定实施品牌战略，像爱护自己的眼睛一样守护品牌的美誉度。建设物流运输体系，办好电商服务，让产品走上千家万户的餐桌。继续对急需资金的农户提供信贷担保支持，促进产业稳健快速发展。加大从业农户在岗技术培训，积极开展劳务协作，让更多的农民通过养殖实现劳动致富的梦想。

◎ 天晟牧园生态农场全貌（作者摄于 2022 年）

2021 年，天成集团被农业农村部、国家发展和改革委员会认定为“农业产业化国家重点龙头企业”，天成集团从此迈上了联农带农高质量发展的新赛道。天成集团将以蛋鸡全产业链工程为落脚点和出发点，充分发挥引领与示范作用，继续加大助力乡村振兴的天成模式工作力度，把千家万户的小生产与千变万化的大市场连接起来，推动蛋鸡产业振兴，带动更多农民走向共同富裕，为实现农业农村现代化实施乡村振兴战略目标贡献天成力量。

专家点评

天成集团是蛋鸡全产业链的国家级农业产业化重点龙头企业，企业直接为公司所在地江苏省海安市乡村振兴做出贡献，创立并践行“一头以饲料加工为龙头带动家庭农场、合作社和种植农户，另一头以蛋品深加工为龙头带动家庭牧场、合作社和养殖农户”的蛋鸡全产业链。带动了当地农村经济发展，增加了农民就业，富裕了一方农民。这种打造一类产品全产业链、形成一二三产业融合发展，大企业多层次带动农合农户模式，可复制、可推广，特别是天成集团向小农户提供生产性社会化服务的经验具有普遍意义，更值得总结推广。

——徐小青

陕西潼关

建设软籽石榴第一县　打造乡村振兴硬实力

中共潼关县委政策研究室

乡村振兴战略的重点是产业振兴，产业振兴的第一步是产业定位及规划，而其具体体现之一是做好一县一业。2014 年，潼关县依托区域地理优势，以发展软籽石榴为着力点，把它作为富民强县的支柱产业来抓，通过政府引导、政策推动、示范带动、群众自愿的方式，建设中国软籽石榴第一县，推进现代农业产业化进程，提高农产品加工增值水平，加快实现农民收入翻番目标，打造乡村振兴"硬实力"。

潼关县位于秦、晋、豫三省交界处，北濒黄河，南依秦岭，西连华阴，东接河南灵宝。2020 年全县农业总产值 11.34 亿元，软籽石榴产值达 1.5 亿元，占比 13.23%。全县农村人均可支配收入 13488 元，比全省人均收入高 200 元。

潼关地处三河（黄河、渭河、洛河）交汇处，气候温和，年平均气温为 12.5~13℃，昼夜温差大，土壤有机质较多，与生产优质软籽石榴的生态环境完全吻合，是软籽石榴优生区。县委、县政府审时度势，依托资源，结合县情把软籽石榴作为乡村振兴的首要产业来抓，以宣传鼓动、政策拉动、服务推动、典型带动、镇村联动服务推动、县镇齐动为着力点的"五指握拳齐发力，软籽石榴花正艳"模式，已成为乡村振兴首要产业培育的重要方法和有效手段。

在推进软籽石榴发展方面，潼关县采取"五指握拳齐发力"的措施着力发展，主要做了 5 个方面工作。

一、宣传鼓动

潼关县素有“华夏金城”之称。随着黄金采选资源短缺，寻找新的支柱产业成为当务之急。县委、县政府通过开展“走村入户，问计于民”活动，了解到城关街道办五虎张村群众栽植软籽石榴成效显著，经过调研后，形成共识。确定了将市场销路好、经济效益高、发展潜力大的软籽石榴产业作为新的支柱产业，大力发展。通过召开会议、外出参观、专题讲座、电视访谈、召开现场会等方式宣传软籽石榴的特征、栽培方法，使干部群众对发展软籽石榴产业有了明确的认识。2021 年，石榴领域专家团曾来潼观摩，央视《致富经》栏目对其进行了深度报道，中国园艺协会石榴分会授予陕西金桥现代农业园金奖，市县领导的热情推介使潼关软籽石榴声名远扬，软籽石榴已成为潼关农业的金字招牌。

二、政策拉动

县委、县政府出台了《关于加快推进软籽石榴产业高质量发展的实施意见》，制定了优惠政策，为栽植软籽石榴户每亩补助 1000 元。同时对创建示范园的新型经营主体实施高标准农田等项目，在硬化生产路、配套机井、配套水肥一体化等基础设施建设方面予以倾斜。这些利好政策和办法极大地推动了软籽石榴产业发展。由潼关县牵头起草的渭南市软籽石榴系列标准正式发布实施，成为全市发展软籽石榴产业的参考标准。

三、服务推动

一是指导群众选好品种。石榴产业极易受到冻害影响，指导群众首选岳渎红品种，该品种由西北农林科技大学和潼关县科研人员共同研发，先后在 2016 年和 2021 年 3 次经历 -15℃冷空气的侵袭，从收集的情况看，成活率达

90% 以上。二是充分发挥软籽石榴协会积极作用。该协会为种植户提供标准化建园技术规范，在整地、施肥、株行距、树型上进行指导，并把每月要做的主要工作制成农事月历，使管理技术简明扼要、通俗易懂、便于领会。三是组建技术团队。聘请西北农林科技大学石榴首席专家吕平会教授等 11 名专业人员组成潼关软籽石榴技术服务团队，为群众服务，面对面、手把手指导，让新型经营主体、龙头企业、种植户解除顾虑，增添信心。四是丰富销售手段。组织龙头企业和种植大户参加 2017 西安丝绸之路国际旅游博览会专场推介及第二十九届中国杨凌农业高新科技成果博览会产品展示推介，擦亮潼关软籽石榴品牌，建好线上平台，帮助群众搞好销售工作。该县“红宝石”先后在第二届中国石榴博览会、第七届全国石榴生产与科研研讨会、中国怀远第三届石榴节上获得金奖；潼关软籽石榴获得由原国家工商行政管理局商标局认证的国家地理标志产品。2017 年，潼关县红宝石软籽石榴农民专业合作社石榴基地在第二届中国石榴博览会石榴基地评选活动中荣获中国优质石榴基地称号，石榴产品荣获金奖。潼关软籽石榴通过国家绿色食品发展中心绿色食品认证。

四、典型带动

依托省级金桥农业园区，市级润谷农业园区、双桥园区、中子嵋园区等，把园区作为发展软籽石榴的主要载体，发挥典型引导作用，成为软籽石榴发展的亮点和引导群众发展产业的航标。通过超前的技术体系、优良的苗木品质、优质的技术服务，赢得众多种植户的肯定，带动各村发展集体产业。在带动发展模式上，采取县级主管部门主抓现代农业园区千亩果园、镇（办）主抓合作社和家庭农场、村级主抓示范户的模式，通过三者互补，带动全县软籽石榴产业发展。同时，组织由产业带头人、村干部、示范户构成的巡回宣传组，进镇入村进行巡回演讲，发动群众栽种软籽石榴。

五、镇村联动

确立了“部门包联，镇、村抓好落实”的工作思路，建立周报告、月评比、季点评、半年观摩、年底考核的工作机制。在植树季节，组织农技人员深入田间地头，现场指导，帮助群众解决技术难题。县农业农村局围绕目标，传导压力，夯实责任，建立奖优罚劣奖惩机制，从而激发镇、村干部发展软籽石榴产业的热情。

经验总结

潼关县软籽石榴产业的快速发展壮大，离不开各级党委、政府的正确引导、政策支持，更离不开广大党员干部的示范引领、积极参与。

1. 软籽石榴产业发展进一步凝聚了党心、民心。坚持党委政府引领，以农户为基础、以产业为依托、以协会为载体、以富民为目的，通过党委抓协会、协会带农户，大力发展软籽石榴产业。这样既进一步加强了党对产业、协会的领导，又把党群、干群的感情厚植起来，夯实了党的群众基础，使全县党员领导干部与人民群众像石榴籽一样紧紧团结在一起，凝聚了党心、民心。

2. 软籽石榴产业发展带动了农民增收、农业发展。坚持把发展软籽石榴产业作为促进群众致富增收的重要抓手，2014 年，潼关县委、县政府将软籽石榴确定为全县农业的主导产业，实现了亩收益 3 万元至 5 万元，软籽石榴产业效益强势显现，已成为名副其实的“软黄金”产业，软籽石榴从 2014 年的 5000 亩到 2021 年的 50000 亩，把小石榴做成了大产业。通过“政府 + 企业 + 农户”模式，带动更多群众走上了致富路。2019 年潼关石榴面积已达到 3.14 万亩，产值 1.2 亿元；2021 年底，栽植软籽石榴 3.64 万亩，挂果面积 1.2 万亩，产值 1.5 亿。仅 2020 年，全县软籽石榴产量达到 7000 余吨，产值 1.7 亿元，软籽石榴将成为大幅增加农民收入的支柱产业和主要途径。

2017—2021 年，潼关县城乡居民人均可支配收入分别由 25693 元、9063 元增长到 36091 元、14885 元。

3. 提高了产品附加值减少鲜果浪费，增加果农收入。石榴在我国历史悠久，深受人民群众的喜爱，不仅因为石榴含有延缓衰老、预防动脉粥样硬化和心脏病及减缓癌变进程的高水平抗氧化剂，更因为它寓意吉祥，象征了人民红红火火、多福多子的美好生活。因此，要通过多种形式，深入挖掘石榴丰富的文化内涵，生产更多石榴产品，提高潼关石榴的知名度、美誉度。

4. 实现“文化＋产业”融合发展，促进了乡村振兴。以编制“潼关县石榴产业发展‘十四五’规划”为契机，把石榴产业发展与石榴文化相结合，推动一二三产业融合发展和产业升级转型，让“中国石榴之乡”名副其实。举办石榴文化节、石榴新闻发布会等活动，以石榴为媒介，传播石榴文化、促进县域旅游；在县城，以石榴为主题，加快建设石榴文化主题公园、主题街道、石榴博物馆等石榴文化元素；在农村，以农村群众房前屋后的院落、村道和周围的闲散土地为基础，大量栽植软籽石榴，实现庭院、村道处处有石榴、处处是美景，打造全域乡村石榴文化旅游胜地，达到经济效益、生态效益和社会效益高度统一，有效提升人居环境，为推进乡村振兴创造良好条件。

◎ 软籽石榴基地（作者摄于 2022 年）

专家点评

潼关县是曾经的“华夏金城”，软籽石榴兴起并很快形成新兴支柱产业，使潼关成为通过城乡携手，实现城市转型和乡村振兴同步前行的成功案例。

因为选准了产业和发展方向，潼关县一开始就制定并落实一系列扶持、支持和指导政策，高起点、有针对性地布局基础设施建设，同步实行标准化管理、品牌创维、营销策略，通过典型带动、镇村联动等推动一批市场主体兴起，很快就形成了现代化的全产业链，也很快形成了相应的全过程指导、服务体系。

软籽石榴的创新源头来自几户农民，当地在“走村入户、问计于民”时才得以发现。这再一次证明，人民群众具有不可估量的创造力。

——袁崇法

河北阜平

产业链上中下游融合发展 龙头企业助菇农增收致富

河北国煦生物科技有限公司

河北国煦生物科技有限公司成立于2013年3月，位于河北阜平经济开发区——高阜口食品产业园，注册资本10000万元，现有员工510人，其中包括专业技术人员50人。近年来，在各级领导及有关部门的大力支持和帮助下，经过全体员工的共同努力，在经营管理、产业发展、经济效益等方面取得了一定成效。同时，一二三产业发展初具规模，势头良好。

一、一二三产业初具规模

（一）一产食用菌种植

河北国煦生物科技有限公司积极对接省内有关高等院校，先后与河北农业大学河北省首席食用菌专家李明教授专家团队、河北师范大学王立安教授专家团队签订了技术服务协议，并聘请廊坊职业技术学院资深食用菌专家侯桂森教授进行技术指导。在专家团队指导下，公司积极开展技术创新和液体菌种研发，成功研制出新菌种国煦1~25号，其中国煦6号和9号已在阜平县广泛推广种植，并取得良好的经济效益。成功获批实用新型专利8项，技术实力雄厚。2015年开始建设阜平县食用菌产业核心区，建成标准化大棚328栋，保鲜库10000平方米，高温灭菌室1620平方米，养菌车间12500平方米，先进菌种繁育中心及菌棒生产车间33000平方米，标准化香菇菌棒生产线4条，菌棒日生产能力达20万棒。另外，管理阜平县食用菌大棚2000余栋，常年产量达到3.1万吨。产品主要销往北京、上海、广州、深圳、连云港等地，深受广大消费者青睐，2021 年销售收入达到 2.25 亿元，实现利润 763 万元。产业规模位居全国同行业前列，食用菌产业核心区单体规模位居全省第一。

（二）二产预制菜加工生产

2022 年 3 月河北国煦生物科技有限公司多次组织外出参观、考察、学习，引进江南大学全国最先进的食品加工技术，开始建设预制菜加工项目，建设内容包括：净菜加工车间，日产净菜 120 吨；面食加工车间，日产水饺、煎饺、包子、馄饨等共计 160 吨；即烹即热即食即配预制菜品加工车间，日产肉类、豆制品、奶制品 200 吨。净菜加工车间，于 2022 年 7 月投产；面食加工车间，于 2022 年 11 月初投产；即烹即热即食即配预制菜品加工车间，将于 2023 年底投产。建设规模位居阜平县预制菜行业之首。

（三）三产冷链物流运输销售服务业

河北国煦生物科技有限公司引进国内先进冷冻设备和冰温技术，建成库容量为 4.3 万吨的恒温恒湿冰温库 2 个，建设停车场 6000 平方米，计划购买大型冷链物流运输车 50 辆，形成华北地区乃至全国范围内，技术先进、冰温库存量大、保鲜效果好、储藏时间长、节能效果优、环保功能强，集农产品加工、分拣、冷冻、藏储、保鲜、物流于一体的综合性项目，2022 年底已全部完成。

公司将努力打造成为以“一产”食用菌种植为前端；连“二产”食用菌、蔬菜、农产品加工、储存、包装为中端；接“三产”冷链、物流、运输、销售服务为终端的，完整的三次产业融合产业链发展模式，建设成为阜平县一二三产业融合发展示范区，带动阜平县一二三产业快速高质量发展，大力促进乡村产业振兴，为巩固脱贫攻坚成果和实施乡村振兴战略做出更大贡献。

二、产业发展中的困局

由于河北国煦生物科技有限公司食用菌产业起步晚，产业发展中仍然存在一些问题。

（一）品种单一

栽培品种单一，后备品种缺乏。而食用菌作为真菌仍具有易变异、易退化的特性，品种平均使用年限 3~5 年，亟须开展新品种引进、品比试验、筛选新品种等工作来保证后备品种需要。

（二）模式技术单一

栽培品种、模式、产品单一，主要以香菇层架式栽培为主，受市场波动影响较大。不能根据市场需求及时变换品种及栽培模式，后备品种、栽培技术缺乏。栽培技术、管理水平低造成的污染率高、产量偏低、品质偏差，综合栽培效益低等问题仍很普遍。

（三）创新人才缺乏

河北国煦生物科技有限公司主要以鲜菇销售为主，产品技术附加值偏低；缺乏深加工技术和产品，导致综合栽培效益较低。创新人才与创新能力方面骨干技术人员缺乏，一线栽培人员食用菌栽培管理知识水平较低，技术创新平台少、自主创新能力较差。同时，县域、公司科技经费投入不足，生产中的问题得不到及时有效的解决，制约了食用菌产业的健康发展。

三、探索与实践

针对食用菌产业存在的问题，河北国煦生物科技有限公司进行了探索和实践。

一是引进国内专家技术团队和食用菌顶尖专家，并与有关高等院校建立长期合作关系。2018 年 3 月与河北农业大学河北省首席食用菌专家李明教授团队签订了长期技术服务合作协议。在专家团队精心指导下，成立了公司的试验室和菌种中心，加大科技攻关和新产品的研发力度，引进创新研发新品种，成功培育了以国煦命名的多个系列品种，改善品种单一的现状，促进产品多样化，并向全县广泛推广种植，促进食用菌产业可持续发展。

二是引进香菇新品种或杂交新菌株，筛选产量高、品质好的鲜香菇品种、干制及加工专用新品种并示范推广。引进除香菇以外的主栽品种或野生品种，通过品比试验筛选出适宜太行山区的区域主栽优良品种，为基地发展及示范推广做好后备品种储备。引进示范以提高香菇、黑木耳产量及品质的高效生产技术；引进示范以农林废弃物为主料的栽培技术，如大球盖菇、银耳、茶树菇等，珍稀食用菌生产技术，如羊肚菌等，根据太行山区气候、资源特点和设施情况，完善建立高效栽培技术模式，为基地发展及示范推广做好后备栽培技术储备；引进创新液体菌种生产技术，建设香菇、黑木耳等主栽品种的液体菌种生产及应用示范基地，建立菌种质量检测技术并示范推广，从菌种源头上确保示范基地食用菌高产、稳产。

三是科学发展完善全产业链条。在做好一产即食用菌生产的基础上，加大二产投入力度，引进北京市京科伦冷冻设备有限公司先进的冰温技术和设备，投资 3.88 亿元建设果蔬冰温库及香菇烘干项目，已被列入省重点建设工程，整体项目 2022 年 12 月竣工并投入运营，冰温库建成后，可储藏鲜菇、鲜桃、苹果、红枣、绿叶菜等林果产品 4.3 万吨，香菇烘干车间可日产干菇 4 吨，日处理鲜香菇 32 吨，年加工鲜香菇近万吨。实现低价时加工储藏，高价时上市销售，填补阜平食用菌加工项目的空白，进一步延伸食用菌产业链条，促进一二三产业融合发展，初步形成种、养、加、产、研、销、线上、线下完整的食用菌全产业链条，加强智能化管理，实现集约化经营、标准化生产、规模化发展，提高产品附加值，创造更高的经济效益和社会效益。

四是公司采用“公司＋园区＋菇农”向“政府＋公司＋园区＋菇农”转化的运营模式。由原来公司包揽经营转化为政府、公司和菇农责任共担、利益同享，实施“六位一体、六统一分”的管理模式，“六位一体”即“政府＋金融＋科研＋企业＋园区＋农户”，形成产业联盟，“六统一分”即统一建设棚室、统一制作菌棒、统一技术指导、统一品种品牌、统一销售加工、统一产品包装、农户分户经营的模式，实现公司与农户双赢。

五是公司以土地流转、包棚种植、务工就业等形式带动农民增收。土地租金，企业以1000元/亩的价格集中流转农民土地进行产业化运营；农民租赁企业棚室开展生产，户均年增收6万～10万元；农民到企业务工，公司招聘农民参与各种生产、技术等工作，月均收入3000元；辐射带动全县8个乡镇，21个食用菌产业园区，2000余栋香菇大棚，9980个农户，参与食用菌种植，实现年户均增收1.7万元。

四、取得的成绩

几年来，在各级领导和有关部门的大力支持下，河北国煦生物科技有限公司在经营管理、产业发展、经济效益等方面，取得了突出成效，受到各级领导的充分肯定和高度赞赏。先后荣获国家、省、市、县等50多项奖励。2016年8月和2018年12月先后被河北省扶贫办授予河北省扶贫龙头企业和省级示范扶贫龙头企业；2017年5月在河北省食用菌产业发展大会上，荣获蘑菇大赛金奖；2019年8月被授予保定市农业产业化龙头企业；2019年10月被全国工商联和国务院扶贫办授予“万企帮万村”先进民营企业；2021年4月被河北省政府授予河北省产业化重点龙头企业；2021年4月被河北省委、省政府授予河北省脱贫攻坚先进集体；2021年12月被河北省工信厅授予省级“专精特新”企业；2022年3月被河北省农业农村厅认定为第一批省级现代农业示范园区。

经验总结

1. 发展产业要符合当地规划，食用菌产业符合国家产业政策，生产周期短、易操作、见效快、能快速带动群众增收致富。省、市领导对阜平乡村振兴工作高度重视，县委、县政府把发展食用菌产业作为乡村振兴的主导产业，充分利用好各级政府的优惠扶持政策，抓住机遇。

2. 要充分利用当地资源。阜平县自然条件优越，昼夜温差大，水资源充足，是天然理想的食用菌生产场地。河北国煦生物科技有限公司位于阜平县西部，地处京津冀一体化“区域中心城市”发展圈，四通八达，交通便利，物流成本低。当地农村以种植业为主，食用菌生产的主要原料资源丰富。不存在任何工业污染源因素，水质经简单过滤处理后即可达到生活饮用水标准，为食用菌产业的发展提供了优越的天然资源条件和较好的区位优势。

3. 加强技术指导和培训。要聘请专家团队，组织开展公司管理人员和技术人员以及包棚菇农专业知识培训，了解食用菌产业发展动态、未来趋势，学习食用菌产业种植技术和技能，以及棚室温度和湿度的控制，掌握食用菌各生产环节的技术要点和实际操作能力，提升公司员工业务素质，促进公司整体管理水平提档升级，提高企业核心竞争力，以适应不断扩大再生产的需求，应对市场变化和竞争。

◎ 阜平县食用菌产业核心区（作者摄于2022年）

4. 公司要有长期战略发展规划。制定长远可持续发展的科学规划，建设形成完整的产业链条，有利于推动食用菌产业向更高层次发展。形成种、养、加、产、研、销、线上、线下完整的产业链条。实现一二三产业高度融合，达到集约化经营、标准化生产、规模化发展。最终，走休闲农业、观光农业、生态农业完美结合的综合发展之路。

专家点评

本案例全方位反映了涉农开发、加工企业与乡村振兴的关系，揭示了能够结成并决定这种关系成败的决定性因素，是当前城市资本带动乡村发展较为普遍的形式。

河北国煦生物科技有限公司起步时是一家传统食用菌加工企业，在市场竞争压力下，引进技术努力创新，通过探索开发新产品提升竞争力，占据市场一席之地，夯实了市场地位，树立了发展信心，在做大做强的过程中，逐步开始并持续带动乡村产业振兴。

企业发展需要的土地和当地乡村具有的特定资源环境条件，使利用乡村资源和带动乡村振兴融为一体，资本与乡村资源间很自然地通过市场机制建立起共同发展和共同受益的协同关系，形成了真正的城乡命运共同体，而不是“拉郎配”的表面组合。

本案例是做强企业市场地位，通过市场机制建立城乡联系的基本经验，具有普遍推广性，但应允许各方多项选择，不能操之过急。

——袁崇法

江苏宿迁

产业化联合体 推动渔业产业高质量发展

泗洪县康源水产科技养殖协会

20世纪80年代初期临淮镇以捕捞为主。20世纪80年代末，随着产业转型升级，临淮镇主导产业转变为养殖为主、捕捞为辅。随着养殖业规模不断壮大，各种水产协会、商会、经纪人组织等纷纷成立。康源协会于2018年8月26日正式成立，并于2020年5月更名为泗洪县康源水产科技养殖协会（以下简称水产科技协会）。

2022年，会员数量由成立初的34户发展到153户，养殖面积达到30000余亩。会员职称达到水产类助理工程师以上的79人，占比51%，平均年龄39岁。实体组织会员36个，分布在本县13个乡镇，县外7个县区，省外3个省份。会员种类由过去基础性养殖会员，发展到现在基础会员+服务型会员的“双会员体系”。水产科技协会成立党支部、理事会、工会委员会、监事会、投入品管控部、技术服务部、质量监管部、市场营销部、内务部等部门，实行“水产科技协会实体化、负责人专职化、工作人员职业化”的规范运行模式。

水产科技协会以养殖大户、专业合作社、家庭农场、企业等生产者为基础性会员，以科技服务、生资供应、水产品加工、运输、冷链物流、销售、金融、保险等服务者为服务型会员，形成了“双会员体系”服务模式。水产科技协会通过组织服务型会员规范地为基础性会员提供服务而发挥明显作用；服务型会员通过优质服务获得基础性会员的订单和规模化、合理化效益；基础型会员直接与供应商、销售商对接，大幅减少中间环节、降低生产成本并提高收益；水产科技协会通过公共服务获得一定收入以保证运行，并将部分结余以福利等形式再返还给会员。

水产科技协会还开展了会员科技培训、产业论坛、现场观摩等服务活动50余场（次），推广苗种、饲料、技术措施、管理“四统一”标准化生产模式，大幅提高了会员的科技文化素质和经营管理能力，建成中国农村专业技术协会科技小院，累计为基础性会员协调生产资金2000万元，使得他们年平均亩增收达3000元以上，获得良好的社会效益和经济效益，得到有关政府部门的充分肯定与多次嘉奖。

在发展过程中，水产科技协会遇到了以下问题：（1）养殖成本。饲料购买成本高，利润变低，饲料安全问题无法保障。（2）资金问题。养殖前期投资大，会员遇到资金周转问题无法解决。银行贷款利息高，无人担保，银行不敢放贷。新冠疫情期间，水产科技协会会员经济损失较大，导致银行贷款无法偿还等资金问题。（3）养殖技术问题。如何提高科学养殖技术，打破传统老旧的养殖模式，从而提高利润和保证质量。（4）病害防控。近两年，江苏地区“水瘪子”病暴发严重，使广大养殖户十分困扰，找不到解决方法。

针对以上问题，水产科技协会采取了以下解决办法：

（1）降低成本，效益最大化。通过成立“泗洪县水产科技社会化服务中心”，变零散式采购为集团式采购，使会员降低成本，利益最大化。（2）定制化贷款，帮助会员解决资金难题。开展“金融机构＋协会＋农户”协作模式助力抗“疫”，推出多项惠农、助农举措，为助力乡村振兴贡献力量。（3）专业化培训，提高会员养殖管理技能。建设江苏农村科技服务超市泗洪河蟹产业分店，成立专家技术服务小组，与江苏省淡水水产研究所、南京农业大学、扬州大学、江苏海洋大学等各大科研院校合作，联合开展技术培训班及产业调研。（4）组织专家前往“水瘪子”病集中暴发塘口实地会诊。成立专家调研组，前往养殖户塘口进行实地取样化验，并召开座谈会给出解决方案。

由此取得了以下成效：

1.搭建平台，资源共享。水产科技协会通过搭建平台、资源共享的方式，变苗种、饲料、渔药等渔需物资零散式采购为集团式采购，在会员养殖成本降低的同时，确保了水产品质量安全。做到四个统一：统一苗种、统一投入品、统一管理模式、统一养殖标准，最终实现养殖的全产业链，实现养殖环节的闭环管理，为会员提供一站式的服务，利用人工智能化、智慧化养殖模式，打破传统的养殖模式，引领泗洪水产养殖新潮流，最终实现一个会员带动一片，达到大家共同致富的目标。

水产科技协会在团体平台申请并发布了《中华绒螯蟹天然海水土池全人工育苗技术规程》《中华绒螯蟹“诚信渔公®”一龄蟹种池塘养殖技术操作规程》《河蟹高效生态养殖技术规程》《河蟹饲料标准》4个养殖规范。

成立江苏泗洪大闸蟹科技小院。科技小院成立至今开展多次产业培训与调研。科技小院成立后积极推进各项建设工作，搭建政产学研用平台，服务科技经济深度融合，带动和支撑农村专业技术协会组织建设，提升农村专业技术协会组织发展活力，促进当地农业产业发展和农民科学素质提升，为实施乡村振兴战略做出更大贡献。科技小院汇聚了高校科研院所、农村专业技术协会组织、涉农企业等各方科技力量，开展全产业链的科技服务，打造科协组织服务乡村振兴的亮丽名片；科技小院不仅培养了当地乡土科技人才，还创新了人才培养模式，拓展了科技服务“三农”的有效途径，造就了一批有理想、有能力、能吃苦、肯奉献的新型农业科技人才；科技小院建设创新了中国农村专业技术协会的组织模式，增强了中国农村专业技术协会的凝聚力，提高了中国农村专业技术协会的服务能力，提升了中国农村专业技术协会的组织力和社会影响力，成为服务乡村振兴的有力抓手。

2022年以泗洪县康源水产科技养殖协会控股成立宿迁泓品农业科技有限公司，并注册泓品商标。加强多方融合，整合渔业、金融、保险、运输、冷藏加工等多渠道为一体，进一步巩固和提高洪泽湖大闸蟹的品牌价值，让水产科技协会在市场中拥有话语权和定价权，努力把水产科技协会建设成为促进农业增效、农民增收、乡村振兴的积极参与者、引领者和推动者。

成立泗洪县水产科技社会化服务中心，社会化服务中心建成后围绕本地特种水产产业，整合科技特派员等科技资源，规范店面建设，组建稳定的专家服务队伍。建立新品种、新技术示范基地，建立培训、科技信息发布、在线专家服务等综合服务平台，面向龙头企业、大户、农户开展科技服务活动，探索建立农村科技服务新模式。以龙头企业、专业合作社、水产科技企业等为主体，以推广科技成果、提高农民的科技素质为目标，以个性化、多样化、品牌化服务为追求，创新服务形式，丰富服务内容，拓宽服务领域，为农民增收致富提供更全面周到、务实的科技信息和成果转化服务。为周边 20000 余亩的养殖户提供养殖技术帮扶，未来将辐射带动养殖面积 10 万多亩，使养殖户降低成本，效益最大化。技术方面，采用先进技术，提高养殖规模产量，增加养殖户收入，进一步加强多方融合，促进农业转型升级，推动洪泽湖大闸蟹产业体系健康发展，进一步巩固和提高洪泽湖大闸蟹的品牌价值，让基层农村专业技术协会在市场中拥有话语权和定价权。为养殖户提供从养殖到销售一站式的服务，为社会提供安全可靠的绿色食品。

2. 解决资金问题。水产科技协会与中国农业银行、中国邮政储蓄银行、泗洪农村商业银行、江苏省农业融资担保有限公司泗洪分公司，建立战略合作关系，由水产科技协会负责会员的贷款审查，并进行担保。银行针对水产科技协会会员，降低门槛，优化程序，上门服务，免收手续费，提供多种金融产品支持，为会员及周边养殖户办理生产贷款 300 余户，累计资金达到 7000 多万元。新冠疫情期间，水产科技协会会员经济损失较大，导致银行贷款无法偿还，水产科技协会协调资金偿还银行贷款，保障会员用于恢复生产的资金需求。

3. 培养乡土人才，助力乡村振兴发展。建设江苏农村科技服务超市泗洪河蟹产业分店，其中包括农资超市、快检室、技术服务中心、电商部、成果交易区五大功能区，办公设施条件齐全。江苏农村科技服务超市泗洪河蟹产业分店下设江苏农村科技服务超市泗洪河蟹产业分店“华兴”便利店、江苏农村科技服务超市泗洪河蟹产业分店“金水”便利店。成立专家技术服务小组，从本省科技专家、科技特派员、企业和当地水产技术推广部门精选专家技术人员 52 人，开展河蟹养殖的产前、产中、后期育肥管理等培训，每年开展各类技术培训班及产业调研 6 期，培训人数约 1500 人次，接待技术咨询约 1800 余人次，到基地服务 15 组（队），服务基地塘口 2 万亩，从而使会员的养殖理念和养殖技能得到很大提高。

水产科技协会还开展法律知识培训，保证水产科技协会会员知法、守法，用法律知识保障自己的合法经营。经过科技养殖培训，基础性会员年增效 3000 元 / 亩，全年增收总额达 9000 多万元，部分会员效益达到 10000 元 / 亩。2023—2025 年将进一步打造大闸蟹全产业链服务，融合金融、保险、运输、冷藏加工、线上线下销售多渠道为一体，养殖面积将达到 4 万亩，辐射养殖面积将达到 5 万亩。通过创建自己的品牌，把会员打造成新时代的“四有”农民。

2021 年水产科技协会与宿迁市人力资源和社会保障局、农业农村局共同举办宿迁市首期乡土人才（水产养殖类）培养评价高研班，共有 108 人通过考核，其中 42 人获得水产助理工程师职称，66 人获得水产工程师职称；2021 年水产科技协会与泗洪县绿康大闸蟹有限公司联合举办了水生动物饲养工等级技能考试，共有 105 人通过考核，其中 40 人获得三级技工证书，65 人获得二级技工证书；2022 年 5 月水产科技协会举办职业技能等级培训班，70 人获得乡村振兴技艺师称号；协会参与江苏省 2022 年技能人才评价技术资源快速响应重点开发修订项目——甲壳类、淡水鱼类饲养工项目。

4. 组织专家实地调研，为养殖户解决“水瘪子”病等问题。针对“水瘪子”病等情况，泗洪县康源水产科技养殖协会联合江苏省农村专业技术协会大闸蟹专业委员会开展大闸蟹产业调研，并召开座谈会研究探讨解决方案。“水瘪子”病已成为河蟹养殖中的主要病害之一，从 2022 年调研情况来看，“水瘪子”的发病依然较严重，三壳蜕壳接近尾声，在即将进入梅雨季时，针对养殖情况加强预防保健，能有效降低发病率，减少损失。采样检查的塘口河蟹都有不同程度的“水瘪子”病，表现为采食下降，吃料慢，活力差，剖检发现轻者肝胰腺的肝小管萎缩，表现为淡黄色，重者已经出现白肝并伴有空肠现象。螃蟹在发病初期，采食量下降，当营养摄入不足时，就会动用消耗机体的能量去维持生命活动，一定要关注动物采食，足量营养摄入才能强身健体，因此要加强饵料的选择与投喂管理。2022 年原料普遍上涨，饲料品质参差不齐，首先要选择优质蛋白源的饲料，在高温和梅雨期可适当降低饲料投喂量，增加冰鱼和玉米等饵料的投喂量；其次是提高采食和饵料的消化吸收率，通过科学研究和养殖现场应用表明，在饵料中配合使用15%~20%的发酵类饲料一起投喂，具有显著的诱食性，不仅能促进河蟹采食，还能调控肠道健康，降低消化负担，提高饵料消化率，强化营养吸收，提高免疫球蛋白含量，强化体质；最后精准科学投喂，不能凭经验盲目增减料，否则会造成池塘水质恶化，建议每个池塘设置3个料台，及时查验料台，根据河蟹采食情况适时调整投喂量。问题早发现，早预防，遇到问题及时处理，使养殖户损失降到最小。

经验总结

1. 加深各领域合作，提升渔业产业高质量发展。在养殖方面，通过养殖示范基地和配套设施建设，不断加强与科研院校合作，发挥科技支撑作用，引领带动大闸蟹养殖户、家庭农场和专业合作社更新养殖观念，让技术调动产业发展，做到让渔民“走进来”，让技术“走出去”，实现成员养殖技术、管理水平双提升，深化产、学、研合作，促进科技成果转化，推动渔业产业高质量发展（公司 + 合作社 + 家庭农场 + 养殖大户 = 产业化联合体）。

在技术方面，采用先进技术，提高养殖规模产量，增加养殖户收入，进一步加强多方融合，促进农业转型升级，推动洪泽湖大闸蟹产业体系健康发展，进一步巩固和提高洪泽湖大闸蟹的品牌价值，让水产科技协会在市场中拥有话语权和定价权。

与中国农业银行、中国邮政储蓄银行建立战略合作关系，由水产科技协会负责会员的贷款审查，并进行担保。银行针对水产科技协会会员，降低门槛，优化程序，服务上门，免收手续费，提供多种金融产品支持。新冠疫情期间，保障会员恢复生产的资金需求。

2. 开展专题调研与建言献策。专题调研的主要目的是为决策提供有价值的参考。在遵循党政所需，蟹农所盼，能力所及的原则下，抓大不放小，求精不求多，精心选择河蟹产业发展中有综合性、全局性、前瞻性的课题，深入调查研究，多方咨询论证，倾听建议，并及时跟踪问题，促进调研成果转化和运用。按照江苏省农村专业技术协会、地方党委政府工作重心和总体部署，紧紧围绕行业内重大问题和蟹农普遍关心热点、难点、焦点等问题，为江苏省农村专业技术协会和行业主管部门建有用之言，献务实之策，为地方政府和行业主管部门提供决策依据。

3. 品牌化运营，争夺市场话语权和定价权。逐步建立线上线下相结合的营销服务网络，已基本形成养殖基地为基础，电商营销为主导，物流配送为保障的营销一体化格局。加强多方融合，将渔业发展融合金融、保险、运输、冷藏加工等多渠道为一体，进一步巩固和提高洪泽湖大闸蟹的品牌价值，让水产科技协会在市场中拥有话语权和定价权，努力把水产科技协会建设成为促进农业增效、农民增收、乡村振兴的积极参与者、引领者和推动者。力争使大闸蟹产业影响带动新产业趋势、新商业模式、新经济格局，为泗洪社会经济发展做出应有的贡献。

◎ 泗洪县科协水产科技社会化服务中心（作者摄于2022年）

专家点评

江苏省宿迁市泗洪县康源水产科技养殖协会案例提供了一个可复制、可推广的样板。这个水产科技协会依托县科技协会、农村专业技术协会这样政府背景的农业技术服务组织，用社团这样的组织形式，为当地各种类型的水产养殖生产经营主体，提供全方位的技术、资金、信息等社会服务，为产业增效、农户增收起到了显著的作用。这个案例提供的经验值得大力推广。

水产科技协会能够为水产养殖生产经营主体（农户、专业大户、合作社等）提供金融服务，这一点难能可贵。

——徐小青

第二章
消费帮扶助力产业振兴

青海、湖北

创新农村燃气发展途径　助力美丽乡村建设

中国燃气控股有限公司

为响应国家脱贫攻坚、乡村振兴的号召，2018年中国燃气控股有限公司（以下简称中国燃气）应邀参与住房和城乡建设部脱贫攻坚与美丽宜居乡村建设共同缔造示范项目建设，中国燃气通过技术赋能和模式创新，为青海省大通回族土族自治县土关村开发建造了国内首个LPG（液化石油气）智能微管网供气系统。

为切实解决乡村用气难、用气贵和用气不安全等诸多痛点堵点问题，自2018年以来，住房和城乡建设部采用“政府引导＋企业投资＋用户共建”模式，分别在青海省大通回族土族自治县土关村、湖北省麻城市石桥垸村，以创建脱贫攻坚与美丽宜居乡村建设共同缔造示范村为载体，依托中国燃气LPG小型储气罐站和微管网供气技术，率先开展LPG微管网示范项目试点，积极探索乡村能源供给新模式，取得一系列可复制、可推广的经验。

从试点经验看，LPG小型储气罐站和微管供气系统具有投资成本低、便捷环保和经济可行等特点，深受农民喜爱。以土关村一户村民为例，家庭日常生活用气平均每天0.25千克；卧室土炕改为燃气水暖炕采暖后，在保持室内温度18℃情况下，平均每天采暖用气2千克，按LPG供气价格每千克5元计算，平均每天生活用气费用为1.25元，采暖用气费用10元。根据实际成本数据测算，微管网供气比瓶装LPG价格便宜30%以上，与用电磁炉做饭比较，每户每月平均可以节省开支40元。与用煤采暖比较，每户每月平均可以节省开支400元（按每月用煤0.5吨、每吨2000元测算）。

依托该项目，中国燃气专门为用户开发了一套“分布式能源供应 + 慧生活电商”城乡服务一体化建设方案，积极探索农村清洁能源推广与农民增收协同发展的新模式，努力构建城乡用户共享、城乡服务一体化的生态圈。

为促进农民增收，截至 2020 年底，中国燃气在 6 个示范村均建设了中燃慧生活扶贫电商服务站，并同步推广建设系统电商扶贫馆，湖北石桥垸村的大别墅野生刺葡萄、油面，青海土关村的刺绣，青海寺沟村的冬虫夏草、高原藏红花、牦牛肉，云南的茶叶均有上线销售。中国燃气在 2019 年 11 月 1 日开设青海现场电商展销会，一天为寺沟村卖出 20 多万元高原产品；2020 年 4 月 16 日参与互联网总裁带货活动，一天为湖北卖出 6728 万元农产品；根据扶贫电商平台数据，2022 年以来为湖北麻城销售 863.6 万元，为湖北红安销售 556.1 万元。后续中燃将继续积极探索“农村电商 + 社区推广”模式，为农村电商帮扶开辟新路径。

LPG 小型储气罐站和微管供气系统一方面可为土关村提供使用方便安全、运维消费便宜的管道 LPG 燃气，以及用户光伏自发自用、余电上网等分布式能源；另一方面还通过中燃慧生活电商平台和客服中心，为农村用户提供对接中国燃气 3000 万城市用户的农产品直销渠道和线上线下服务。

在接到示范项目建设任务后，中国燃气组织专家对大通回族土族自治县土关村进行了深入调研，该村距离城镇较远，采用天然气管道由城镇延伸至乡村的供气方式建造成本巨大，村民无法承受，本地城燃企业也没有投资积极性，且面临冬季保供气源不足的难题，虽然村民可以使用瓶装 LPG，但对于大多数收入偏低的家庭而言，气价太高，消费负担过重，燃煤烧柴实为农村居民无奈的选择。这也是我国大部分农村面临的普遍问题。2018 年全国村镇居民燃气普及率为 33.4%，甘肃、青海、云南、贵州等西部地区均不到 5%，而城镇化和居民收入水平更低的乡村，居民燃气普及程度可想而知。农村燃气发展滞后不仅影响到人居环境改善和生态环境保护，也制约了乡村产业发展，成为当前农村公共基础设施亟待补齐的“短板”。

我国农村地域辽阔，村落社区分散，居住人口少，除了平原地区外，大多数农村采用天然气管道供气不经济，对地理环境复杂的地区实施也很困难。若采用 LNG 气化站供气方式，占地面积大，设置不灵活，建设成本高，放散损失大，经济供气规模一般要求居民 2000 户以上，难以大量推广。若采用 LNG 小储罐供气，不仅解决不了造价高、存在放散安全隐患等问题，更重要的是这种供气方式缺乏国家相关主管部门出台的工程技术标准，属于安监质检部门查处对象。

针对农村用气难、用气贵、用气不安全等诸多痛点，中国燃气通过消化吸收国外成熟技术，融入物联网、智能化和云平台等新技术，结合中国农村特点，开发了性能更先进、经济性更好、安全性更高的 LPG 智能微管网能源综合利用平台。智能微管网与管道天然气相比消费方式完全一样，但工程造价更低；在管道天然气到达不了的地方，中国燃气智能微管网与 LNG 供气和瓶装气相比更经济、更安全，可有效发挥清洁能源的作用，能切实提高农村居民的获得感、幸福感和安全感，是最适合在中国农村大规模推广的革命性的供气方式。

中国燃气在推动农村新能源战略的推广和普及的同时，积极配合政府探索农村可持续发展、农民增收的具体措施。针对农村地区收入低、农产品销路难问题，中国燃气创建了壹品慧电商平台，依托该平台打造出以中国燃气内部 6 万名员工、4000 万以上家庭用户为对象的“农特产品中燃专供”模式。帮助当地农户把农产品上架中燃“壹品慧”电商平台进行销售，通过平台直播、爆品打造来提升农产品销量，解决农户产品销售渠道问题，帮助农村创收。

土关村 LPG 智能微管网供气试点项目建成后，2019 年 8 月 10 日顺利通过住房和城乡建设部专家委员会、燃气标准化技术委员会等权威机构专家的安全技术审查，专家组一致认为试点项目的实施对于我国液化石油气的供应提供了一种新的模式，尤其对农村清洁能源供应方式的多元化具有积极意义。

按照住房和城乡建设部示范项目建设可复制、可推广的要求，中国燃气以点带面，扩大试点范围。2020 年住房和城乡建设部、青海省人民政府将实施农牧区液化石油气微管网燃气供气工程列为高原美丽城镇示范省建设重大工程。该项技术先后推广到湖北、云南、山东等省农村地区，获得各地群众和政府的广泛支持和好评。

经过不断试点和经验总结，中国燃气现已完成《小型丙烷储罐供气技术标准》（T/CGAS 004—2018）、《带卸液泵小型液化石油气（商品丙烷）汽车罐车信息化管理系统》（T/AIMC 002—2019）、《带卸液泵小型液化石油气（商品丙烷）汽车罐车》（T/CATSI 05005—2021）、《小型液化石油气（商品丙烷）储罐》（T/CATSI 05004—2021）等标准制定和发布，基本建立了我国 LPG 微管网工程技术和产品标准体系，并实现小型储罐供气装置、带泵罐车生产全部国产化，为全国推广应用该项技术创造了条件。

为了促进农村燃气事业发展，中国燃气在农村供气技术和业务模式创新上进行了有益探索：

1. 创新供气技术。中国燃气在 LPG 智能微管网供气技术领域累计取得 18 项发明专利、44 项实用新型专利以及多项智能平台系统软件著作权。由中国燃气主编的《小型丙烷储罐供气技术标准》（T/CGAS 004—2018）为国内首个基于本质安全技术要求制定的燃气工程标准，通过强化小型 LPG 储罐防泄漏、防超压、防过量加注、防误启动、防撞击等多项主被动安防保护功能，避免设备故障、操作失误以及遭外力破坏时发生气体泄漏事故，最大限度地提高了供气装置的使用安全性和灵活性。该标准以 LPG 中的丙烷作为管道供气系统气源，采用带泵罐车配送，利用智能化、信息化、可视化和云平台等技术实现农村供气系统数字化运营，均为国内首创，有效提高了 LPG 微管网供气技术的适用范围和经济性。

2. 创新供气模式。LPG 智能微管网系统采用小型分布式局域管道供气形式，将原本瓶装供应、各家储存、自行保管的供气模式转变为小型储罐供气、专用槽车配送、企业远程在线监控的管道供气模式，推广这一供气模式不仅帮用户省去了瓶装 LPG 灌装、储运和层层加码的分销成本，让用气更实惠，还有利于改善农村人居环境，减少大量瓶装 LPG 室内储存和使用带来的安全隐患。

3. 创新发展方式。通过整合集团城市社区服务网络、客户渠道和新零售平台资源，中国燃气依托驻村燃气服务站开展农村电商服务，利用技术优势开发乡村产业清洁用能场景，既帮助农村居民增加了就业机会和收入，也为企业自身增强了农村燃气业务的可持续经营能力，有利于加快构建城乡融合发展、服务一体化的经营格局。

经验总结

我国农村幅员辽阔，地域环境千差万别，乡村产业发展基础薄弱，居民消费能力依然较低，补齐农村燃气这一短板任务十分艰巨，需要因地制宜、创新发展，以及政府、社会和村民百姓的共同努力。2021 年中央一号文件《中共中央 国务院关于全面推进乡村振兴加快农业农村现代化的意见》明确要求，推进燃气下乡，支持建设安全可靠的乡村储气罐站和微管网供气系统，凸显了农村燃气的重要性，也为农村燃气发展指明了方向。随着农业农村现代化加快推进，乡村治理体制机制日臻完善，农村燃气事业大有可为。

◎ 微管网用户场景图（作者摄于2022年）

专家点评

中国燃气这一案例的亮点主要由两个方面组成。一方面，中国燃气在其主业燃气供给领域，通过参与国家住房和城乡建设部脱贫攻坚与美丽宜居乡村建设共同缔造示范项目建设，研发成功适宜于农村地区使用的 LPG 智能微管网供气系统，为农村居民改善生活条件，进而为提高农村地区燃气普及率提供了解决方案。另一方面，中国燃气利用其自身客户资源，在试点项目所在地区搭建中燃慧生活扶贫电商服务站，为农村用户提供对接中国燃气 4000 万城市用户的农产品直销渠道，通过扩大农产品销路帮助农民提高了收入水平。总的来看，这是一个企业利用自身优势履行社会责任的成功典范。

——林家彬

广东清远

从开拓市场入手　龙头企业创助农新路

广东林中宝生物科技股份有限公司

广东林中宝生物科技股份有限公司（以下简称林中宝公司）作为广东省农业龙头企业积极响应国家号召，利用自身在生产经营方面的优势，一方面承接好广东省政府下达的对口帮扶的任务，另一方面在企业所处的清远市域内积极带动农产品的销售，与抵抗风险能力比较弱的合作社、小微企业相互促进，共谋发展。

企业在乡村振兴工作开展中遇到以下问题：

1. 早期林中宝公司前身以种植业为主，带领众多农户种植食用菌。但是随着市场越来越饱和，农民手中的菌菇开始缺乏持续稳定的回收渠道，且难以运输保存，只作为种植业发展，产能有限，产业带动作用有限。

2. 林中宝公司为扶持地方菌菇产业，会与农户签订收购合同，从农户手中收购菌菇进行加工。但是由于农户种菇方面缺乏长期持续的指导、对质量的监管，导致收购上来的菌菇很多不满足加工标准，给林中宝公司和农户都带来了难题。

3. 受到新冠疫情影响，消费需求降低，也因为多种防疫需求，门店运营成本升高，同时很多小经营者因为不具有线上销售的经验，对于自己本身的产品亮点缺乏认识，导致线上无法承接销售服务，从而面临巨大困境。

4. 虽然清远市内特色资源丰富，但是经营者众多，大家各自为战。林中宝公司在进行一些联农带农行动的时候也因为资源分散，不够持续，导致效果微弱。

为解决以上问题，林中宝公司采取了以下解决办法：

1. 以消费端的创新开发带动生产端。一方面，公司创建了食用菌食疗养生吃菌专门店，并以此为窗口传播食菌文化，结合当前的“绿色”潮流，首创食用菌食疗百菇宴、食疗同源养生保健套餐；另一方面，公司还建立了6000多平方米加工工厂，以良好农业规范严把原材料源头关，不断开发新技术应用于食用菌深加工，并与科研机构广州中大药物开发中心（原中山医科大学药物开发中心）携手合作，先后研制开发出灵芝系列保健食品，如林中宝牌灵芝孢子粉胶囊、灵芝茶（高浓缩型）、灵芝含片、灵芝孢子粉等，以及其他食药用菌系列产品等200多种品种。灵芝孢子粉胶囊还被认定为高新技术产品、广东省名牌产品。从此公司开始了种植、加工、餐饮、零售、基地旅游的一二三产业融合之路。

随着后端产业的专业化，也带来了前端种植业进一步的新发展，2020年还成为农产品出口示范基地和大湾区菜篮子生产基地，出产的菌菇可以做到自产自销。在清远地区也形成了另一道特色产品。由于突出的带动作用，公司还获得国家林业重点龙头企业、国家林下经济示范基地、广东省农业龙头企业、全国食用菌行业龙头企业、中国灵芝十大品牌、国家高新技术企业等称号。

2. 指导农户进行规范化生产。公司组织了农民专业合作社规范种植，成立研究所，建立种植经营基地林地近3000亩。把林菌绿色生态基地建设成为科普实验示范基地，进行园区基础配套设施建设，利用基地开展技术试验的同时，积极引进新品种，推广新技术，组织合作社成员和菇农学习，不断培养一批留得住、养得起、用得上的乡土科技人才。对各项技术都是手把手地教，面对面地指导，对菌菇的储藏、保管和销售等都有具体的措施。截至2021年，已累计向农户分红超过1000万元。还合作组织农民开展冬菇食用菌种的种植技术推广活动，立项“木头上长出的扶贫之花”——林中宝食用菌推广种植扶贫脱困项目，在工艺技能培训、种植推广方面，至2020年已开展动员培训讲座2次、科普讲座3次、技术培训11次，同时接受农户线上咨询，开展线上指导活动，各项培训活动受益农户570多人次。

2020年，在“万企帮万村”行动中，又定点帮扶连南三排镇油岭村32位有劳动能力的贫困户。截至2021年，已累计向农户分红超过1000万元。作为帮扶村之一的大竹湾村第一期培育了玉皇菇等12540棒，年利润40万元。

3. 帮助农户开拓销路。发挥企业优势与帮扶地建立长期稳定的农产品供销关系，林中宝公司线下建立了多个消费帮扶产品展馆，以购代捐，与贵州、广西、新疆等帮扶地建立长期稳定的农产品供销关系，同时开辟了林中宝线上销售平台。再入驻官方消费帮扶平台，例如，乡村振兴全国消费帮扶广东馆、广东东西部扶贫协作产品交易网、粤工惠购、832 平台等，利用自己的宣传媒介，积极扩展产品销路，线下线上销售近 500 款消费帮扶产品，一年带动销售近千万元。

为助力乡村振兴，促进农业现代化发展，解决农民不会线上销售又无人可请教的问题，林中宝公司 2020—2022 年陆续开展几十场有关电商平台（直播、视频号、公众号等）的活动，培训数百人，帮助清远地区企业人员、农民、大学生掌握电商平台基础知识。林中宝公司副总经理作为电子商务国家级培训讲师联合林中宝公司主播小雅，更是四处走访，帮助农业基地直播，挨户“串门”为一些农民提供直播技能讲解和指导，更是兴起村镇直播大赛热潮。让直播等线上销售渠道，成为清远农民、个体工商户都掌握的技能。

4. 多种形式履行企业社会责任。林中宝公司开辟了“乡村振兴、消费帮扶”线上小程序帮扶馆，其中设置了清远助农专区、镇域帮扶专区、巾帼助农专区等，联合清远多地农户、商户，集中本土优质特色产品上线入驻，为采购清远土特产品提供了一站式采购平台，并借助多方平台联合宣传，提高本地区产品的销量。

为集中优势力量，充分发挥社会组织、龙头企业、政府的带头作用，2022 年林中宝公司承办了清远市妇联项目——清远市巾帼助农广清合作基地，是“妇字号”优质农产品展示展销、促进妇女创业就业的窗口，为促进清远市妇女创业就业、助农增收致富提供一站式服务，集人才培育、技术指导、展会展洽、消费助农等功能于一体，已有 27 家“妇字号”企业、合作社的 130 多种优质农产品、手工艺产品进驻。为广大妇女参与乡村振兴战略实践提供全新舞台和支持，在助农增收、创业带动上发挥积极作用，截至 2022 年已经带动巾帼助农商品销售 16 万元。

2022 年 6 月，林中宝公司还作为注册单位，在清远市清新区政府的助力下，成立了清新区女企业家协会，并成为会长单位。协会也将在推动会员企业改革创新中，以增强对外沟通联系和友好交往为目标，提供服务、搭建平台、开展交流为主要手段，团结、凝聚、引导会员积极参与清新区的经济社会发展事业，为“四个清新”建设做出更大贡献。

经验总结

在乡村振兴过程中，龙头企业可以对接更多资源，拥有更完善的应对风险的措施，也更了解市场。在促进产业发展和消费帮扶过程中，可以充分利用一些带头性企业。

社会组织 + 企业 + 政府的组合，在撬动资源、抓落实和相互监督方面可以发挥最大作用。在行动过程中，应尽可能地发动相关平台，形成合力，带来更有实质性的突破。

企业发展过程中要形成自己完善的产业链，将农民容纳到适宜其发挥作用的环节，既能提高本身的抗风险能力，又能长久持续地对地区农业发展提供源源不断的动力。

◎ 林中宝公司在龙颈镇河洞村进行食用菌技术培训（作者摄于 2022 年）

专家点评

《国务院关于促进乡村产业振兴的指导意见》强调，产业兴旺是乡村振兴的重要基础，是解决农村一切问题的前提。这个材料好，林中宝公司在清远是“以农业农村资源为依托，以农民为主体，以农村一二三产业融合发展为路径”的成功案例，可复制、可推广。

林中宝公司除了采取“龙头企业 + 合作社（小微企业）+ 农户”的传统做法，与农民签订购销合同，帮助农户开拓销路外，重点发展培植消费端，如创建专门店、推出食用菌养生保健套餐等，传播食菌文化。培植消费端以带动生产、为农产品创造消费市场的经验值得推广。

——徐小青

广东饶平

合作社孵化社会龙头企业　蔬果业助力村民致富

广东省饶平县潮农种养专业合作社

潮农园果蔬种养项目由饶平县潮农种养专业合作社于2020年发起，属于大学生返乡创业项目，旨在通过流转闲置土地，提高农民收入，提振当地经济，助力乡村振兴。合作社充分运用自身资源优势，结合饶平县实际情况，通过“龙头企业+合作社+基地+农户”的模式，着重从产业发展、就业培训、电商运营等方面入手，助力饶平县实现乡村振兴战略目标。仅2021年底至2022年5月青椒累计销售超1200万斤，市场销售额接近3000万元，主要销往广州、深圳、西安、厦门等各个城市的农贸市场以及汕头等城市的供应商。

一、合作社取得新成绩

（一）闲置土地流转，激发农业发展新活力

产业兴则乡村兴。饶平县军埔村原是贫困村，全村人口约2000人，有大量闲置的、碎片化的荒地。军埔村具有天然的气候环境优势，适宜种植青椒等作物。合作社认真考察后，决定将军埔村闲置土地改造成为种植基地，引进高水平人才，并请华南农业大学的专业团队做技术指导，走农业发展和乡村产业振兴的道路。经过一年多的发展，军埔村青椒种植取得了丰收，不仅积累了丰富的实践经验，还为合作社承包其他村落的闲置土地奠定了良好的基础。合作社已承包了位于军埔村、岭湾、顺源等村落的接近4000亩闲置土地，建成多个生产、联营和服务基地，主要种植辣椒、西红柿、茄子等高效经济作物，探索种植柠檬及其他水果作物。依托现有的“龙头企业+合作社+基地+农户”的模式，

合作社获得了当地政府的高度评价。当地政府对合作社在税收、土地使用方面给予了大力支持，并给予多项政府补贴，例如，粮食烘干机 25 万元，农业科技示范基地 10 万元。合作社已成功获评农业科技示范基地，是企业参与当地乡村振兴的主力军之一，具有良好的社会效益和社会影响力。

（二）吸纳就业人口，创造村民收入新水平

饶平县有大量农村闲散人口，人力资源成本较低且丰富，合作社依托农业种植劳动密集型的产业特点，专门雇用饶平县中老年人口管养、采摘蔬菜，不仅可以有效控制生产成本，提高净利润，还可以缓解中老年人口的收入压力，提供稳定就业岗位，增加家庭收入。仅 2021 年底至 2022 年上半年采摘蔬菜结束，合作社为各基地种植农民工累计发放薪资超过 600 万元，人均月工资约 3000 元（据资料显示，2021 年，饶平县农村月人均可支配收入是 1512 元）。作为潮农园果蔬种养项目最大的种植基地，军埔村全村人口约 2000 人，有大量的闲置荒地。潮农园果蔬种养项目将军埔村土地进行整合，引进经验丰富的专业种植人员，开始兴起种植青椒。2021 年底至 2022 年，该项目已为军埔村种植农民工发放薪资约 300 万元，带领军埔村整村发展和村民就业进入新阶段。

授人以鱼不如授人以渔，合作社自主发展并形成了一套相对成熟的生产技术规范和种植管理标准。在各基地配置负责人和技术指导员，设立农资运作点。由于部分农民学习现代农业种植技术的能力较弱，合作社采用集中种植示范、组织技术培训、开展技术推广会、组织基地实地参观及技术讲解、技术培训、技术咨询、技术指导等多种方式，提升农户的知识水平和种植能力，不仅保证了产品品质和水准，也为农户靠劳动打造幸福生活增添了底气和动力。

（三）联动电商平台，消费帮扶带动新发展

合作社高度重视电商平台建设工作，借助电子商务等新业态、新模式，为镇域经济、乡村经济转型升级开辟一条新路。2022 年 4 月起，合作社在抖音、拼多多、淘宝等电商平台注册了店铺，在不到一个月时间内完成了 10 余个产

品的上线工作，获得近 3000 个粉丝的关注。2022 年 5 月，合作社开通了微信公众号、网站平台，不定期在抖音、拼多多上进行直播，进一步拓宽产品销售渠道。原来“面朝黄土背朝天”的农民成为直播带货的主播，留守妇女成为电商业务最重要的参与者。电商的成功起步为产品销售开拓了长期稳定的销售渠道，为饶平县其他地区的乡村产业振兴提供了可复制、可借鉴的模板，推动乡村全面振兴。

二、振兴发展遇难题

广东省饶平县地处广东省潮州市东部，建档立卡初期共有贫困户 9303 户 24277 人。截至 2020 年底，饶平县贫困户全部达到退出标准。但如何防止贫困户返贫，推动乡村产业振兴、人才振兴，是当下最亟须解决的问题。具体而言，主要面临以下两个方面的问题。

（一）产业发展现状与就业需求不匹配

饶平县就业岗位有限，由于青壮年常年外出打工，当地存在大量留守老人、留守妇女和留守儿童等弱势群体，产业发展的好坏直接决定他们的生活质量。能够在本地找到长期且收入稳定的就业岗位，是青壮年及中老年人口的共同期待。如何发展与农村青壮年就业需求相适应的产业，解决中老年人口的就业增收难题，是饶平县乡村产业振兴面临的现实问题。

（二）缺少带动产业发展的龙头企业

饶平县缺少特色乡村产业，缺少带动乡村振兴的高质量农业企业。当地农民普遍采用传统的小农种植模式，已发展出的农产品种植生产基地呈现分散化、规模化程度不够的特点，农产品质量、产量参差不齐，无法满足生产端的高质量供给和流通端的精细化服务，农业产业发展局限性较大，无法满足农民持续增收的目标。

三、振兴发展新模式

（一）聚焦就业需求，因地制宜发展特色农业

合作社以成长为社会企业作为企业定位，将发挥种植技术和规模化优势，带动农民增收、农村发展作为发展使命，相信企业发展与乡村振兴可以并行不悖、相互促进。

农业属于技术门槛低的劳动密集型产业，有大量流转闲置土地、发展种植基地，能够帮助中老年人口、留守妇女解决劳动收入问题。相较传统的小农经济，农业规模化发展可以引进更多先进技术和优秀人才，带动乡村产业多元化，探索科学种养、电商、物流园等就业新形式，逐步形成稳定完整的农业产业链，让农民分享更多产业链增值收益。

合作社在选聘人员时，优先选择中老年人口和留守妇女作为主要劳动力管养、采摘蔬菜，实施按绩效结算、按月发放工资的模式，扭转了“打零工”“不稳定”的被动就业局面，解决了基地所在村中老年人口的就业压力。合作社采用集中种植示范、组织技术培训、开展技术推广会、组织基地实地参观及技术讲解、技术培训、技术咨询、技术指导等多种方式，不断提升农民的知识水平和种植能力。

（二）发展“龙头企业＋合作社＋基地＋农户”模式

发展“龙头企业＋合作社＋基地＋农户”模式是合作社打造农业产业链的关键。合作社成立了广东省潮农生物科技有限公司，引进高水平人才，请华南农业大学的专业团队做技术指导。通过公司进行融资、市场开拓、宣传、营销网络、高端服务洽谈等方面事务，把握供应链的协调性和价值链高度，将本地种植优势与外界需求相结合，实现供给的有效转化和精准转化，把握整个农业产业链的运行质量。

此外，合作社充分利用种植基地凝聚农民的天然优势，让农民参与利益分割。为保障项目平稳运营发展，团队大力发展农资销售业务，农资创收超总利

润的 50%，为农作物种植探索和发展提供了资金保障。

通过多年努力，取得了以下成效：

合作社现拥有生产基地、联营和服务基地约 4000 亩，种植黄皮、西红柿、包菜等农作物 10 余种。2022 年上半年，蔬菜销售额接近 3000 万元，销量超过 1200 万斤。受到政府税收、土地使用等方面支持，获得粮食烘干机补贴 25 万元，农业科技示范基地补贴 10 万元，加入农业农村部信息进村入户工程益农信息社，设立的樟溪镇服务站荣获全国电子商务进农村综合示范项目，创建的品牌润沃丰源获得中国质量认证监督管理中心和中国企业信用评估中心共同认证的绿色健康食品称号。

四、潮农园果蔬种养项目在实施过程中的三大创新

（一）运营创新

项目团队具有开阔的国际视野和丰富的项目运作经验。团队带头人于 2021 年入选福布斯中国 30 位 30 岁以下精英榜，在项目发展方向和日常管理中，积极引入乡村振兴的先进做法，发展“龙头企业 + 合作社 + 基地 + 农户”模式，摆脱当地传统的种植基地运作思路，积极对接北京、深圳、香港等供应商，创新探索订单式种植模式，建立独立的供应链体系，使项目发展得更快、更平稳，为当地群众提供更好的劳动报酬和培训、发展机会。

（二）理念创新

项目团队以助力乡村振兴作为立足点，以履行企业社会责任作为项目推进的主要思路，期望运用科学的种植技能，在获得经济价值的同时创造社会价值，实现项目发展和社会收益的共促共赢。

（三）工具创新

项目与华南农业大学开展研究合作，由广东省潮农生物科技有限公司自主

开展的牛哥驿站项目提供技术指导，使用华南农业大学自主研发的丰收牛微生物肥，使青椒生产经营成果实现了“三高”——高产出、高品质、高效益。

经验总结

1. 引进龙头企业，完善构建农业产业链。农民合作社是连接农户和农业产业链的重要渠道，发展已比较成熟，受到广大农民群体的欢迎。引进龙头企业，在于驱动本地农业结构不断整合，发挥增强农业创新驱动能力的生力军作用，探索本地区特色农业道路，弥补农民合作社在战略布局、市场、融资、营销网络等方面的缺陷，更好地带动农业产业链的整合与发展。县、镇政府应积极引入业内龙头企业，或在本地农民合作社的基础上进行孵化。本地合作社既是农村资源的开发者，也是解决富余劳动力就业难题、实现产业振兴的重要主体。在此基础上孵化龙头企业，更能准确定位特色农业发展目标道路，发挥龙头企业对农民合作社、农民的引领带动作用，实现农业高质量发展。

2. 加快科技创新，攻克关键核心技术。乡村产业要振兴，不仅要注重运作模式创新，还要守住粮食安全底线，强化农业种养技术创新，将地理条件优势与科学技术结合起来，解决品种选择和高质量生产的问题。应充分吸纳高校院所最新研发成果。县镇政府应与龙头企业、合作社、外部科研院所做好协同合作，把握好耕地、农户、农机、技术之间相互融合、相互促进的关系，推进农业农村绿色发展。

《“十四五”全国农业农村信息化发展规划》提出，应积极发展智慧农业，提升农业生产保障能力。聚焦行业发展需求，提升农业生产效率。从智慧种业、智慧农田、智慧种植、智慧畜牧、智慧渔业、智能农机和智慧农垦 7 个方面进行全面突破。未来，合作社将积极探索订单式种植、智慧种业等方面，不断提升科学种养水平，提高农业种植信息化程度，打造适宜饶平县发展的智慧农业体系，为饶平县乡村产业振兴提供新思路和新方法。

3. 提升责任意识，促进共同富裕。解决“三农”问题是国家长期关注的领域，各级政府在行政审批、土地流转、缴税标准均给予了较为明显的政策扶持，支持农业产业链的建设、发展与壮大，同时享受着国家的政策红利，自然也有带动群众增收致富的社会责任。

只关注自身发展和利益的农业企业，不是群众所期盼的企业，发展前景必然受限。因此，农业产业链上的各个企业应将实现企业做大与人们共同致富作为发展前进的双重目标，让企业发展目标与乡村产业振兴、守住国家粮食安全底线紧密结合起来，实现农业可持续发展。

合作社将持续探索结合自身技术、发展资源、平台和当地自然资源、劳动力数量、闲置土地面积等优势因素，坚持线上线下相结合，纵深发展产业帮扶、就业帮扶和电商帮扶，进一步加大消费帮扶力度。

合作社近几年将逐步扩大投资生产，建设分拣、预冷、初加工、配送等商品化处理设施，加强标准和品牌应用，提高农村产品商品转化率。同时将继续对接全国大型商超，结合电子商务平台，拓宽农产品销售渠道。

合作社将大力发展订单式种植的创新经营模式，整合打造供应链，洽谈更多优质客户资源，打造自己的产品品牌，不断带动当地经济发展和群众增收，持续为当地人民群众带去幸福感和获得感，推动帮扶工作向更宽领域、更深层次迈进。

◎ 军埔村种植基地（作者摄于2022年）

专家点评

潮农园这个案例，实质上是一个以专业合作社为主导进行资源整合、培育出龙头企业，通过引入先进种植技术和销售手段，实现带动村民致富的乡村产业振兴极佳实践。专业合作社的领军人物张秀丽，是一名毕业于香港大学的返乡研究生。是这名年轻人的眼界、理念、使命感和行动力，成就了以发展成社会企业为指向的潮农种养专业合作社，也成就了广东省潮农生物科技有限公司。国家的相关政策与当地地方政府也起到了重要的助力作用。这一案例再次生动地说明了人才对于乡村振兴的关键意义。

——林家彬

第三章
乡村文旅助力产业振兴

四川成都

让我的田园变成金色的沃土

四川我的田园文化旅游有限公司

2017年2月5日发布的《中共中央 国务院关于深入推进农业供给侧结构性改革 加快培育农业农村发展新动能的若干意见》，首次提出田园综合体概念；党的十九大报告中首次提出了实施乡村振兴战略，吹响了乡村振兴的号角。

2016年，四川我的田园文化旅游有限公司（以下简称我的田园公司）进驻四川省成都市青白江区福洪镇并投身新农村建设，在我的田园项目建设何去何从的困惑之际，恰逢国家提出实施乡村振兴战略，让项目建设如虎添翼。我的田园公司携手福洪镇打响了乡村振兴战略的攻坚战，共同探索出了一条盘活土地资源、助力乡村振兴的新模式。

我的田园项目位于成都东部的龙泉山麓，占地约5000亩，总投资约60亿元。我的田园项目以“都市田园乌托邦”为理念，以“有机、绿色、生态”为宗旨，以社会、资本、人才及当地村民共同参与的“农业+文旅+社区+康养”的综合发展模式，打造农商文旅康养综合发展型项目。

一、资源招引资本，做大金山银山

项目所在地福洪镇地处龙泉山脉中段、成都平原东北部，属龙泉山城市森林规划范围内，是龙泉山城市森林公园承担生态保育、休闲旅游、体育健身、文化展示、对外交往等功能的重要一环。同时，紧邻中国（四川）自由贸易试验区成都青白江铁路港片区，与铁路港相距仅15公里，离成都市中心不到30分钟车程，地理位置十分优越，契合都市农业融合发展。

怎样将农村“三块地”资源红利发挥出来，是我的田园公司首先思考的问题。

（一）以全域土地整理为切入点，抓新型社区建设，让“农民”变“居民”

我的田园项目占地约5000余亩，项目范围内散居着472户1780位农民，分散占据着430余亩集体建设用地（含大量的宅基地），区域内农房低矮年久失修，居住条件极差，乡村面貌破败不堪，城乡二元差距十分明显，亟须城乡统筹一体发展。但由于老百姓自身经济实力不足、村级集体经济组织力量薄弱等，多年来该区域处于传统村落的境况。

在实施乡村振兴战略以后，当地领导创新工作思路，吸引社会资本参与土地整理，齐心改变当地农民生活、农村建设落后的状况。于是镇政府按照《成都市土地整治规划（2016—2020年）》进行土地整理立项，福洪镇字库社区全体农民作为业主，采取公开招标方式确定我的田园公司为投资企业，进行土地整理，为农民修新居。

在整个过程中，我的田园公司始终坚持最大化保护农民根本利益，始终坚持尊重农民意愿，始终坚持引导农村集体经济组织决策的原则，积极与镇村工作组组织各类会议宣讲、坝坝座谈会，通过算账、对比、参观考察等方式把国家政策、“三农”措施、区域经济发展现状及未来趋势，通俗易懂地传递给农民，让农民支持乡村振兴，让农民成为乡村振兴的主力军，让农民在实践中分享乡村振兴带来的红利。

通过3年多的辛苦工作，2019年底，我的田园公司投资2.23亿元建设的农民新居矗立在场镇上，使1700多名农民欢天喜地搬入新居，并将5000余亩范围内的落后乡村民房全部拆除，整理为耕地和集体建设用地，并纳入项目产业发展用地，大大改善了老百姓生活居住条件，实现农村几类土地使用效益更大化，让农民不再被土地束缚，由农民变为居民。

通过土地整理，我的田园公司将集体建设用地作为自己的产业发展用地，在实现农民获利最大化、政府和村集体发展最大化的同时，实现了自我发展。

（二）以解决土地资源变现、农民生计为抓手，推动农业用地整体流转，让“农民”变“工人”

农民居住问题解决了，老百姓搬迁到楼房，过上了城镇居民的幸福生活，但土地怎样经营，农民生计怎么解决?

这也是我的田园公司整体思考并妥善解决的问题。在启动土地整理工作时，我的田园公司就组织村组和老百姓自愿把承包地整体作价入股（以年流转费价格为标准），参与到我的田园公司产业项目发展中来。

如何让农民正确认识整体作价是我的田园公司面对的又一大难关。当地农民担心全部作价入股交与公司经营的风险太高，便协商在2028年之前，按照流转费标准实行年度固定分红，待项目成熟后再变为股份共建共享。这样一是解决了5000余亩土地撂荒弃耕和土地资源变现问题，仅此一项便使老百姓年人均增收2500元左右；二是通过5200亩土地运营，解决耕种的用工问题。按照现代农业园区建设的要求，我的田园公司重新调整了种植结构和形态，在当地选择几类农民，让他们变为公司员工或者合作者，成为农业公司的生产“工人”——到2021年8月底，我的田园公司聘用“普工”200余人，这些工人全年在我的田园项目内从事农业生产管理工作，公司按月计发报酬，年人均可挣工资4万元左右；聘用“技术工”50余人，年人均工资可达到8万元左右；“公司正式员工”100余人。我的田园公司多个子公司面向社会招聘员工，同等条件下优先录用当地村民和他们的子女，使他们得以在家门口就业。这些员工年人均工资及社保福利合计在10万元左右。当地有专业能力者牵头组织村民成立3个“合作社”，整体参与到我的田园项目的建设管理及运营中。

部分独立经营意识强的老百姓借助我的田园项目的强大客流优势，自主经营旅游配套产业。据不完全统计，5年来福洪镇中餐馆增加25家，大型农家乐增加6家，宾馆增加7家，KTV从无到有增加到3家，网吧等游乐场所增加 5 家，这些服务设施在节日期间经营火爆，平常也是游客满员，间接带来营业收入 1500 万元以上。

一种模式的改变，带来了乡村全产业链的复活，农民居住和生计问题都得到了高标准的解决，在安居的同时也实现了乐业。

（三）以重新规划土地空间、抓规划为引领，让宅基地“变废为宝”

在解决土地整理和农民工作生计问题后，怎样持续推进乡村振兴？怎样实现盈利可持续发展，而不是昙花一现？

当解决好农民的问题后，我的田园公司便开始思考企业持续发展、持续盈利的问题。5 年来，我的田园公司在规划设计上花费近 3000 万元，在全球范围内选择规划设计大师，并充分结合市场和国家政策因素，将通过土地整理获得的集体建设用地和项目产业发展空间布局，按照 4A 景区的标准对我的田园项目进行整体规划设计，将园区划分为三大先进产业功能区——（1）规划 3000 亩欧盟标准现代果园，实行农业现代化、机械化、信息化和高科技化，现已建成出口水果基地，水果出口到泰国、新加坡、俄罗斯等国家；（2）规划 800 亩亲子农场，与探路者控股集团合作建成的自然王国在成都旅游市场人气榜排名一直靠前，并在短期内实现盈利；（3）规划 400 亩左右集体建设用地，与浙江蓝城建设管理集团共建民宿农庄，与民宿运营商斯维登集团合作国际民宿旅游、与绿城物业服务集团合作管家式运营服务，吸引了一批新农民、新社会资本合作发展乡村旅游实体经济。

通过三大先进产业规划落地，我的田园公司将一个集现代农业生产、都市农业观光体验、康养运动度假于一体的城乡融合发展项目逐渐呈现在成都近郊。依靠各产业自身的商业逻辑和强大的盈利能力，通过各产业的持续经营，我的田园项目源源不断地为乡村振兴战略的推进贡献力量。

（四）产业运营——实现共建共享，保障农民权益

我的田园公司以农村集体、农民合作社为主要载体，组织引导农民参与建

设管理，保障原住农民的参与权和受益权，实现共建共享。构建股份合作、财政资金股权量化等模式，让农民分享产业增值收益。采取“公司 + 合作社 + 基地 + 农户”的产业化发展模式带动农户发展生产，截至 2022 年底，基地发展社员 3826 户，带动社员种植果蔬 13000 余亩，带动基地社员年人均增收达 20000 元以上。

2020 年 5 月 1 日我的田园自然王国正式营业，平均每月人流量超 5 万人次，我的田园公司立即规划商业带，免费提供给当地村民经营，形成街边小吃一条街，提高当地村民的经济收益。

在我的田园公司还未入驻福洪镇时，福洪镇交通、生活都很不便利，街道上人烟稀少，大部分人是留守儿童、孤寡老人。而我的田园项目落地后，福洪镇的产业结构日趋完善，游客的到来不光为当地村民带来了就业机会，更让很多外出打工的年轻人返乡创业、就业，与家人团聚。

在实践过程中，我的田园公司总结出一大经验——农业投入需要规模效应，但市场回应并不能在短期实现，达到投入回本。因此，此类项目运营模式需要创新、品质、品牌和销售，还得有力规避天灾。我的田园公司便是通过因政施策、因地制宜，规划好、设计好、建设好、运营好，让农村、农民发挥综合潜力，激活土地红利，进而持续推进乡村振兴。

一步一个脚印地踏实发展，让我的田园项目获得了各级单位的表彰，2019 年 8 月，我的田园项目获得青白江区 2019 年乡村创新创业基地称号；2020 年 2 月，被评为省级示范农业主题公园；2020 年 12 月，被评为全国绿色食品（桃）一二三产业融合发展园区；2021 年 5 月，被评为中国首批农业国际贸易高质量发展基地，同时我的田园公司也是成都市农业产业化重点龙头企业。

未来，我的田园项目将持续发挥项目优势，不断优化经营模式，引进先进经验和技术，实现更多产业导入，创建国家 4A 级旅游景区和国际化乡村旅游目的地；将持续助力福洪镇产业完善和经济发展，为乡村振兴事业贡献力量。

二、成效及建议

自2017年启动农村一二三产业融合发展先导区建设工作，我的田园公司在国家政策和政府引领下，带动周边大力发展福洪镇当地优势特色产业、推动农业转型升级。

大力发展一二三产业融合的目的是解决农业产业附加值过低，延伸农业产业链和价值链，是为了形成相对成型、成熟的融合发展模式和全产业链条，实现产业价值链增值和区域品牌溢价效果。一二三产业融合不仅是中国城乡一体化发展的重要组成部分，也是提高农民增收的重要手段和实现农村地区可持续发展的客观要求。为此，我的田园公司在6年的不断持续与改革中，在以下方面做出转型升级：

农村面貌升级：一改以往农村脏乱差的固有形象，我的田园公司在原有地貌的基础上，推进农村居住环境整治和生态治理，以4A级景区建设标准打造农村生态旅游景区，以此作为推进改善农村面貌、带动福洪镇旅游业、推动周边经济、带领农村共同发展进步的重要途径。

农业标准升级：推进农村一二三产业融合是提高中国农民收入的重要手段，而传统农业种植品种单一，部分农田出现荒废景象，为促进农业增收，推进农业建设，我的田园公司实施高标准农田改造，提升项目中2460余亩农业用地，新建低压灌溉、引排沟渠、水肥一体化、智能恒温恒湿大棚等设施，打造田块规整、土壤肥沃、排灌方便、道路畅通、生态优良的农田基础设施。着力打造绿色优质农产品生产基地，全面执行绿色食品标准化生产和全过程质量控制。打造“云上农业+智能农业”综合信息管理平台，进一步带动农业提质增效。

农民自主发展升级：为提升农民自主发展实力，摆脱传统的劳动力就业，真正实现自主发展，共同富裕，我的田园公司在农业标准不断提升的同时，联合国内各大农科院，与周边农民签署合作社模式，保证技术输出，授人以渔，以规范科学的现代化农业产业技术链辐射周边农民，组织农民带头发展，变身现代化技术农民，将现代化农业技术予以传播。

非农、非粮化解困:（1）非农化下的发展模式。对于项目所处区位的土地规划政策，我的田园公司遵循《国务院办公厅关于坚决制止耕地“非农化”行为的通知》，在政府和当地土地规划局的科学空间规划指导下，进行土地整理，推动发展乡村旅游业，根据项目特色建设新消费场景目的地，带动辐射周边经济，进一步开展一二三产业融合发展。与此同时，也引进行业龙头运营乡村特色民宿，发展旅游行业深度消费，随着城乡一体化进程的加快，带动新的商业模式和新型业态全方位向农村渗透，不断培育和发展壮大多元化融合主体，带动一二三产业融合发展的多产业链条，实现农村可持续发展。

（2）非粮化下的发展模式。随着国家耕地管理政策的严谨和农业结构不断优化，区域布局趋于合理，粮食生产连年丰收，有力保障了国家粮食安全，为稳定经济社会发展大局提供坚实支撑。我的田园公司也跟随国家农业发展趋势，对现有农业进行产业规划，以精良作物接替传统农作物，种植可食用性景观作物、开展中草药种植以及规范发展稻渔综合种养。加强对基本农田的保护，严格管控耕地“非粮化”，切实稳定粮食生产，牢牢守住国家粮食安全的生命线。

为坚持科学合理利用耕地资源，将有限的耕地资源优先用于粮食生产，进一步优化区域布局和生产结构，科学合理利用耕地资源，我的田园公司采用循环综合农业。对植物残败与稻田鱼塘淤泥清理进行循环利用，将果林落果作为绿色循环肥料使用，从而大大减少化肥残害，推进建设绿色生态种植环境。确保农田面积不减少，产能有提升，产量不下降，共同维护国家粮食安全。

经验总结

通过分析，为解决乡村产业发展面临的难题，引入政府政策助力乡村产业发展显然是符合推进乡村振兴战略实际的。在乡村振兴战略背景下，用发展的眼光统筹谋划乡村产业布局，克服乡村产业发展面临的难题，坚持把产业发展作为全面推进乡村振兴的重要举措。

◎ 我的田园园区大门（作者摄于2022年）

专家点评

我的田园公司这个案例，为大家展现了以乡村产业振兴为目标的一套漂亮的“组合拳”。通过土地整理、重新规划和建设农民住区，盘活了土地资源，为各类产业的合理布局打下了基础。进而，项目坚持高起点规划、高标准设计、高标准运营，以高质量的产品、高质量的服务、高质量的体验打造出了知名度和口碑，从而在区域市场中迅速崛起。贯穿项目全过程的，则是坚持最大化保护农民根本利益、尊重农民意愿、引导农民自主参与、与农民共享利益的理念，这也是项目能够成功的重要保障。

当然，项目所在地距最大客群来源地成都市只有不到30分钟的车程，也是项目得以成功的重要基础条件。

——林家彬

青海西宁

荒山变花海　休闲游开启乡村振兴路 *

青海祥泉农牧开发有限公司

在抖音发布的2018年中国十强县域景点中，有5个位于贫困县的景点是在网友打卡短视频数据的推动下脱颖而出的。其中的上山庄花海，当年还是一个建成不足两年的小景区。

今天的上山庄，大片的鲜花盛开在山腰处，从山顶俯瞰，在花海的点缀下，整个村庄充满勃勃生机。而随着“醉美乡村上山庄”“赏醉美花海”等高品质旅游产品的推出，上山庄村成功转型，看着家门口的千亩花海频频被游客“打卡”，上山庄村“两委”也开始积极鼓励村民发展农家乐、民宿等“链”上产业。

尽管自2020年以来，景区的运营受到新冠疫情的影响，然而每到盛夏，“走，到乡下去！”已经成为每个周末或者节假日越来越多西宁市民的主动选择。这是因为，盛夏的上山庄村美不胜收，漫山遍野的各色花儿汇成了花的海洋，人们徜徉在这片花海中，沉浸在这美丽的景色里，感受微风带来的阵阵花香，乐享一路应接不暇的好风景，这美景真是令人心旷神怡、流连忘返！

事实上，上山庄并没有奇伟瑰丽的天赐美景，也没有深厚博大的历史文化，在建成花海之前，它只是一个坐落在山谷尽头、默默无闻、无人喝彩的高原小山村而已。脱贫致富之前，上山庄甚至还有一个用了很久的标签——贫困村。

---

* 本文部分内容引自《赵瑜：上山庄的旅游脱贫路》,《中国发展观察》，2020年12月25日。

一、脱贫攻坚高质量完成

（一）脱贫攻坚另辟蹊径，山村搞起花海旅游

上山庄位于西宁市湟中区土门关乡，距离市区20公里。湟中区（此前为湟中县）2001年被国家确定为扶贫开发工作重点县，2011年被国务院列为六盘山集中连片特困地区。上山庄地处浅脑山地区（浅山多指缺水干旱的地方，脑山多指气候较寒冷、农作物不易生长的地方），海拔2740米，是典型的“山上庄”，5个村民小组散落在沟沟岔岔里。因此直到2020年仍然不通班车。全村耕地1418.2亩，全部是旱坡地，主要种植小麦、马铃薯、油菜等。靠天吃饭，农作物产量低，抗风险能力差。村民经济收入主要以劳务输出、养殖业和种植业为主。2015年，该村人均年收入仅4500元，是青海省建档立卡重点贫困村之一。

县是重点贫困县，村是重点贫困村。自精准扶贫工作开展以来，为改变上山庄的贫困现状，村党支部在上级党委和政府的支持下，希望通过利用本村土地和自然资源，积极吸纳有责任心、站位高、眼界宽、思路活、资源广、有一定资本实力的致富能人返乡创业，其中周玉财就是返乡创业的典型之一。

在周玉财与村里、乡里反复接触的过程中，双方的认识渐趋一致：上山庄一块水浇地都没有，种粮食效益低，要想脱贫致富，只能另辟蹊径，依托地理环境，整合村民土地，发展乡村旅游。这一想法一经提出，就得到湟中区的大力支持。2016年，周玉财联合其他股东在上山庄注册成立青海祥泉农牧开发有限公司（以下简称祥泉公司），决定流转土地，以花海景区为抓手，搞乡村旅游，并以此促进整村脱贫进而增收致富。

（二）鲜花铺满黄土高坡，获评中国“最美花海”

建设花海的第一步，就是搞规划。与此同时，祥泉公司在首期流转的100亩土地上，开始学着种花，总结经验。此后3年，公司先后投资3600万元，流转贫困户和其他农户土地1280亩，承包村集体荒地1520亩，打造千亩花海景区。

2017年，花海完成1000余亩鲜花的种植工作，陆续建成大型生态园、花市、休闲木屋、游客服务中心、木栈道和石道、观景台、观景长廊、山顶帐篷旅游休闲区、儿童娱乐区等，并完善了景区厕所、道路、观光车、停车场、景区大门等旅游基础设施。这一年，祥泉人家生态园被评为“四星级乡村旅游接待点”。

2018年，景区再辟出1200亩荒地，种植了大黄、桔梗、丹参、杭菊花、黄芩、黄芪、当归、芍药、板蓝根、金银花等多种中药材，上山庄花海也实现了从“花千谷”到“花药谷”的转变。这种转变的内在逻辑是：种植中药材不仅可以采收原药、提高土地的持续性收益，更重要的是也能赏花。花药同源的中药材——比如芍药、杭菊花、金银花等，不但极具观赏价值，而且能从另一个维度增加花海旅游的知识性和趣味性。

2017年旅游季，花海开门迎客。因为前期在西宁广为宣传，景区一炮而红。花海种植了30多个品种的花卉，花期从7月开始一直持续到国庆节后，蓝色的鼠尾草、黄色的向日葵、迷人的格桑花、醉人的薰衣草……大片花海绽放，在吸引了大批游客的同时，也让村民尝到了“花海经济”的甜头。

祥泉公司还鼓励贫困户种植果树、绿化树、观赏苗木，协助乡亲邻里发展农家乐、乡村民宿等旅游项目。这样一来，不仅村民们的收入增加了，还解决了村里近200人的就业问题，同时为景区增添了吃农家饭、游田园景、享休闲乐等活动以及蔬菜水果采摘、民俗文化探访、乡村风情体验等文旅主题。

2018年，随着“醉美乡村上山庄”旅游品牌和“赏醉美花海”“夏享爽爽清凉”等高品质旅游产品的推出，精雕细琢、品质提升后的花海，进入了旅游高峰期。数据统计，6月至7月，花海日平均接待游客量为4800人次，高峰时期游客量达到8200人次，其中省外游客占比超过10%。

为了丰富游客体验，花海结合自然环境特色，建成全国最长的山地滑道和飞跃滑道，游客在下滑过程中既可以体验俯冲直下的刺激，也可以感受大自然的风光。而在游乐场里，旋转木马、海盗船、斗牛、摩天轮等游乐项目，让游客排起长队；在梦幻灯光秀场，浪漫的北极绚丽夜景，让游客身临其境、流连忘返。

2019年7月，上山庄村入选首批全国乡村旅游重点村名单。“从前默默无闻上山庄是山上庄，如今赫赫有名头回客成回头客。”每年都来花海的一位游客留下的这副对联，见证了上山庄村花海的茁壮成长，也见证了上山庄村借势旅游脱贫致富的发展历程。

（三）花药谷迎“幸福”花开，夏日游加“暖冬”地带

客观地说，花海不但能够持续推动实现稳定增收，而且成效显著。这让上山庄村提升脱贫质量、巩固脱贫攻坚成果的工作轻松了很多。

上山庄在花海里打工的有160多人。按真实用工量计算，大概有60个劳动力就可以保证花海的正常运营了，但是为了解决贫困户持续增收的问题，花海坚持多设岗位多用人。比如，村里60岁以上的老人也可以在花海里靠剪剪花获得收入，还有贫困户可以在花海以外摆摊卖货获得收入。2017年，上山庄村民整体脱贫。

花海取得成功后，村委又携手祥泉公司大力改善全村的景观风貌，持续对景区周边、村道两侧以及村广场、空地、沟渠两侧等实施高标准绿化美化工程，种植特色景观花卉和树木30余种，全面提升了景区环境，让花海这个集休闲娱乐、徒步健身、自然观光等多功能于一体的景区成为西宁周边最热的旅游目的地之一。

上山庄美了，上山庄也火了，很多人争先恐后前来一睹“芳容”。借力蓬勃发展的乡村旅游业，上山庄积极推动贫困群众依托产业转型实现稳定脱贫，在开展乡村振兴战略中，推动村民实现共同富裕。

2018年，花海景区共接待游客50多万人（次），收入达到1100多万元；景区为上山庄及周边村民提供就业岗位164个，其中本村剩余劳动力实现就业115人。上山庄25户贫困户依托乡村旅游发展个体经济，户均增收7600元。

在“企业兴乡”的势头下，祥泉公司不仅让上山庄贫困人员全部脱贫，而且全村的村民收入更是翻了几番。旅游旺季时，祥泉公司支持村民开办的小吃摊位摆满景区道路，景区周围还先后开起来四五家较大规模的农家乐。村民收

入不再是只来源于种地收入，现在更多的是土地流转收入和花海带来的商业服务收入。一个靠天吃饭的贫困村消失了，取而代之的是一个崭新的旅游综合体，现在，上山庄的村民们不再为生计四处奔波，已经实现了在家门口就业致富的梦想。

历经5年，围绕花海的不断升级，上山庄已逐步发展成为集旅游、餐饮、娱乐、住宿、康养于一体的3A级景区。2020年，随着新冠疫情的暴发，很多景区的业绩断崖式下滑。但在各级政府和社会各界的支持下，花海景区的游客却逆势增长，上山庄旅游及相关收入再上新台阶。

上山庄花药谷景区，2018年被国家林业和草原局评为中国最美花海、被国家农业农村部评为一村一品（休闲农业）示范村；2019年被评为国家3A级旅游景区，被国家发展改革委、国家文化和旅游部评为全国乡村旅游重点村，被国家林业和草原局评为全国生态文化村、国家森林村庄；2020年被国家农业农村部评为中国美丽休闲乡村；2021年被西宁市科技局评为西宁市农业科技园。

花海获得的各项荣誉，让上山庄人格外自豪。然而对于祥泉公司来说，花海短暂4个月的旅游期，不仅时间短、收入受限，而且在其中务工的村民也陷入“夏天忙，冬天闲”的不经济状态。深度开发冬季休闲运动旅游项目，延长高原旅游旺季，提高公司和农户的主营收入，成为花海的“五年之痒”。

2021—2022年冬季来临之前，筹备两年之久的滑雪场项目一上线，即一炮而红。叠加“铁锅炖大鹅”“农家柴火鸡”“晚来天欲雪、能饮一杯无的别墅小筑”等特色餐饮住宿项目，冬游上山庄一下子在西宁业界掀起热潮，昔日寂寞小山村也成了现在的“暖冬”地带。如今，正月初一上山庄村民已经不能窝在热炕头上过年，他们不仅要给前来冬游的客人拜年，还要给游客们提供团圆红火的新年服务。

美丽的上山庄已发展成为集花海、药谷、观景台、游乐场、滑雪场、千米木栈道、民宿等多产业融合的“鲜花村庄”，2021年接待游客30多万人次。

二、乡村振兴的可持续面临挑战

与很多景区不同，花海覆盖的两条山谷，不过是河湟谷地中一道寻常的风景，并没有大自然的鬼斧神工，也没有超越平凡的资源禀赋。这个全凭人力后天打造而成的景区之所以迅速走红，是因为“上山庄制造”的诸多细节里，藏着真诚质朴、勤劳智慧和精雕细琢的力量。

2020 年，乡村振兴的号角吹响，上山庄村随即成为湟中区乡村振兴示范点。上山庄实施乡村振兴战略规划明确，全村将以乡村旅游业为依托，建设宜居、宜业、宜游的美丽乡村。具体来说，就是将紧紧围绕战略规划总要求，加强村“两委”班子建设，以社会主义核心价值观为引领，持续推动乡风文明建设；通过乡村振兴战略示范村项目的建设，实现村庄河道、边渠的有效治理，道路两侧、河滩宜林地、房前屋后得到绿化，村庄要变得更美，更加宜居；以花海为依托，大力整合全村的旅游资源、民俗文化，进一步提高上山庄乡村旅游的知名度，全力打造“上山庄花海”品牌，依托“小南川旅游带”的区位优势，把上山庄打造成为具有一定知名度的旅游民俗文化示范试点村，对全县乡村振兴起到示范和引领作用。与此同时，将以示范试点村项目建设带动上山庄特色产业发展，提升产业化水平，增强乡村旅游发展能力，增加村集体经济收入，进而带动周边农民通过多种经营方式发家致富。

依托花海的运营，村民的收入提高了，但要想让上山庄村持续发力，在花海遍地的旅游产业里获得一席之地，实现可持续的乡村振兴，还需要更长远的计划和更扎实的行动。

在周玉财和村民的集思广益下，花海衍生了“上山庄花药谷”“花海”等品牌产品；上山庄村的花种、香包、枕头等产品一经推出，深受游客的喜爱。

参与商业经营的村民表示，不只是花海特色产品，游客们对上山庄村的绿色食品也非常喜爱。当年不被看好的土豆、蚕豆、青稞等作物，现在经过村民加工，身价翻了几番，村民种田更有动力了。除了现场消费，还有很多游客会购买土特产带回家。

在周玉财等乡贤的心中，企业就是来为全村人民谋福利的，只要是村民的事，就是他们最关心的事。

上山庄花海是全村人民的心血，花海的发展使企业和村民荣辱与共。为此，村里自发成立了村企管理委员会、乡贤理事会，共同管理花海相关事务，村企一心，促成了上山庄花海如今的繁荣景象。

发展一个产业，带动一方经济，富裕一方百姓。周玉财表示，建立上山庄花海只是祥泉公司的一个起点，今后，企业将努力把上山庄村打造成集观光旅游、休闲度假、健康养生于一体的民宿小镇，从而带动区域发展，解决更多村民的就业问题，为美丽乡村建设和可持续的乡村振兴做出更大的贡献。

然而，奉献精神和发展决心仍然面临着来自市场竞争和多变环境的严峻挑战。上山庄村因此担心，同质化竞品带来的市场压力、增长乏力的运营业绩，仍然会让花海经济支撑下的可持续乡村振兴面临严苛考验。

三、如何让“好看的村庄”能赚钱

绿水青山就是金山银山。如何把生态优势变成经济优势，已成为乡村振兴的一道必答题。

根据《湟中县实施乡村振兴战略规划》，上山庄村的乡村振兴发展将按照产业兴旺、生态宜居、乡风文明、治理有效、生活富裕的总体要求，立足村庄的自然、历史、文化、产业等现有优势，将上山庄建设成为集乡村旅游、中藏药材种植、研学、乡村商贸服务于一体的农、文、旅、商融合发展的田园综合体。上级就此要求，村企要以上山庄花药谷景区为龙头，以田园综合体为抓手，示范推动小南川地区，进而示范带动湟中乡村振兴战略的实施。

理论上，良好生态蕴含的无穷价值，能够源源不断地创造综合效益，实现经济社会的可持续发展。但是，现实中也经常能看到“美丽的贫困”“富饶的贫困”等类似现象，经常能听到“捧着金饭碗要饭”这样的感慨。

上山庄的发展路径，是在“两山”理念的指引下，靠市场力量硬生生闯出来的一条“乡村旅游＋扶贫脱困”融合发展的新路径。四年的花海实践，绿水青山变成金山银山，贫困山村实现精彩蝶变，数百名群众脱贫致富。

绿水青山和金山银山，互为依存，相辅相成。绿水青山是生态内涵，包括直接使用价值和非直接使用价值；金山银山是财富外延，包括优质生态产品和经济社会可持续发展。自然的直接和非直接使用价值，通过生态产品价值实现这一转化过程，创造出新财富，继而为社会提供优质生态产品，并支撑经济社会可持续发展。从另一个维度看，绿水青山是里子，金山银山是面子。里子是面子的内涵和底蕴，靠面子来表达；面子是里子的外在表现形式，靠里子来支撑。这就意味着，绿水青山能够支持和转化为金山银山，而金山银山应当反哺和修复绿水青山。

经验总结

在上述认识的基础上，梳理上山庄的生态产品价值实现过程，周玉财等乡贤对绿水青山变金山银山的实现路径有了如下认识：一要靠规划来优化布局。规划先行，是既要金山银山、又要绿水青山的前提，也是让绿水青山变成金山银山的顶层设计。二要挖掘生态资源，实现产品转化。旅游休闲业是将绿水青山变成金山银山的首选产业，是快速地“将生态转化为收入”的绿色生财之道，也是惠及最大人群的富民之路。三要大力发展生态创意农业。立足绿水青山，发展生态创意农业，提升大农业的附加值，是实现转化的重要选择。比如花海引进和放养孔雀，就是一例。四要借力数字技术拓展发展空间。数字技术不仅对支撑绿水青山的发展极为重要，还能为生态产品的市场转化提供强大动能。五要建设美丽乡村，让“好看的村庄能赚钱”。中国文化的根在农村，中国人的乡愁也在农村，把农村打造成城市人向往的地方，是实现转化的重要途径之一。

再深入观察，上山庄发展绿色经济存在的短板和问题也显而易见。比如，管理人才匮乏和村民素质亟待提升问题同时存在，乡村文化需要深入挖掘和利用，对互联网平台的运用刻不容缓，服务标准化仍有待提升，道路拓宽、公共交通配套等基础设施完善仍需进一步投入，整村环境协调配套也应尽快完善……这些短板和不足仍需持续改善。

同时还要看到，党委、政府创造的好平台和好环境是基础性、决定性的因素。只有本地党委和政府支持了，资源整合、机制创新、产业融合才能在市场力量的推动下得以实现。也只有党和政府因势利导，让“龙头带动”“全民参与”“景区带村”“旅游 + 电商”“文化复兴带动乡村振兴”等模式蓬勃发展，才能把乡村旅游产业培育起来，把群众组织起来，把利益联结起来，把乡村文化弘扬起来，把内生动力激发起来，继而把“美丽的贫困”变成回忆。

在乡村振兴过程中，周玉财等乡贤仍旧选择和全村人在一起，勠力同心，共同奋斗，坚定走绿色可持续发展之路，让良好生态成为乡村振兴的强力支撑，让绿水青山变成老百姓的金山银山。

◎ 上山庄花海（作者摄于2022年）

专家点评

在青海省西宁市上山庄的这个案例中，“致富能人”周玉财所发挥的作用是个关键因素。所谓“致富能人”，实际上就是具有企业家精神或者说企业家才能的人才。一般认为，企业家精神包括以下 5 个方面的特质：第一，具有使命感。在上山庄案例中，带领全村致富就是这样一个使命。第二，具有战略思维。在上山庄案例中，通过对各类基础条件的分析，找到通过花海景区建设发展乡村旅游这一路径，就体现了这种战略思维能力。第三，具有市场思维，通俗地说就是懂市场。花海景区能够一炮而红，并非撞大运，而是对市场需求精准分析、有效吸引的结果。第四，具有变革创新的能力。上山庄自建设花海始的一系列举措，都体现了变革和创新，这也是保证其长盛不衰的不竭动力。第五，具有敢于担当的精神。企业家创办企业自然要面对风险，没有敢于担当的精神就成为不了企业家。

乡村振兴重在激发乡村的内生动力。企业家精神，就是最为关键的内生动力。

——林家彬

河南洛阳

安居乐业　烟薯窑沟的农文旅融合发展之路

河南道景景观工程规划设计有限公司

窑沟是洛阳市汝阳县柏树乡东北部的一个小山村，丘陵地貌，坡岭遍布，土质为富硒红沙土，适合红薯种植，窑沟也因地制宜发展红薯和烟叶种植。窑沟全村约 30 户人家，常住人口 60 余人，多是以烟薯种植为生的中老年人，随着青壮年劳动力的流失，产业发展后劲不足。村内民宅新旧混杂、闲置较多，无基础照明和雨污处理系统，居住条件差，公共配套设施不足，村民休闲空间缺失，村庄整体环境杂乱。

对窑沟原始现状进行深入了解和分析后，河南道景景观工程规划设计有限公司（以下简称道景景观公司）梳理出了一条以原乡概念为出发点的规划设计思路，即以原乡为特色，从唤醒原乡美学、传承原乡文化、激活原乡产业 3 个层面层层递进，对窑沟进行全面升级改造。

经过近一年的设计和建设后，焕然一新的窑沟，在地方政府的主导下，联合道景景观公司、乡贤等，开启了“原乡生态 + 特色农业 + 文化 + 乡村旅游”的融合发展模式，带动了地方红薯产业和乡村旅游的快速发展，并吸引了众多在外乡民和投资商到村创业，曾经凋零衰败的小山村，变成了当地生态宜居、乡风文明、治理有效、产业兴旺的乡村振兴示范村。

一、在最初的规划建设阶段遇到的问题

资源评估和项目定位的问题。一是窑沟村口紧临县道，有交通区位优势，如何利用？二是窑沟的村庄地形依山就势、高低起伏，如何借势表达？三是村容村

貌方面，无入口标识、无中心元素、整体环境杂乱凋零，如何改造？四是建筑风格方面，除了普通的北方民居，也有石砌建筑，如何进行整体规划？五是家家户户房前屋后都有用于炕烟的老烟炕、储存红薯的红薯窖，年数已久，破旧难用，是拆是留？六是窑沟村村民皆为吕姓，属于窑沟的在地文化如何发掘、人文活力如何培育？七是烟薯种植是窑沟适宜的特色农业，但产业模式低效、后劲不足，如何升级？八是窑沟村庄周围皆为烟薯农田，田园风光如何开发？

1. 与主管部门达成共识的问题。建筑风格用徽派还是原乡？建设用材精致还是朴拙？老烟炕和红薯窖是拆还是留？闲置民宅如何流转开发？是否与村民形成共识？

2. 与村民建立信赖感，相互协作的问题。村民不配合、有抵触情绪怎么办？如何带领村民参与共建？

3. 施工过程中的设计优化和现场设计的问题。土地性质不明确带来的设计变更怎么办？基础资料不完善如何解决？图纸无法表达的，如何进行现场设计施工？

4. 项目资金来源的问题。没有专项资金、先建后补、资金滞后怎么解决？施工团队有垫资优势，但缺乏专业能力怎么办？

二、采取的对策

面对项目各类问题不断的情况，道景景观公司的解决之道，就是用专业能力多沟通、多探讨，驻扎一线，结合实际去面对问题、分析问题和解决问题。

（一）关于资源评估和项目定位

通过对窑沟的自然生态、村容村貌、在地人文、原乡产业、基础设施等原始资源的梳理和分析后，结合乡村振兴战略总方针和地方政府对窑沟的规划布局，道景景观公司提出了以安居乐业，烟薯窑沟为项目定位，以原乡概念为出发点，把窑沟打造成以“原乡美学、原乡文化、原乡产业”为特色、宜居宜业宜游的新乡村。

1. 唤醒·原乡美学。为了让窑沟干净整洁的同时美出特色，道景景观公司以“用原乡材料，呈现原乡美学”为主要思路进行窑沟的乡村美学设计。

村容风貌上，保留依山就势的地形、高低错落的建筑布局和朴拙原野的自然风貌，在建筑外观上进行特色设计。一是用北方常见的麦秸秆为材料制成生态稻草漆，统一粉刷民宅、门楼等主体建筑，形成乡土质朴的乡村美学基调。二是用原乡片石对原有的石砌房屋重新加固、重砌红薯窖外立面，并将片石延续设计到道路铺装、路墙等，让原乡石头风貌与土黄色建筑互映相融，共同构成原乡特色美。在以稻草漆和原乡片石为材料打造的乡土特色基础上，再用红黄蓝三原色粉刷老烟炕外立面，让亮丽色彩艺术点亮乡土风貌。

村口处设计原乡特色门楼、台地广场和迎宾环岛，增加村民游客出入村庄仪式感和深化原乡印记的同时，借助紧临县道的交通区位优势，彰显窑沟村庄形象。

2. 传承·原乡文化。在地文化建设，是凝聚人心、留住乡愁、发展特色旅游必不可少的基础。窑沟世世代代皆为吕姓，他们创造了窑沟，发展了窑沟，和窑沟互为一体。因此，道景景观公司选择以吕氏文化为核心，通过窑沟村史、人文景观、艺术基地 3 个方面，打造窑沟文化特色，提升窑沟人文活力。

窑沟村史：用吕氏春秋园、窑沟文化墙、文化长廊等，来记载和传承窑沟的吕氏宗亲文化和人文故事。

人文景观：在项目现场，道景景观公司员工和当地村民一起反复勘察探索，将地域特征和吕氏文化、农耕文化相结合，进行现场设计和呈现，形成了风脉石林、八仙台、洞宾路、三尺巷、石磨街、茅草亭等一系列文化景观和休闲场所。

艺术基地：依托窑沟的田园风光、自然生态资源等，道景景观公司将闲置房屋改造成摄影基地、书画基地等吸引艺术爱好者来此创作，同时也带动窑沟村民的文化觉醒和文化振兴。

3. 激活·原乡产业。窑沟所在的柏树乡，是汝阳县烟叶和红薯种植的主产区，窑沟村庄周围的坡岭上也有红薯种植 1000 余亩、烟叶种植 500 亩，农户各自生产、存储、销售，存在产业模式低效、产业后劲不足的问题。烟薯种植，虽然产销模式低效后劲不足，但在特色农产品市场、农业旅游等方面有着巨大潜力。因此，在烟薯上做文章，是窑沟农文旅融合发展的适宜之道。

产业升级上，道景景观公司通过智能红薯窖＋分拣中心的设施建设，助力窑沟烟薯生产加工的提质增效，同时为产业深加工做好铺垫。村口一侧空旷处扩建为产业广场，为后期的产业活动、农产品展示销售等提供空间。

产业氛围上，道景景观公司通过红薯 IP、烟叶雕塑、烟薯标识的设计和表达，树立窑沟产业形象，营造产业氛围，加深游客对窑沟的产业印象。

旅游配套上，道景景观公司通过完善农旅配套设施，如美食广场、农家乐、停车场、导览牌等建设，提升游客游玩体验度。

除了原乡美学、原乡文化、原乡产业的规划设计外，在窑沟的公共配套和公共环境上，道景景观公司也进行了相关提升和改造，如增设排水排污系统、道路硬化亮化美化、休闲广场、公共卫生间、民宅前后的布置整洁等，全面提升村民居住环境和旅游环境。

（二）与主管部门达成共识

1. 徽派还是原乡的问题。窑沟的建筑风貌用徽派还是原乡，道景景观公司和主管部门进行了多次讨论，最终一致认为，革新并不一定是适宜的，有人文情怀的乡村风貌才有生命力，并形成了结合窑沟现状，因地制宜地发掘打造原乡风貌、人文活力、旅游特色等思路共识。

2. 建设用材精致还是朴拙。经过沟通，道景景观公司认为，地产或市政公园等城市类项目建设材料多讲究精致、施工精良，但在乡村建设上，朴拙不匠气的材料和工艺才更适合乡村气质。

3. 老烟炕和红薯窖是拆还是留。烟炕和红薯窖属于窑沟的烟薯产业设施，现在虽然不再使用，但产业遗产属性和空间价值依然存在，可以留作将来餐厅、超市、手工作坊等使用，同时，可利用它们在家家户户房前屋后都有分布的特点，对其外观进行艺术化改造，成为村容村貌的点亮之笔。道景景观公司对老烟炕和红薯窖的价值梳理和设计思路得到了主管部门的认同和支持。

4. 闲置民宅的流转开发。窑沟常住人口不多，有近 1/3 房屋处于闲置状态，因此，道景景观公司建议主管部门对闲置房屋进行流转整合，统一开发利用，但因为种种原因，这个建议没有落实，也为后续的运营带来一定的困难。

5. 是否与村民形成共识。以往当地政府与村民之间的互动模式，多是以传达通知等方式进行，让村民积极主动参与家园建设，就需要给村民做思想工作，激发他们的主人公意识。因此，在道景景观公司的建议下，主管部门通过多次动员大会、村干部带头示范等方式，让村民认识到乡村建设对个人、对村集体的发展利好，引领村民积极参与共建。

（三）与村民建立信赖，相互协作

刚开始在窑沟项目驻场时，村民们对道景景观公司员工是冷漠、麻木和不信任的，房前屋后的石头、柴火、破瓦罐等都不愿意挪动，更别提主动参与项目建设，多是你干我看、质疑抵触等对抗的状态。

为了与村民建立信任，道景景观公司员工在现场不断和乡亲们拉家常、共乡情，听着他们的心声，用图纸表达他们的向往，并变成眼前真实可见的事实，设计带来的改变打动了乡亲，从拒绝沟通、冷眼旁观到给建议、提思路，村民们参与的积极性也越来越高，开始每天打扫院落、整理杂物，把不要的旧物件改造成孩子们的秋千、闲坐的桌椅等，后来在村干部的组织下，农闲的乡亲们加入施工队，大家在干活的间隙开开玩笑、斗斗嘴，村子里开始热闹起来，窑沟村民对家乡未来燃起了期盼和希望，干劲十足。

（四）施工过程中的设计优化和现场设计

方案完成进入施工阶段后，道景景观公司也遇到了一些设计问题。

1. 土地性质不明确，导致方案设计中的一些建筑设计方案（如农产品分拣中心）无法落地，对此，道景景观公司结合实际情况进行了方案调整。

2. 项目的地形图、各类基础设施等资料不完善，只能以谷歌地图为基础依据进行规划设计，导致设计方案与项目现场有偏差。因此，在项目施工过程中，道景景观公司结合项目现场实测数据，再次进行设计优化调整。

3. 在项目建设过程中，还遇到一些无法在图纸上表达进而指导施工的设计，比如风脉石林。道景景观公司和施工方、村民一起，进行土层清理、杂草清理后，层叠的山石就裸露出来，微整后即成了石林景观，道景景观公司在林中发现了一块儿像大锅台一样的天然石台，将它与八仙之一吕洞宾的故事结合，又形成了八仙台、洞宾路的文化创作。

（五）项目的资金来源

窑沟项目在建设初期，因为没有专项资金、先建后补等情况，导致项目进度受挫，后来在政府的多方努力下，引入了一家有垫资能力的施工团队，但施工方缺乏专业的乡建施工经验，对项目中的一些施工表达存在偏差，鉴于这种实际情况，道景景观公司指派设计主创人员长期驻项，进行现场指导和保证施工效果。

三、取得的成效

2020 年末到 2021 年 10 月，经过近一年的时间，窑沟的一期建设完工，并对外开放和运营，在政府和运营公司的大力推广下，很快成为远近闻名的网红打卡地，成就了窑沟热度，受到了新华社、《人民日报》、《河南日报》等官方媒体的纷纷报道，成为汝阳县集美丽乡村建设、特色产业发展、文化传承推广为一体的乡村振兴示范村。

（一）生态宜居

远处是烟薯农田连绵起伏；村口处高大的门楼、宽阔的台地广场，庄重气派；有水有石有竹影的迎宾环岛迎来送往村民游客；乡土气质的民宅和石头风貌浑然相成、统一成境；红黄蓝的艺术烟炕、古色古香的红薯窖成为乡土窑沟的特色点缀；暖色灯光秀使窑沟夜色迷人，令人沉醉；广场亭子让村民有了闲坐歇息的地方；重新铺装的道路管网和家家户户门前的绿植，让村庄整洁有序又充满烟火气息……焕然一新的窑沟，与远处的田园风光组成了一幅美丽乡村画卷，不仅让住在这里的村民自豪、舒适、舒心，也吸引了众多游客前来游玩体验，成为远近闻名的网红打卡地。

（二）乡风文明

吕氏春秋园不仅承载了窑沟吕氏宗亲的血脉渊源，也让一代代窑沟人的生命之根有了表达的源头和传承的期待。窑沟文化墙用一张张照片，定格着窑沟过去的影像，记录着窑沟的发展历程，讲述着窑沟曾经的故事，铺垫着窑沟未来的伏笔。三尺巷、八仙台等文化景观丰富着窑沟文化意蕴，也传递着邻里互让、热情待客的乡风乡情。

由摄影文化合作社、书画合作社和戏曲合作社组成的窑沟文化合作社，以窑沟为素材进行各项艺术创作 400 多个，并先后举办了书画展、摄影展、书画培训、非遗节目展示、戏迷擂台赛、讲座培训等活动 60 余场，让村民了解文化、爱上文化、参与文化，惠及群众数万人，成为当地特色的乡村文化品牌。

（三）治理有效

在窑沟乡建过程中，在当地政府的组织下，道景景观公司和村民对乱搭乱建、残垣断壁、脏乱杂物等进行了专项清理，环境卫生得到整治的同时，窑沟也形成了村委监管、村民参与的常态化治理机制，在环境治理、文化建设等方面发挥着作用。

（四）产业兴旺

建成后的窑沟，在地方政府的主导下，联合运营公司、村民乡贤，开启了“原乡生态 + 特色农业 + 文化 + 乡村旅游”的融合发展模式，围绕红薯主题引流入村，流转闲置农房和土地，打造多种业态，带动地方红薯产业和乡村旅游的快速发展。

一产增收显著。智能红薯窖、分拣中心等设施的投入使用，为烟薯产销提质增效。窑沟产业广场为主场地举办了汝阳红薯文化节、红薯擂台赛等多项产业活动，浓厚的产业氛围和红薯 IP 形象，让窑沟成为地方红薯产业的展示窗口，电商直播、农贸市场渠道合作等方式让红薯销量显著翻增，有效提升产业知名度和市场影响力。截至 2022 年 3 月，窑沟村累计销售红薯等农产品 4000 万元，家家户户经营红薯、粉条等特色农产品。随着一产的增收显著，红薯粉条、红薯面等制品的市场也相应扩大，二产深加工产业链有待开发。

农文旅融合初见成效。乡村运营公司入驻后，联合村集体经济合作社进行旅游资源的梳理和运营。以红薯小镇为主题，原乡风貌、吕氏人文、农耕文化和田园风光为特色，通过流转老院落，积极招商，引进手艺人，打造陶吧、泥吧、茶社、亲子乐园、原乡民宿、农特产超市、农家乐等休闲业态，手工红薯粉坊、手工茶体验间等研学体验项目，吸引了众多游客前来游玩游学、进行艺术创作，昔日少有人问津的山沟沟，成为游客不断的观光旅游村，累计接待游客 5 万多人。

村民返乡创业，探索“产业 + 乡贤 + 市场”模式。窑沟一天天美起来，热闹起来，也陆续吸引了 70 多位在外乡贤、周边村民及投资商到村创业，马盼盼就是其中的一位。

“外出闯荡主要是因为家里没有创业机会，留在老家只能和祖辈一样面朝黄土背朝天。”她说。听说家乡要发展“农旅融合”产业，她就抱着试试看的态度回到了老家。由于自家院落地理位置优越，可以俯瞰整个小山村，马盼盼家成为第一批改造的老屋之一，家门口的草垛变成了凉亭，院内的牛棚变成了园林小品，回乡后的马盼盼先是卖起了窑沟特产红薯粉条、柴鸡蛋等，络绎不绝的游客和微信朋友圈的订单，让她收益不小。下一步，“我已经去外地考察过了，准备把老屋改造成一楼喝茶、二楼民宿，让城里人在农村找到家，”马盼盼对未来生活充满信心，“白天在村里上班，晚上回城里住，既照顾了身边的老人，又不耽误孩子学业，回乡创业这笔账咋算都多赢。”

还有石头房房主吕百成、邻村村民常阳阳等，通过卖烤红薯、经营农家乐，凑热闹的同时也找到了创业商机。窑沟村围绕田园风光打造的牡丹道、花海等也正在建设中，建成后由运营公司统一管理、统一运营，与村集体合作社共享收益。资源变资产、村民变股东，窑沟村村民作为乡村振兴的直接受益人，脸上有了自信、自豪的笑容，眼里有了对美好生活的盼头。

经验总结

窑沟乡村振兴取得一定成效，主要有以下 3 个方面的经验：

规划设计上，尊重在地条件，以安居乐业，烟薯窑沟为振兴思想，结合窑沟的环境、人文、产业等进行资源梳理和潜力评估，因地制宜、因业制宜地发掘和呈现原乡价值。

建设模式上，以“政府引领＋设计先行＋工程垫资＋乡贤参与＋村民支持”的有效联动机制，专项推进乡村振兴建设，保证了项目优质高效地完成。

乡村运营上，当地政府牵头组织，引入专业运营团队，与村集体形成有效运营机制，积极开展乡村旅游、项目招商、业态引入等运营措施，推动窑沟走上农文旅融合发展的道路。

窑沟的乡村振兴，取得了一定成效、积累了一些经验，但也存在以下几个方面的问题：

一是运营资产需提前流转整合和统一规划。因为项目建设前没有完成闲置房屋等资产的流转整合，导致建成后的流转成本高，无法整体运营，形不成合力和不能受益最大化。

二是产业升级有待深入。烟薯产业是窑沟的特色农业，也是窑沟农文旅高质量发展的基础。窑沟当前的烟薯产业在技术现代化和市场营销方面存在着不足，在品种研发、设备升级、人才提升、品牌营销等方面仍有很大的提升空间。

三是农文旅及一二三产业融合发展需要探索。窑沟的乡村旅游尚处在初级阶段，对乡村旅游的定位和策略缺少顶层设计。最直接表现就是无序的娱乐设施引入，大型重型、色彩纷杂的动力娱乐设备，为窑沟的乡村运营带来人气和收入的同时，也打破了窑沟原乡气质和拙朴格调，模糊了属于窑沟的特色印象，使得原乡特色作为一项资源优势被削弱，这也成为窑沟乡村旅游发展过程中抹不去的一笔。长远看来，窑沟的农文旅融合运营，仍需要不断探索和尝试，找到属于它自己的、优质优效的未来发展之道。

◎ 窑沟村（作者摄于 2022 年）

专家点评

这是一个很好的案例，首先分析了窑沟村的现实情况，面临的困难与问题；其次对规划和开发方案进行论证和分析，提出了开发思路；最后总结了项目实施后取得的效果和经验。

报告的语言很朴实，没有虚的东西，写得很细致，脉络很清楚，对开发过程叙述得很完整。虽然报告结构存在一些不足，但瑕不掩瑜，稍加调整，便是一篇可以阅读、可以借鉴、可以欣赏的工作报告。

开发乡村文旅项目，一定不能贪大求洋，应尽可能保留地方特色，包括建筑、历史、民俗、生态环境。一定不搞大拆大建，尽可能降低成本、减少投入，才能获得比较好的效益。一定要与当地特色产业发展相结合，帮助农民增加收入。

——肖金成[①]

① 肖金成，经济学博士，享受国务院政府特殊津贴。中国宏观经济研究院二级研究员，国家发展和改革委员会国土开发与地区经济研究所原所长、中国社会科学院研究生院博士生导师、中国区域经济学会副会长、中国区域科学协会理事长。1997 年 7 月毕业于中国社会科学院研究生院，后在南开大学做博士后。被中国国土经济学会评为“2011 中国十大国土经济人物”，被中国国际城市化发展战略研究委员会评为“2012 年中国城市化贡献力人物”，2012 年，被中国科学技术协会评为“全国优秀科技工作者”。

四川阆中

文旅带动五业兴旺　景区引领区域振兴

阆中和美乡村旅游发展有限公司

阆中和美乡村旅游发展有限公司成立于 2018 年 2 月 2 日，属国有全资公司。公司以“和谐乡村，美丽万家”理念命名。公司自成立以来，根据国家乡村振兴战略及全域旅游发展的号召，有效对接四川省加强乡村旅游建设政策，按照阆中市打造乡村旅游品牌的相关要求，主动承担社会责任，致力于阆中市乡村旅游的发展、管理和运营。

凤舞天宫乡村旅游度假区以逐步丰富阆中旅游休闲度假产品为目标，以特色文化和乡村田园为载体，创建了集生态观光、乡村田园、精品度假、户外运动和文化创意五大功能于一体的特色乡村旅游度假区。凤舞天宫乡村旅游度假区着力把乡村打造成环境优美、特色鲜明、吸引力强、生态平衡且持续发展的全国性知名乡村旅游目的地，让群众通过入股分红、安排就业、销售农特产品等方式，实现稳定增收。

凤舞天宫乡村旅游度假区，总面积 2000 余亩，其中包含五龙田园生活度假区、桥亭中医康养度假区、天宫传统文化度假区、森海雎鸠婚恋度假区。其中，天宫院风水文化景区（4A 级景区）、五龙田园生活度假区（3A 级景区）已运营成熟。

一、度假区具体情况

（一）五龙田园生活度假区

度假区保留传统田园风貌和农耕文化，已建成步行和骑游道 10 公里、多功能游客中心、农耕文化体验馆、五龙大食堂、五龙民宿、素质拓展园、儿童乐园等旅游配套设施。该度假区旅游项目众多，产业发展势头强劲，农耕博物馆展品琳琅满目、五龙大食堂人气超旺、水上娱乐区热闹非凡，居民聚集点富丽堂皇，人居环境整洁干净，文化生活丰富多彩。以生态休闲和田园风光为特色的生态观光旅游产品和以科普教育和文化体验为特色的亲子旅游产品在这里交相辉映，特色高端乡村民宿野舍天下、特色餐饮五龙大食堂、乡村烧烤露营、川北传统篾编织品、古法榨油、川北传统女红制品、农特产品（辣木茶、吊瓜子、有机果蔬）、特色蒸笼宴、烤全羊等。

其中五龙野舍天下民宿，是基于传统川北民居改造，尽可能保留了老房屋的原始风貌和元素，开发独具特色的增值服务，结合乡村民宿的情怀和理念，让游客体验到真实的田园生活，重拾久违的乡村记忆。现拥有传统民宿 6 套、伴山玻璃屋 16 套、现代庭院式民宿 8 套，共计 90 余张床位，还配备了自助厨房、餐厅、水吧、会议室、书房、太极台（观龙亭）、瑜伽台、棋牌室和茶室等，是充分满足广大游客度假研学教育的理想场所。

（二）桥亭中医康养度假区

度假区于 2018 年完成项目规划，根据项目实施进度于 2019 年 12 月开始投入试营业。在试营业期间不断创新探索，大力开发了系列食品和康养医疗用品。在 2020 年 4 月正式成立了阆中和美中医康养馆有限公司，标志着桥亭中医康养度假区走向新的发展道路，同时，也给需要中医康养服务的顾客提供了崭新的平台。

阆中和美中医康养馆有限公司是集医、养、护于一体的服务场馆，提供以医结养、多样化康养服务，具有融生态观光、采摘、旅游、餐饮、娱乐、培训、亲子活动、康养体验、住宿为一体的中医药健康旅游功能。建立了康养产品科技销售平台。以农业信息网、相关供求信息网为依托，利用大数据，采取“互联网 + 康养产品 + 中医康养旅游基地”模式，突出融观览农业风光、休闲娱乐身心、体验田园生活、回归自然、生态养生等内容于一体的健康旅游这一中心目标，强化功能建设，打造旅游精品，形成服务水平高、行业档次高、行业品牌响的独有特色的中医康养旅游基地。

（三）天宫传统文化度假区

度假区内坐拥国家4A级文化旅游景区，核心景点天宫院于2002年被列为省级文物保护单位，其所在的天宫村于2005年被列为省级历史文化名村，2010年被列为国家级历史文化名村。景点有观龙阁、天宫院、淳风祠、西河、五龙台、推背园、天罡墓、淳风墓等。天宫传统文化度假区是凤舞天宫乡村旅游度假区的核心区域，天宫院景区拥有核心主题资源，属客流密集地，定位为繁华热闹的主题文化休闲体验的旅游小镇。本项目主要内容包含综合文化主题商业步行街区、河岸景观带、生态停车场等。主题商业街内业态丰富，产品多样，按功能划分为住宿区、特色餐饮区、小吃美食区、休闲娱乐区、产品展销区、活动区，街区内环境优美、设施完备，是广大游客休闲度假的理想场所。

（四）森海雎鸠婚恋度假区

度假区位于江南瓦房沟村，主要有四大区域：游客集散区、高端休闲度假区、景观苗圃展示区、拓展团建区。森海小镇致力于打造集休闲观光、精品民宿、园艺展示、婚纱拍摄、户外拓展等于一体的田园风格度假小镇。游客集散区内设红色文化展览室，结合重大节日和纪念日，对学生开展丰富多彩的“红色教育”，提升学生的爱国主义教育和革命传统教育。植物文创实验室中植物种类繁多，让学生可在其中知晓农民种植粮食的艰辛，从小树立节约粮食的良好习惯。文创产品展示区展示着独具当地农村特色的手工产品，游客可在其中了解中国传统农耕文化。素清咖啡吧可以休息小憩，自己动手制作咖啡，体验不一样的咖啡味道。景观苗圃展示区以薰衣草为主的一片花海已打造成型，给游客提供了观赏、拍照打卡点，带来不一样的视觉盛宴。

二、发展中遇难题

受到新冠疫情的影响，我国 90% 以上的旅游景区纷纷关停，游客出行难，这也直接导致旅游景区游客数量下降和黄金档期收入骤降；景区受到的维护成本、场租支持、人员工资、社会其他支出等间接影响也更加突出。从各方面的报道和数据看，收入减少但支出刚性的这一形势较为严峻；管理团队面对突如其来的新冠疫情冲击和连锁式负面影响也感到束手无策和压力很大，短时间内对经营主体心理上产生负面效应；景区还承担着社会公益责任，如发生防控工作不力或不当的情形，将会严重破坏自身的公众形象；另外景区营销推广的持续性被打断，游客对景区的关注度也会转移或下降，亟待修复游客信任及联系度。

凤舞天宫乡村旅游度假区涉及沿线 4 个乡镇（街道）9 个村，环线达 40 公里。整个区域存在交通不畅、产业不兴等问题。凤舞天宫乡村旅游度假区在建设中面临着诸多问题：房屋租赁难；征地拆迁难；由于农村房屋分散导致的污水排放系统环境保护压力大、建设难；由于农村道路较窄，货物运输难等。

通过对游客的调查反馈得知，游客的参与感较低，没有留下深刻印象；景区现有售卖产品使用价值不大，纪念、收藏意义低；导游讲解不够灵活，游客接受度不高。

景区还存在开发产品特色少、与其他地方雷同多的问题。国内乡村旅游主要集中在休闲农业和观光农业等旅游产品的开发，而乡村文化传统和民俗资源的开发还不够重视。乡村旅游过分地依赖农业资源，缺乏文化内涵，地域特色文化不突出，开发模式单一。此外，乡村旅游产品同质化严重，缺少特色产品，整体水平偏低，配套设施不完善等。

阆中市乡村旅游的开发和研究均处于较低层次，精英人士外流导致乡村旅游的经营管理人员相对较少，对乡村旅游从业人员缺乏系统有效的培训。

面对以上的种种问题，阆中市也研究了应对之法。

1. 根据乡村研学资源的特色和学生需求，加强相应的研学产品，并按照由近到远的顺序加大对学校的宣传力度，吸引学生前来体验乡村生活和农耕文化。

2. 加强与南充文化旅游职业学院、西华师范大学、四川师范大学等高校合作，培养专业研学导师团队，针对不同年龄层学生制定合适的研学课程。

3. 根据新冠疫情影响导致的客源市场变化特点，注重本市家庭、朋友聚会，企事业单位团建等小规模客源的拓展，瞄准目标客户群体，通过制定个性化、定制化宣传营销方案，广泛通过传统媒体、新媒体平台加强宣传营销推广，构建立体宣传营销格局。

4. 充分利用节假日客流量大的有利因素，因地制宜，结合优势资源，做好乡村度假、民俗展示、互动体验活动、郊外徒步和骑行等特色产品。

5. 完善基础，提升服务。凤舞天宫乡村旅游度假区建设便民活动中心 5 处，文化集散中心 6 处，网红打卡地 12 处，民宿 300 余间，停车位 5000 余个；引进商户 50 余家，另有餐饮服务单位 30 余家，能够满足 800 人同时用餐；新增农家乐 100 余家，新增农业种植面积 20000 余亩，新增业态商户 100 余家。在住宿区增设自助厨房、水吧、太极台（观龙亭）、瑜伽台、棋牌室等配套设施，增强游客融入感，吸引游客再次来到这里。新建污水处理厂多处，做到了保护与开发并重。乡村旅游基础设施、商业业态日趋完善。

6. 多方学习，挖掘具有自身特色的、当地代表性的文化内涵，开发实用价值高的商业产品，让游客在体验不同文化感受的同时，带回有宣传意义的知识与物品，形成自发的宣传推广。

7. 内练修养，外树形象。凤舞天宫乡村旅游度假区要求工作人员坚持每日晨读《易经》《诗经》《增广贤文》等经典著作，并通过举办“书香万家”“读书班”等活动带动当地居民养成爱阅读的习惯，营造浓厚的学习氛围，不断提高群众的文化知识素养。制定规范的礼仪着装标准，度假区工作人员全部着古装、行古礼，树立良好对外形象。

三、创新中见成效

（一）硬件设施有改善

随着景区间道路、旅游标识牌、旅游信息查询等公共服务基础设施的不断改善，私家车拥有量的增加，节假日期间高速公路免收小型客车通行费用的利好，吸引大量游客。

（二）疫情防控不松懈

新冠疫情期间，度假区内工作人员尽职尽责，各景区景点测温扫码、佩戴口罩，“一米线”、公共区域消毒等新冠疫情防控措施落实到位，旅游市场秩序井然，接待运行平稳，无旅游投诉，无安全事故。

（三）利用当地资源，大力发展特色文化类活动

景区设立了传统文化产品及旅游产品展销区，在传承发展中承载了中华民族丰厚的历史文化底蕴，使游客们越来越钟情于传统文化游，景区内随处可见扶老携幼、成群结队的家庭式旅游游客。

春节期间，来凤舞天宫乡村旅游度假区观乡村风光、体乡村年味、尝农家美食、购农副产品已成为短线旅游的新风尚。据初步统计，截至 2022 年 2 月 4 日，春节黄金周游客已突破 32.5 万人次，凤舞天宫乡村旅游度假区春节旅游实现“开门红”。

度假区沿线睢鸠小镇一片花海，野舍天下民宿、五龙民宿、农耕文化体验馆、五龙大食堂等乡村旅游景点游客如织，天宫院景区成为游客热捧之地，游客们纷纷自驾前往体验乡村旅游的自然、生态之美。自助自驾游客成为凤舞天宫乡村旅游度假区沿线主角，散客化明显，四川省和重庆市的游客占多数。

（四）紧紧围绕大政方针打造度假区

凤舞天宫乡村旅游度假区通过探索“政府主导、社会主体、国企主力、协

会主管、农民主业”的模式，充分发挥国有企业的社会责任感和带动引领力，采取“三产促一产，一村带多村”的发展运营模式，以逐步丰富阆中旅游休闲度假产品为目标，以特色文化和乡村田园为载体，精心打造了雎鸠婚恋度假区、桥亭中医康养度假区、五龙田园生活度假区、天宫传统文化度假区，创建了集生态观光、乡村田园、精品度假、户外运动和文化创意五大功能于一体的特色乡村旅游度假区。

（五）带动当地农家消费，解决了附近部分居民就业岗位

凤舞天宫乡村旅游度假区的经营直接带动了周边乡村经济发展，度假区包括瓦房沟村、桥亭村、天宫院村、五龙村 4 个村，涉及江南街道办事处、天宫镇、飞凤镇 3 个乡镇（街道）。凤舞天宫乡村旅游度假区年接待游客逾 10 万人次，接待参观考察 500 余批次，年收入达 1000 万元。2020—2022 年，凤舞天宫乡村旅游度假区共接待游客 200 万人次，实现旅游综合收入 0.5 亿元，平均年增速达 12%（人次增长比例）、18%（收入增长比例），创造就业岗位 500 余个，当地群众年人均收入增加 4000 元。整个区域交通发达、环境优美、产业振兴，乡村面貌焕然一新。凤舞天宫乡村旅游度假区以具备优势旅游发展条件的村落发展乡村旅游、以旅游产业促进传统农业和种植业的发展，通过一个村发展旅游服务经济、其他多个村落发展旅游供给产业，带动不具备优势资源的村落共同发展，进一步改善提升了乡村基础设施条件，优化美化了乡村自然生态环境，丰富完善了乡村文化旅游产品，辐射带动了当地群众就近就业、稳定增收，走出了一条以乡村旅游带动乡村振兴的新路子，对实施乡村振兴战略、推动农业农村现代化进行了有益探索。

（六）获得的成就及外界的认可

2022 年 3 月，经四川省旅游资源规划开发质量评定委员会会议讨论，并征求四川省自然资源厅、四川省生态环境厅、四川省林业和草原局意见，凤舞天宫乡村旅游度假区被评定为省级旅游度假区。2023 年 2 月，凤舞天宫乡村

旅游度假区案例入选《2022世界旅游联盟——旅游助力乡村振兴案例》。2022年11月五龙村被评为省级旅游重点村，天宫镇被评为省级旅游名镇。2021年11月，四川省委宣传部公布四川省首批省级乡村文化振兴样板村镇名单，阆中市天宫镇上榜。2017年诞生的素清咖啡是公益项目，一直深藏在阆中五龙村的田园乡居之中。2020年素清咖啡被《新闻联播》《朝闻天下》等栏目以及各级媒体关注报道。

经验总结

1. 创新发展思路、运营模式。一是利用乡村地域宽阔优势，建设拓展项目、水上娱乐项目，增强到访客人参与感，体验度。二是增设农特产品售卖集市，售卖当地应季绿色农特产品、农耕艺术品。让游客观赏到艺术品制作过程的同时买到环保、有实用价值的特色商品。三是新冠疫情期间，街市门面采用联营或者免租等多种模式，吸引商户入驻，增加产业区开业率。

2. 提升质量，完善服务。一是利用新冠疫情期间客流量不多的现状，通过网络学习，或在允许情况下到专业领域地学习，提升现有品牌（素清咖啡、五行羽尚、康养医疗用品等）质量。二是加强员工培训，通过对礼仪知识、旅游知识、现有国家旅游政策的学习，提升员工专业技能及服务质量。

3. 联营合作、共同开发、多方共赢。一是根据景区实际情况与特色，通过联营合作模式引进了适合对应度假区的二次消费项目，减少双方投入成本。二是集思广益，借力借智创新开发体验项目，增强了到访游客参与感，不再仅仅是看、听。多方收集信息与想法，改善现有讲解，让客人愿意听、能够听并乐于对身边亲朋好友津津乐道。三是与本地中小学校沟通，了解各年龄层学生学习需求，制定适合不同年龄层学生的研学实践活动，达到学生在快乐的学习过程中熟知当地传统文化知识的目的。与周边高校开展联营合作，针对阆中市乡村具体情况，培养专业旅游人才，开设体验课程，加强了高校学生实践工作经验。

◎ 天宫传统国学文化教育基地（作者摄于2022年）

专家点评

阆中市发展乡村旅游的这个案例在以下两个方面具有较典型的意义。一是善于主动发现在文旅产业发展中面临的各种问题，特别是采用问卷调查的方法了解游客的体验和感受，从而明确改进的方向。通过有针对性地采取措施解决这些问题，实现了文旅产品乃至整个产业的品质提升，进而大大改善了经营绩效。这个案例中所遇到的各种问题，在类似的乡村文旅项目中实际上是普遍存在的。二是采取了“三产促一产、一村带多村”的发展运营模式，即将具备优势旅游发展条件的村落集中打造成为乡村旅游目的地，周边村落发展旅游供给产业，从而在一个区域内实现以旅游产业促进种养等产业的发展，辐射带动了当地群众就近就业、稳定增收。这种做法也具有很高的推广价值。

——肖金成

浙江松阳

厚植客家文化　打响民宿文旅产业牌

丽水鸣珂里文化投资有限公司

鸣珂里·石仓文化民宿（以下简称鸣珂里）是丽水鸣珂里文化投资有限公司旗下的一家民宿，位于浙江省松阳县西南部的大东坝镇，这里山峦叠翠，清流湍荡，风光旖旎，四季分明，春华秋实。民宿落户的石仓源境内有礼、孝、贤、义代代相传的客家民俗文化，独具特色的客家饮食，山溪跌宕，石仓古民居入选丽水市十大摄影创作基地，2000 年石仓被公布为省级历史文化保护区。

鸣珂里运用当地的古民居——夯土老屋作为建筑的主体，尽量保留原建筑的原始风貌，再在原结构上分割空间，修缮补充，其中的雕梁、花窗、柱体、墙面都尽量保留，同时完善便捷、现代的居住要求，从而打造成特色居住空间，在能保证居住舒适性的同时，更能享受每个住房所营造的传统与现代互相碰撞出来的别具一格的住房体验；同时客人还可以在古民居内享受传统与创新的美食定制，参与当地特有的民俗活动、客家习俗非遗手工艺研学等。民宿周边打造有集聚工坊群体验区，适合企业团建、研学、家庭旅行等。

鸣珂里是在 2017 年进入石仓的，当时石仓的生活方式还是比较原生态的，遇到的问题主要有以下几个方面。

1. 交通运输的不便。石仓是一个丽水山区里的传统自然村落，所在的大东坝镇当时都没有快递，也没有超市或者一定规模的常态化营业的市场，人们的购物方式还是以每周固定时间的市集为主。因此鸣珂里无论是采购，还是产品销售，在运输方面都存在极大的不便。

2. 村里的生活方式过于原生态。丽水鸣珂里文化投资有限公司入驻的时候，石仓没有任何住宿餐饮等相关乡村休闲旅游业态，包括基本的公共服务设施也未能做到较好的配套改善，如路标、旅游景点引导等。通过丽水鸣珂里文化投资有限公司的引流，游客明显增多，游客是因为网上的宣传来到这里，但是入村后各种问题也不断出现，如村里接待能力不足，没地方停车，不知道去哪里游玩，觉得没什么看头，没地方吃饭，找不到可以购买土特产的地方，光靠鸣珂里一家民宿很难让游客长时间停留。如何提升村里的配套设施，为游客带来更好的旅游体验，也是鸣珂里急需当地政府支持的方面。

3. 产业没人带动。石仓物产非常丰富，当地白老酒、泡豆腐在松阳本已经小有名气，还有笋干、笋衣、原种黄豆、端午茶、歇力茶等优质土特产。由于村里常住人口以中老年人为主，不懂市场化运作，不会电商操作，加上当地物流不便，像泡豆腐这类即食产品对保质期又有严格要求，所以即使有好东西也不知道如何打开销路。怎样帮助村里将这些优质产品展示给外面的人，让他们产生兴趣并购买，以此来提升村民的收入，是鸣珂里面临的最现实的问题。

4. 家庭收入来源单一。以男性青壮年劳力外出务工以及每年茶叶季贩售茶青为主。留在村里的劳动力多为老年人和家庭主妇，文化程度偏低，对新兴事物接受能力比较慢，生活理念比较传统，因此如何疏通当地村民的创业理念，激发起他们自主创业的积极性，也是鸣珂里遇到的一大难题。

针对以上问题，鸣珂里采取了以下对策：

1. 经过多次和当地政府的商讨，最终决定首先要提升村里的公共设施，其中建成了一个可以停下 50 辆家用轿车的村民广场，不仅大大缓解了当地的交通问题，也为一些大型活动和村民活动提供了合适的场地。

2. 鸣珂里入驻后，提供了住宿、餐饮服务，增加本村的工作岗位，为留村的妇女提供就业机会，本店所有的管家厨师均是石仓片区本地村民。

3. 鸣珂里除了为游客提供吃住外，还开发了一些体验类的项目。依托乡村和民宿，开发了各类小型研学活动，可提供非遗拓版拓印、做端午香囊、扇面绘画、竹编技艺教学、手工磨豆腐、制作客家擂茶等相关活动，基于松阳丰富的自然资源和深厚的文化底蕴，2022 年已经打造了以红色党建、非遗和客家文化、传统农事、休闲康养为主题的 4 条特色线路，以满足各类人群的研学团建需求。至今已经承接了 72 场不同规模的中小学生和单位的研学团建活动，2000 多人参与非遗手作体验，为石仓吸引了大量的游客，以此带动民宿周边的消费。

4. 鸣珂里立足民宿运营，根据周边每个村的匠人情况，成立了竹编队伍、民俗导游队伍、司机厨娘队伍，开展相关业务培训，在民宿展开传统手工艺教学体验项目，面向各大中小学研学、公司集团团建市场，在增加传播特色文化的同时增加地方村民收入，调动村民参与建设的积极性，有效利用闲散人员增加当地居民就业机会，在参与民宿手工艺教学人员中，石仓片区的村民占到了 95% 以上，联合销售的农特产品，包括土蜂蜜、石仓泡豆腐、白老酒、笋干、笋衣、端午茶等，年营业额达到 200 万元以上。

5. 利用鸣珂里自身优势和运营团队，深度挖掘当地的非遗文化，将它们运用于民宿的装修以及日常接待中，将民宿作为一个当地特色文化的展览中心，每一位入住的客人都能亲身体验到当地非遗文化和民俗的魅力；同时还开发了一系列以当地非遗文化为 IP 的文创产品，包括独山系列的丝巾、旅行箱、茶具旅行套装、T 恤；山边马灯系列 T 恤、帆布包、帽子、门帘、明信片等，都深受游客的喜爱。其中“独山告白”系列还获得了全国旅游商品大赛银奖。

6. 联合当地村民，制作升级地方特色农文产业，拓展销售途径，并组织培训当地闲置劳动力，挖掘培养当地特色来料加工产业，在村里组建了 5 支 20 人左右的民间队伍，服务于本村旅游的景点讲解、餐厅服务、交通运输、手工艺教学等方面，还特别成立了竹编匠人队伍，提供样品和设计，回收生产的竹编产品，将之运用于各个特色产品的包装和装饰，包括店内销售的端午粽、老土茶、笋衣和笋干用的竹篓、年礼竹编篮等都是村民利用农闲时间制作的，还有依照鸣珂里设计的图纸定制的竹编包，都受到了游客的喜爱。

鸣珂里入驻石仓以后，在大东坝镇人民政府的支持和鸣珂里的共同努力下，多次得到社会各界和多方领导的认可并取得了多项荣誉：

2018 年“独山告白”系列获中国旅游商品大赛银奖；

2018 年“鸣珂里·独山告白系列”获得浙江省优秀旅游商品称号；

2018 年“独山告白”系列获得“丽水山居”农家乐伴手礼大赛银奖；

2019 年被评定为浙江省白金级民宿；

2019 年被评定为浙江省非遗特色民宿；

2020 年被杭州市卫健委授予抗击新冠肺炎疫情公益企业荣誉称号；

2020 年获得浙江省旅游民宿产业联合会最具贡献民宿奖；

2021 年被评为“丽水山居”五钻民宿；

2021 年被评为首批浙江省文化主题民宿；

2021 年被评为数智科技赋能非遗产业创新发展示范基地；

2021 年获得《扬子晚报》评选的中国民宿紫微星奖；

2022 年被评为浙江省五星级农家乐。

在鸣珂里的带动下，松阳大东坝镇已经发展成以文旅特色型小镇建设为抓手，以发展客家风情旅游为核心，以白老酒、石仓泡豆腐两大特色产业为媒介的新时代幸福乡村典范，获评 2020 年度浙江美丽城镇建设省级样板，2021 年度浙江省 3A 级景区村庄，吸引了众多游客前来打卡。2022 年大东坝镇共有民宿 45 家 400 个床位，农家乐 15 家，全年游客量达到 5 万多人次；松阳县大东坝生态强村集体经济发展有限公司在 2021 年上半年以 148.18 万元的利润位居全丽水市第一。整个石仓更是涌现出多家极具当地特色的农家乐和近 20 家精品民宿，民宿床位从 0 增加到了现在的 234 个，民宿周边打造有以豆腐工坊和白老酒工坊为主要特色的集聚工坊群体验区，适合企业团建、研学、家庭旅行等。

经验总结

鸣珂里居住空间就是一座有着 300 年历史的老屋，整体区域与契约博物馆相邻，老屋、古井、豺虎画、契约文化、客家风俗等，坐拥了独具当地特色的文化体验。

有体验：游客入住鸣珂里，能够深入了解当地的文化特色，体验传统的手工艺（汉服体验、豺虎画教学、竹编体验、工笔描画、拓片体验）。民宿管家根据游客的爱好，安排规划以石仓为立点、松阳为中心的私人定制旅游路线，集民俗文化体验和乡村振兴经典案例实地考察学习等一系列的旅游路线，涵盖了居、学、游、食、赏。

有智慧：鸣珂里的居住空间，很大程度上保留原建筑的原始风貌，在原结构上分割空间，做修缮补充，其中的雕梁、花窗、柱体、墙面都尽量保留，同时完善便捷、现代的居住要求，从而打造成特色居住空间，在能保证居住舒适性的同时，更能享受每个住房所营造的特色体验，即传统与现代碰撞出来的别具一格的旅居体验。

◎ 鸣珂里 · 石仓文化民宿全景（作者摄于 2022 年）

有口碑：鸣珂里 2017 年 10 月 16 日正式签约，2018 年 1 月 7 日试营业，2022 年完成民居改造 6 栋，每天游客络绎不绝。接待来自全国各地游客、考察团队，发挥外部资源的优势，从产业、产品、文化、理念、优质服务等多角度带动整体片区。

有业态：运营民宿，主动融入。将民宿作为根植当地，了解当地，融入百姓的运营载体，在取得客房收入的同时，展示当地的特色产品，为本地特色及研发产品建立销售平台，搭建有效的渠道——工坊激活片区的有机添加，举办持续有效的公益活动，利用当地妇女的闲置时间，组织学习制作工艺品进行售卖以增加收入，提高生活质量，同时通过游客传播，达到销售传播的目的。开展在地非遗手艺落户，传统手工艺、传统农产品、民俗升级挖掘项目，深度挖掘当地特色餐饮，结合民宿品牌独有的饮食文化，一次最大可承接 200 人用餐。

专家点评

这个案例最值得关注的是在外来智力资源的主导下乡土资源得到充分挖掘和开发。乡土资源数百年来就已存在，但在未得到有效开发利用之时不过就是当地村民的传统生活方式而已。而这种文化底蕴深厚的传统生活方式，对于外来智力资源而言恰恰构成了发展乡村文旅的良好资源基础。在发展乡村文旅的过程中，使本地的各类资源都得到充分的利用这一点也非常值得称道。我们在案例中看到了人尽其用、物尽其用、传统文化习俗尽其用。做到了这一点，乡村振兴中培育内生动力的目标也就基本实现了。

——肖金成

江苏南京

树立文化地标　引领乡村振兴

南京先锋图书文化传播有限责任公司

南京先锋书店自1996年创办以来，坚持开放、独立、自由、人文的经营理念，经过26年的发展，现已成为具有国际影响力的实体书店品牌。

南京先锋书店积极响应国家号召，着力拓展乡村书局项目，以文化引领乡村重建，以品牌促进乡村旅游发展，以创意带动乡村产业升级，力争成为国家乡村振兴战略重要的参与者和见证者。从2014年开始，先锋书店独辟蹊径，把书店融入广大乡村中去，积极拓展乡村书局项目，通过与当地乡村特点的结合，把乡村书局打造成为展示当地历史文化、风土人情、民俗工艺的重要平台，并通过先锋书店的品牌影响力共同推动乡村物质文化与精神文化的双重建设，把践行乡村文化建设，引领乡村文化旅游，实现平民教育，推广乡村阅读作为先锋书店乡村书局的核心目标。

先锋书店陈家铺平民书局是先锋书店在国内拓展的第三家乡村书局项目，书局于2018年6月16日正式开业。书局位于被誉为悬崖上的古村落的陈家铺村，这里自然风景优美，民风淳朴，古村落保存完好，在这里可观云卷云舒，赏日出日落，听山雨泉歌。

陈家铺平民书局由村里的文化礼堂及一栋民居改造而成，项目由著名建筑师张雷设计，以极具地方特色的主题图书为主，配备乡村建设、平民教育、地方文献等专题图书，并设立了反映当地自然资源、风土人情、地方特色的松阳文创馆。陈家铺平民书局首创了作家驻村创作计划，并专门设立了陈家铺驻村作家创作中心，为国内外的知名作家提供驻村创作的机会，让作家走出城市的“象牙塔”，走进乡村，走进田间地头，体验真正的乡村生活，为作家们的写作创造出更多的灵感和素材。

先锋书店充分利用自身在人文、出版、艺术资源上的优势，每年举办松阳诗歌音乐节、三月三诗会等活动，把国内外知名的诗人、音乐人、作家、学者会聚到松阳，全面提升书局以及松阳的文化影响力和号召力。此外，通过定期举办陈家铺平民书局的游学活动，带动更多的读者到乡村来体验游学，在游学的过程中体验乡村独特的历史文化、人文风情、自然风貌、民俗特点、民族风俗。通过游学团队的口碑及宣传推广，强化了书局的影响力，并形成了良性的循环。

陈家铺平民书局开业以后，村子开始有了很大的变化，每天到陈家铺村探访书局的游客络绎不绝。众多的游客，带动了周边村落民宿、餐饮业的发展，民宿收入显著提升，陈家铺村也引来了一批民宿项目落地，村里的老房子极受欢迎，村民自发地对老房子进行修缮，有的自己做项目，有的对外出租，村子里充满了生机 。陈家铺的土特产品丰富，红薯干、笋干、高山萝卜、高山玉米等都特别有名，随着到村游客的增多，产品需求有了很大的提高，村里专门成立了股份经济合作社，对产业进行整体规划、协调、发展，带领村民们共同致富，村民们的产业收入较之以前有了较大的提高，而且潜力还非常巨大。一家乡村书店，带动一个乡村的发展和变化，在陈家铺村确确实实成为现实。

陈家铺平民书局 2022 年已成为松阳具影响力的人文地标，先锋书店以文化引领带动乡村振兴的实践，正让这个有着 600 多年历史的古村落重新焕发出生机。陈家铺平民书局 2018 年获评中国年度最美书店，吸引着越来越多的各地读者来到松阳，探寻秘境，品味书香。

一、成长的烦恼

（一）投入大、盈利周期长

陈家铺平民书局初期投入的设备、设施、图书、文创等成本较大，书局所处的地理位置也相对比较偏僻，在短期内很难实现较高的盈利水平，需要有

3~5 年的持续经营，才能形成较大的影响力，产生稳定持续的销售量，创造较高的盈利水平。

（二）经营人才培养难

由于陈家铺平民书局的地理位置相对偏僻，生活条件比较艰苦，外派到书局的店长都是年轻人，很难能够长期待在乡村从事书局的经营，一般在半年或者一年要实行人员的轮换，所以对乡村书局经营管理人才的培养和梯队建设就尤为重要，随着乡村书局的不断拓展，其重要性更加突显出来。

（三）物流交通不便

由于书局的地理位置相对偏僻，物流以及交通不是很便利，开业初期所需的所有货品，都是村民肩挑背扛过去的，所以日常的物流成本较高，产品更新换代相对较慢。

（四）维修防护频繁

由于书局使用的是经过改造的老房子，山上气候多变，雨多阴潮，书局的房屋经常会有漏雨、坏损、发霉等多种问题，对产品也会造成损坏，对书店的正常经营会产生一定的影响，维修防护成本也较高。

（五）宣传推广和文化活动筹办成本较大

书局的影响力和知名度的提升离不开持续不断的宣传和推广，以及重要文化活动的组织和筹办，由此所付出的各种成本对于书局来说是非常大的一项负担。

二、书局的破局之道

（一）注重长期潜力，提升盈利能力

在与当地政府签订合作协议时，签约时长为 20 年，政府负责书局的房屋改

造、内部装修的资金投入，减少书局在装修以及硬件设施上的投入，实现品牌拓展的轻资产化。此外，从增加书局乡村游学的频率、举办更具影响力的文化活动、拓宽乡村书局网络销售渠道等方面发力，全面提升乡村书局的盈利能力。

（二）加强人才培养，重视梯队建设

采取经理主管轮岗制、优秀员工选拔制、员工自主推荐等多种方式，做好乡村书局人才梯队的建设，确保乡村书局人才需求。此外，注重挖掘当地具有潜力的员工进行重点培养，争取实现本地化店长经营管理。在陈家铺建立先锋书店乡村人才培训基地，对乡村书店后备人才进行专题化、专业化培训，为各个乡村书店输送人才。

（三）提升货品效率，实现有效库存

从开业初期，加强对书局库存的有效把控，降低无效库存的比例，并根据实际的销售情况，及时对乡村书局的库存进行有针对性的阶段性调整，确保库存的有效性，加快产品的有效流通，降低库存和资金压力。

（四）加强常态化维护，针对性处理

日常加强对书局房屋的维修防护工作，如防渗漏、防晒、防白蚁等，能够确保书局房屋保持良好的状态。此外增设除湿机、除湿盒等，专门针对书局潮气问题进行处理，减少潮气对图书、文创产品的损坏。

（五）加强联动宣传，寻求活动联办

陈家铺平民书局在与政府的联动宣传方面是先锋书店所有乡村书店里做得最好的，从央视到地方卫视、从中央报纸到地方报纸以及各类新媒体平台，都有对书局持续不断的报道，书局的影响力和知名度得到了很大的提升。此外在文化活动方面，书局也寻求与政府进行联办，不仅在活动资金上能够得到政府

的支持，而且也能确保在活动场地、参与人员、活动报道等各方面的工作都能够顺利落实。

三、取得的成效

（一）推进乡村各类产业融合发展，开创乡村发展新局面

先锋书店发挥自身优势，挖掘、利用、放大乡村丰富资源，实现优化发展。依靠先锋书店文创设计团队以及文创市场经验，通过整合乡村当地各种手工艺产品、农产品以及自然资源，设计生产具有松阳特色的文创系列产品，形成具有鲜明特点的文创系列产品，成为宣传和推广松阳乡村文化的重要载体和手段，并对广大的读者具有深刻的吸引力。

（二）发挥书局全民阅读推广功能，推动乡村文化复兴新格局

书局项目既是农村公共阅读空间，也是农村出版物发行网点，既能满足农民的阅读需求，也能满足农民的购书需求，特别是通过引导和推荐农民阅读，参与文化活动，从而提升农民的文化素养和知识水平，具有得天独厚的优势。此外，书局对乡村青少年的阅读引导和阅读启蒙，发挥着至关重要的作用。

（三）发挥书局的文化引领作用，带动乡村文化项目新发展

作为知名的文化连锁品牌，陈家铺平民书局项目突显出独特的吸引力，吸引越来越多的文化名家、文化名企、文化投资机构、知名民宿品牌入驻陈家铺，与先锋书店一道为乡村振兴提供丰富的公共文化产品。

（四）通过驻村作家创作中心，促进乡村振兴实践的文艺作品创作

先锋书店充分利用自身丰富的人文资源和名家学者资源，在陈家铺设立驻村作家创作中心，定期邀请作家、诗人、音乐人、艺术家进行驻村创作活动，已有

李娟、余秀华、阿乙、海桑等作家参与其中，积极引导和鼓励他们创作关于乡村振兴实践的文艺作品，传播当地的乡村特色文化、传递乡村振兴的正能量。

（五）通过书局的带动，促进乡村文化旅游的发展

陈家铺平民书局不仅仅是一个文化项目，还通过带动、引领、整合、挖掘等途径把乡村旅游的文化内核突显出来，通过图书这一载体把当地的文化特色汇聚起来，通过文创产品把乡村的文化元素体现出来，通过游学活动把乡村的文化基因串联起来，通过合作把乡村的文化项目联动起来，使乡村旅游真正变成乡村文化旅游，使乡村旅游真正具有文化之魂。

（六）通过书局在地化文创产品的开发，促进乡村民族文化的传承和保护

陈家铺平民书局关注当地各种手工艺资源、文化资源、民族资源以及自然资源的传承和保护，包括当地特色非遗资源，通过把它们与文创产品的设计生产相结合，使它们得到传承和发展。对手工艺人的技艺进行创新和再开发，既保留了手工艺人的技艺，也使产品能够适应市场的需要，提高了手工艺人的收入水平。

（七）书局的拓展，使本地化的人才资源得到开发和利用

先锋书店在对乡村书局的管理上，实行店长外派制和本地化员工制，即除了店长属于总部外派外，其他所有的员工都在乡村书局所在的当地进行招聘，经过总部培训合格后，再到乡村书局上岗。充分利用本地化的人力资源，降低运营成本，并发挥其独特的资源和优势。

经验总结

一、南京先锋书店如何拓展乡村书局

（一）坚持政府合作原则

先锋书店乡村书局坚持与当地政府进行合作拓展，确保乡村书局在建设、

运营过程中能够得到最大的支持，当地政府能总揽全局、整合资源、协调各方，为乡村书局的发展提供坚强有力的保障。先锋书店充分发挥自身的品牌以及运营管理能力的优势，走轻资产的乡村书局拓展之路。

（二）坚持特色发展原则

先锋书店乡村书局在拓展中，注重突出项目所在地的特色和优势，形成自己的独特之处。每一个乡村书局项目都与国内外知名的建筑师开展合作，使每一个乡村项目都具有建筑师不同的特点和风格，成为知名建筑师的重要作品，全面提升先锋书店乡村书局的设计水平和影响力。

（三）坚持产业融合原则

先锋书店乡村书局不仅仅只是一家单纯的书店，而是一个以文化为核心的产业融合发展综合体。在实现图书零售的同时，实现在地化文创产品的开发设计和销售，实现利用本地出版资源进行图书出版，实现当地农副产品设计包装及线上线下销售，实现乡村游学与本地民宿和旅游资源的对接，实现把文化资源引入乡村提升乡村文化内涵的目的。

（四）坚持带动发展原则

一个乡村，单单靠一家乡村书局是很难发展起来的，需要通过先锋书店乡村书局的带动和引领作用，让更多的知识人、文化人、社会人，让更多的文化机构、艺术机构、公益机构能够到乡村来，共同参与乡村的建设和发展，通过项目的集聚作用，加快乡村的发展。

二、先锋书店乡村书局如何生存发展

（一）形成出版文创产业新格局

充分利用自身的出版资源和销售渠道优势，在进行乡村书局拓展的同时，全力进行反映当地文化、旅游、历史、民族主题图书的出版策划工作。所组织策划的主题图书，都成为当地乡村书局的销售主打品种，成为乡村书局重要的利润增长来源。在开辟乡村书局的同时，文创团队通过整合当地各种手工艺资源、文化资源、民俗资源以及自然资源，并通过自身的设计和优化，最终形成乡村书局自身的特色文创产品，这些独创的产品对乡村书局项目的生存和发展，起着至关重要的作用。同时，这些产品也通过先锋书店的网络销售渠道和终端销售渠道对外进行销售，既充实了先锋书店文创产品的品种，也强化了先锋书店文创的市场竞争力。

（二）重建乡村公共活动新活力

1. 营造主题新空间：先锋书店乡村书局，在进行主题策划时，着力突出乡村书局的在地性特点，在专题图书、专题文创、专题活动等方面，都特别强调自身的个性和特点，具有其自身独特的优势。

2. 策划组织活动：先锋书店充分利用自身在人文、出版、艺术资源上的优势，在乡村书局组织策划形式多样、内容丰富的文化艺术活动，利用名人名家活动，全面提升乡村书局项目的文化影响力。

3. 组织体验式游学：先锋书店充分利用自身庞大的粉丝资源，定期举办到乡村书局的游学活动，带动更多的读者到乡村体验游学，在游学的过程中体验乡村独特的历史文化、人文风情、自然风貌、民族风俗，并进一步对乡村书局加深了解，通过口碑进行宣传和推广，强化了乡村书局的影响力，使之形成了良性的循环。

4. 联动产业齐发展：先锋书店加强了与乡村书局所在乡村的民宿项目、文化项目、餐饮项目的联动合作和推广，全面满足了广大读者的各项需要，为他们提供了全面的服务，通过联动，提升乡村整体的影响力和吸引力。

5. 构筑品牌化宣传：先锋书店非常重视与其他品牌以及媒体加强品牌合作，从而实现对乡村书局的宣传和推广。通过与纪录片、电影、电视、自媒体的全面合作，乡村书局的影响力不断提升。这些品牌的合作宣传和推广，对先锋书店乡村书局的发展起到很大的推动作用。

先锋书店乡村书局项目是先锋书店依据自身的资源优势和特点，因地制宜选择的适合自身生存与发展的一条路径，也是在实体书店转型发展大背景下，对于书店经营的一种创新模式，它为实体书店的转型发展摸索出了一条新路，提供了一种新的可能性。乡村书局是先锋书店面向未来的实践，充满实验精神，我们希望在中国偏僻的农村寻找和发掘新的价值。

◎ 陈家铺平民书局室内书墙（作者摄于2022年）

专家点评

先锋书店在浙江丽水松阳县的陈家铺村平民书局，是文化振兴乡村发展的成功案例。

办在古村落中的书局，持之以恒，将大大促进城乡之间的文化交流，通过游学方式不仅使游学者将自己的文化成果带到乡村，更能汲取乡村传统文化并向外界传播。

文化项目在乡村落地，面临的挑战是项目能否有自我生存的能力，实现可持续发展。先锋书店在陈家铺的经验可供其他地方相似的文化项目借鉴。除了使当地居民受益，吸引外部文化人，得到当地政府的支持外，还可以争取有志在此的企业、社团和公益组织的参与和支持。

——徐小青

河南鲁山

盘活农村闲置资产　以旅游带动乡村振兴

河南省鲁山县黄沟村驻村工作队

乡村民宿是乡村旅游发展的重要内容，是推进全域旅游发展的重要抓手，是助力实施乡村振兴战略的重要渠道。2018 年以来，鲁山县黄沟村强化基层党建引领，发挥村“两委”的能动性和创造性，有效利用农村闲置房屋和当地环境资源优势建设特色民宿、发展休闲旅游，走出一条不忘本来（立足自身资源）、吸收外来（引进社会资本）、面向未来（运用市场化、“互联网 +”思维）的美丽蝶变之路，实现了集体、农户、社会的共赢。

一、黄沟村的具体情况

黄沟村位于鲁山县四棵树乡与下汤镇接壤处，地处鲁西南浅山区，下辖 7 个村民组，9 个自然村，地域总面积 6.8 平方公里，耕地面积 420 亩，人均耕地不足 3 分地。黄沟村在外务工经商人员多。长期以来，经济上主要以粮食种植、畜禽养殖及外出加工销售丝绵等产业为主。

由于村里近一半农户常年外出务工经商，部分农户还在城镇购置了房产，使得部分民房和田地长期闲置。2018 年以来，黄沟村认真贯彻落实“两山”理念，充分发挥村“两委”的主观能动性和创造性，强化基层党建引领，有效利用闲置房屋建设特色民宿、发展休闲旅游，相继建成了静园、雅园、慧园、耿园等 4 所自助式农家院，每所农家院可同时容纳 3~4 户家庭 8~10 人居住。自 2020 年“五一”开业以来，一经发布，便吸引了络绎不绝的游客，面对供不应求的形势，黄沟村又引进资金打造了怡心、怡宁、怡和 3 套自助式木屋，并于2020年“十一”营业，满足了游客多样化的需求，受到新闻媒体的广泛报道和游客的普遍好评，成为平顶山市乡村旅游的一大亮点。黄沟村的变化主要得益于“四有”：

发展有基础。黄沟村位于鲁山县四棵树乡境内，自然条件得天独厚，植被茂盛，森林覆盖率达90%以上；郑尧高速、二广高速、207国道、017县道环绕通过，交通便利；不仅与下汤镇万亩桃园相邻，附近山上还有清朝时期的古山寨。加之美丽乡村建设的持续推进，“原来垃圾遍地、河道堵塞、晚上黑灯瞎火”（当地群众语）的景象不见了，村容村貌干净整洁、焕然一新，为发展特色民宿奠定了良好基础。

政策有支撑。2017年，中央一号文件就提出要探索农村集体组织以出租、合作等方式，盘活利用空闲农房及宅基地。2018年，中央一号文件再次提出，完善农民闲置农房政策，适度放活农民房屋使用权，是当前和今后一个时期深化农村土地制度改革的一项重要任务。

农民有盼头。发展民宿旅游，鼓了村民的钱袋子，美了村民的茅屋子，不仅能够带动村民致富，而且还能助力乡村振兴，帮助人民更好更快地实现对美好生活的向往。黄沟村有35套老旧农房长期闲置，占比10%。调查显示，大部分农民愿意将闲置房屋流转出来增加收入，享受实惠。

市场有需求。随着体验经济、全民休闲度假时代的到来，越来越多城里人愿意远离城市喧嚣、感受自然之美、回归内心宁静，追寻“慢生活·亲自然”的乡野生活方式。

二、黄沟村的探索与实践

黄沟村认真落实乡村振兴战略各项部署要求，紧紧抓住乡村旅游发展契机，主动识变应变，以特色民宿为牵引，探索出了一条依托旅游带动乡村全面发展的路子，不仅促进了农村经济发展，同时也带动了就业，增加了农民收入，美化了乡村。

探索了 4 种模式。分别是：长租自建模式。吸引外地游客长期租住本村闲置房屋，在此休闲康养。平顶山市第十一中学老师耿向红被黄沟村优美的居住环境吸引，在该村支教时选中一处闲置房屋，以年租金 2000 元签约 20 年，并自投 6 万元进行了修缮，老旧院落经过精心打理，已成为城市人梦想的“世外桃源”。

户建自营模式。农户按照星级民宿标准，将自家闲置房屋修缮改造，对外经营。2018 年 10 月，时任村支部书记张向党个人投资 8 万多元，改造黄沟村第一个农家小院静园，并于 2019 年 4 月试营业，在微信朋友圈发布后，便引来了“大批量”询问和预订。

引资合建模式。通过招商引资，对本村闲置建设用地以及集体闲置房屋（废弃校舍、办公用房）等，围绕休闲旅游主导产业合理开发利用。黄沟村老校舍和大队部长期闲置，为盘活这些资产，引进一家旅游公司进行规划开发，建设可接待 20 余人的特色民宿。不仅村集体每年可以获得租金收益，而且还为适龄村民提供了就业岗位，2022 年底此特色民宿的装修已接近尾声，即将开始营业，开业之后会吸引更多的游客到黄沟游玩，带动更多产业发展。

村委筹建模式。村委整合上级产业扶贫基金以及自筹资金，租赁并改造闲置民居，打造特色民宿，形成了致富带头人引领、项目资金助推、群众自主参与的产业发展模式。2019 年 6 月，村“两委”整合利用 50 万扶贫产业基金，对闲置民房进行改扩建，打造了雅园、慧园两所民宿，并于 2020 年 3 月正式投用。随后，村“两委”又筹集资金近 55 万元，动员群众新建了 3 座木屋，现已开始营业。

带动了相关产业。为了更好地吸引游客，使游客住得好、玩得好、吃得好、购得好，黄沟村在打造特色民宿的同时，提升民宿经济配套水平，驻村工作队和村“两委”立足村情，长短结合、科学谋划，成立种养殖合作社，规划发展特色种植、养殖业，为实现乡村振兴奠定了更加坚实的基础。

种植业方面：研究确定黄沟村近期发展大球盖菇种植（1 年收益）、中期发展天麻种植（2年收益）、远期发展果园种植（3年收益）的近期、中期、远期发展规划。截至2022年底，已建成近30亩的八月炸采摘园和种植1000余棵日本甜柿子果园各一个；带动全村326户农户在房前屋后种植“致富树”蜂糖李近1200棵；带动脱贫户和一般农户种植天麻3000余平方米、赤松茸2亩、油葵24亩。按照黄沟村总体规划，利用3~5年时间，规划建设特色采摘园10处，种植车厘子等特色水果20余种。

养殖业方面：引导村民发展林下柴鸭、土鸡、山羊、土猪养殖，方便游客直接从农户家中采购优质新鲜的特色农副产品。

创新了经营服务。针对该村外出务工人员多、服务人员不够、管理经营能力不足的现状，以及当前消费需求新趋势，黄沟村积极创新经营服务。一方面，通过公开竞价方式，引进了专业旅游经营团队及公司来进行经营。对村集体打造的特色民宿，让专业公司承包经营管理，村集体每年可获得7万元的租金收益。另一方面，结合越来越多的游客热衷于自助式农家乐、自助式餐饮的旅游度假新形势，确立了自助休闲游的发展方向。给民宿配齐基本生活、娱乐设施，提供厨具及米、面、油、调料等食材，开辟自助式果园、菜园，让游客体验农家厨具，尽享自给自足的快乐、天然绿色的餐饮和恬淡宁静的田园时光。同时，也配套提供上门烹饪、送餐送货等服务，满足游客多样化、差异化的需求。

三、多年发展见成效

经过这些年的不断探索黄沟村的发展已初见成效。

一是形成了立体产业。黄沟形成了3种集体产业模式：①政府主导产业。千头线生猪养殖基地（年收入5万元）和村级光伏电站（年收益10万~13万元）。②自主产业。立足“近、中、远”三期梯次发展的赤松茸、天麻种植，油葵基地，果林采摘园落地生根。③特色精品产业。建成第一批4所自助式农家院（年收益7万元）正在运营，第二批8所正在筹建，已建成特色木屋5座。

形成了政府主导产业为龙头和基础，精品产业为点睛的立体产业模式，村集体经济从“无”中生“有”，年收入达到 30 万 ~40 万元。

二是带动了群众增收。截至 2020 年 12 月黄沟村通过采取 5 种带贫模式，实现了从“输血”扶贫到“造血”扶贫的转变。第一，脱贫户通过参与特色民宿的服务管理、卫生保洁、花草蔬菜种植等，每年可稳定增收 6000 元以上。第二，脱贫户可以利用自己的农家院，以租赁或入股等形式每年享受分红。第三，村集体订单收购脱贫户的四季豆、秋黄瓜、板栗、猕猴桃等时令果蔬，柴鸭、土鸡、山羊、土猪等禽蛋肉品。第四，脱贫户通过建设采摘园、种植各类瓜果和时令蔬菜等，让客人现场采摘购买增加收入。第五，村集体经济二次分配时，倾斜照顾兜底脱贫户。

三是助推了乡村振兴。黄沟村特色民宿的成功实施吸引了周边县市以及郑州、洛阳等地游客前来休闲观光和居住，带动了村集体经济的发展壮大。村里有能力、有办法为村民办更多的好事、实事，村容村貌也发生了翻天覆地的变化，这些潜移默化地影响着村民的精神面貌。过去村民时常发生的一些矛盾和纠纷，这两年再没有发生过，村干部们越战越“勇”了，干群关系越来越“近”了，民宿经济发展越来越“猛”了，乡风文明呈现出了新气象，农民群众拥有了更高的参与度、获得感和幸福感，黄沟正在变成远近闻名的“黄金沟”。

经验总结

党建高质量是实现乡村振兴高质量的前提条件。没有党的领导，没有坚强的基层党组织做保障，乡村振兴就是一纸空文。黄沟村“两委”和驻村工作队坚持领着干、带头干，前任村支书张向党勇当第一个“吃螃蟹”的人，前驻村第一书记陈京玉“熬白了头”，形成了“头雁效应”“群雁活力”，把发展特色民宿的想法变成了现实，才有了黄沟村建设百事强。“艰难困顿处，唯见党旗红”已成为黄沟村美丽而生动的风景。因此，在乡村振兴实践中，要着力选好用好农村经济社会发展带头人，发挥好“关键少数”的示范带动作用。

转变观念是实现乡村振兴高质量的关键因素。乡村之间发展的差距，表象在发展水平上，根子还在思想观念上。黄沟村冲破思想观念的束缚，提出打造“绿色家园、文明家园、生态家园”和“黄金沟”的发展愿景，成立“一约四会”，编写“村规民约”，广泛凝聚群众共识，向脏乱差人居环境宣战、向陈规陋习宣战，带动群众推动黄沟村焕发了新的生机与活力。因此，要将乡村旅游的发展与基层群众美好生活需要结合起来，增进基层群众的认同和支持，更好地凝聚基层群众的力量和智慧。

突出地域特色是实现乡村振兴高质量的根本出路。当前大众对个性化、特色化旅游产品和服务的要求越来越高，以全域旅游助推乡村振兴更要挖掘乡村的特色和优势，避免旅游产品的同质化。要充分考虑投资收益比和建设周期，善于“花小钱办大事、做实功求实效”，不能搞“瞎子摸象”，也不能盲目上项目、搞建设，期待“一口吃个胖子”，以免造成资源和资金浪费。“一乡一业”“一村一品”发展过程中，因地制宜挖掘特色，促进乡村特色文化和旅游深度融合，增强游客体验，打造特色名片，为乡村振兴开辟新路。

◎ 黄沟自助木屋（作者摄于2022年）

专家点评

鲁山县黄沟村发展民宿积累了许多经验，其中两条尤为突出：一是多主体开发，有城市长租户、城市旅游企业、本村农户和本村“两委”。多主体开发既有利于互相竞争提升民宿服务水平，又推动政策的透明统一。二是通过民宿客群的影响力，将发展延伸到农业各产业。民宿自身的投资回报有局限性，引发延伸的农业产业更加具有发展的潜力，两者的结合可以提高投资回报率，为资本注入更充分的活力、生命力。

民宿满足的主要是城市的休闲消费需求，属于区域性小众市场，并非随处能搞，尤其在远离城市又缺乏足够特色的地区。

城市资本投资民宿，在对接市场方面优势明显，但两个难点不易解决：一是无论新建还是改造民宿，都无法获得产权，无法抵押融资；二是延伸到农业产业需要支付承包地转让金，经营成本高，投资选择余地小。

——袁崇法

甘肃敦煌

推广民俗非遗文化　助力农特产品外销

敦煌礼物文化旅游有限公司

敦煌礼物文化旅游有限公司总经理吴强和他的团队2007年起开始挖掘丝绸之路沿线民俗非遗文化，汇集敦煌八怪文案发布于互联网并得到广泛传播，随后开发相关产品进入线上线下渠道，带动了相关敦煌八怪产业和乡村振兴，成就了一个文案营销带动农产品销售的营销案例。

敦煌八怪说的是敦煌8种特产，由于敦煌八怪文案内容的奇特新颖性，在互联网上持续发酵，产生“病毒式”传播效应，敦煌八怪文化从互联网开始走红。以敦煌罗布麻茶为代表的八怪相关产品随后在线上线下火爆销售，敦煌驴肉黄面、敦煌浆水面、敦煌榆钱饭在敦煌旅游餐饮市场开始火爆，敦煌罗布麻茶市场规模迅速扩大，敦煌香水梨、敦煌酒枣、敦煌风干馍泡西瓜也开始进入消费者的视野。综合估量敦煌八怪的相关产品，在敦煌现已形成年创造5000万元以上销售额的敦煌旅游特色文化产品系列。

敦煌八怪文案开始火爆的同时，2009年吴强发起并扶持了敦煌第一批青年淘宝创业团队，直到2014年开始筹备敦煌电商协会带动更多青年从事电商创业，在敦煌当地推动了电商和农产品外销。例如，以敦煌李广杏为代表的沙漠瓜果的外销、敦煌罗布麻茶的销售带动了罗布麻精深加工及相关就业，让农村妇女在农闲季节有事做，这些都引起了政府的关注，更多的肯定和荣誉接踵而来。

2009年注册成立敦煌市敦煌罗布麻综合开发中心，旗下的敦煌五色沙生物科技有限公司2013年荣获“守合同重信用企业”荣誉称号。创始人吴强先后担任敦煌市电商创业导师、甘肃省临夏州电商创业导师、甘肃省一村一电电商创业导师团讲师、甘肃省电商职教集团客座讲师、西部创客大学创业导师等，向全省青年推广成功经验。

2016 年团队开始陆续注册了敦煌礼物、敦煌味道、敦煌八怪等系列敦煌品牌，敦煌八怪品牌再次提升敦煌八怪民俗文案并进行全网推广，开发出的敦煌八怪系列产品受到市场热捧，相关的以敦煌李广杏为代表的沙漠瓜果药材以及敦煌五色沙疗都形成了良好的市场，成为文案带货互联网营销典型案例。

敦煌八怪罗布麻系列产品先后荣获中国百佳农产品品牌称号、中国特色旅游商品大赛铜奖、中国品牌旅游商品称号、中国健康产业发展大会十佳推荐产品、中国健康产业发展大会十佳伴手礼等荣誉。吴强先后荣获甘肃省文明个体工商户、全国先进个体工商户、全国农业农村创业创新优秀带头人典型、中国农村青年致富带头人协会会员、中国农产品流通经纪人协会理事等荣誉，成为农村电商创业的成功典型。

2020 年召开敦煌八怪品牌发布会，面向全省导游和旅行社提供敦煌八怪优质产品进行微商带货创收取得较大效果，累计带货金额达 300 多万元。2022 年上半年吴强和他的团队看好粤港澳大湾区市场资源，开始进军广东市场。同时大力发展敦煌礼物品牌授权和敦煌礼物文创产品开发，与北京故宫文创团队达成敦煌礼物品牌授权和京东旗舰店建设意向并开发出系列文创产品，与澳门万国控股集团达成敦煌礼物文创和澳门文创开发项目协议，共同注资入股公司化运营，2022 年与洛阳理工学院设计艺术学院达成战略合作框架协议，进行了人才和技术储备。

在敦煌市敦煌罗布麻综合开发中心和敦煌五色沙生物科技有限公司 10 余年的市场运营和网络营销的基础上，2020 年成立了敦煌礼物文化旅游有限公司，但新冠疫情对旅游市场的影响使得原有的传统市场变得脆弱不堪。新冠疫情暴露出团队在多年来创业运营过程中重视了文化、品牌和互联网营销，忽视了向外的国内渠道和系列产品线培育，以及自身的团队建设。

由于重视了文化和品牌推广，重视网络营销，不断地网络推广敦煌系列品牌和敦煌八怪文案，强大了文化，助长了当地产业，却做窄了公司业务。加上资金有限，团队弱小和相关人才缺乏，产品开发和渠道整合能力欠缺，团队管理跟不上，新冠疫情到来更加剧了民营企业短板凸显，发现相关资源明显缺乏，成为企业发展成长的瓶颈。

2021 年接受澳门万国控股集团的合作方式，已经达成敦煌礼物文创和基金会的合作计划，正在平稳推进。吴强的团队发挥自身优势，聚焦自身敦煌品牌和产品开发及文化营销特长，与珠海市居佳供应链管理有限公司合作发展，资金入股该公司的同时达成品牌和人才资源股对赌协议，逐步落实股权。借助珠海市居佳供应链管理有限公司与珠海农业投资控股集团的稳定渠道来组织产品开发和销售，发挥品牌和品牌带文案的文化传播强项，为上下游合作伙伴和产品赋能。

2022 年团队决定转型升级，勇敢走出来找资源，结合更多的资源和团队，发挥品牌和文化的强项，走进经济发达的粤港澳大湾区，发挥敦煌文化和西北农特产品优势，在后疫情时代寻找更大的平台，闯出一条更宽敞的路。经过多次外出北上广拜访学习和对接资源，多方对接开发融资途径，发现团队和业务需要走到更大的城市和市场。

经验总结

吴强和他的团队认为，中小型民营农特产企业一定要利用好自身资源，放下面子借力共赢，发挥自身优势与上下游和大企业形成资源优势互补，找到了合适的资源就要放下小我共同成就，借船出海比造船出海的实效和抗风浪能力更强。

经历了 10 多年的创业经历，敦煌八怪系列产品随着文化的扩散，市场愈加扩大。经历了新冠疫情和各种考验，借鉴敦煌礼物品牌 IP 的逐渐成熟，开展授权的过程中与被授权的故宫文创团队和更多企业形成产品线和线上平台。再经过反思自身的文化和品牌资源强项，借助敦煌八怪非遗民俗文案的宣传基础，又打造了丝路十三宝文化品牌。吴强和他的团队开始敞开胸怀对接资源，与澳门万国控股集团的资金和珠海市居佳供应链管理有限公司以及有国企资源背景的珠海农业投资控股集团探索多种形式的合作。

经过不断沟通磨合，吴强和他的团队获得了澳门万国控股集团、珠海市居佳供应链管理有限公司和珠海农业投资控股集团等更多上下游资源和资金助力，开发出多款文创和农特产品。吴强认为农特产品只是与客户进行链接的，客户和消费者背后有更多需求，企业更大的潜力来自股权和金融对接后的平台优势。

敦煌八怪非遗文化和丝路十三宝文化品牌属于优势品牌带文案，能够为农特产品进行文化赋能，更能事半功倍地发挥文案关联带货和吸引客户眼球推广传播效果，进入消费终端客户手里还能够为更多相关农特产品引流，这就是文案品牌带货的优势。

◎ 敦煌八怪体验店（敦煌夜市南牌坊对面）（作者摄于2022年）

专家点评

这个案例很有特色，以敦煌特有的非遗文化带动当地农特产品为主，同时促进相关的产业和服务业发展。乡村五大振兴中的产业、文化、人才和组织4个方面在这里都有体现。主要是将当地的特色农产品、独一无二的文化和农村电商结合起来，这种模式原则上可复制、可推广。本案例更为突出的是中小企业在可持续发展方面，走出一条寻求更大的平台和依托大单位、大企业，走优势互补之路。

——徐小青

第四章
科学技术助力产业振兴

广东深圳

打造农业科技全过程服务　助力农业增效农民增收

中逸农业（深圳）股份有限公司

中国的乡村产业振兴，尤其是有着大量农业耕地的乡村振兴应立足于农业耕种的水平，质量、产量的提高。广大农民的收入水平也应首先以通过对现有农地的种植得到提升。国家的产业政策帮扶，金融产品及金融平台的介入，互联网电子商务模式的应用等都只是些有效的辅助手段：旅游开发，绿色休闲，养老度假只应是一些特殊地区的发展个案；品牌建立，产业融合，上下游的打通也只能算是农业产业发展的必然趋势。

中逸农业（深圳）股份有限公司（以下简称中逸农业）认为中国的乡村振兴，特别是最具广泛性的以种植业为主的乡村振兴的核心，应是在现有状况下（不涉及改变农民种植习惯和种植作物，不改变土地所有权等）提高种植能力。种植能力的快速有效提升必须依托于先进的科学技术的引入。为此，中逸农业的农业科学技术转化推广应用平台应运而生。

中逸农业不是一个科研机构，而是一个科研成果汇集的平台，中逸农业与多个权威农业科研单位，例如，中国农科院、中国科学院及中国农业大学等有着密切的合作关系。中逸农业相信，如果能快速高效地将众多被束之高阁的科研成果加以推广应用，我国的农业种植水平必将得到显著的提升。

基于这样的理念，中逸农业一直以来做了大量的工作。为了探索对于不同的气候条件、不同的地域土壤、不同的农作物，什么样的科技产品有着最好的效果，中逸农业与农业院校、农业专家、科研单位、种植大户、农垦集团共同合作，以实验室分析、试验田种植、作物对比种植等不同方法积累了大量有效并可以大规模推广的解决方案。

另外，在现阶段中逸农业并没有采用互联网电商这类的线上经营思路，而是花了几年时间，用“笨”办法走了几年“老”路。选择这条“老”路是基于2009年发起设立中国第一支农业产业投资基金为起点，开始深耕农业，经过多年经验教训的总结与反思的结果。在现有状况下要给农民带去技术变革的先决条件是要与农民建立面对面的联系，这种联系最直接的纽带就是农业生产资料，即“农资”。于是，中逸农业通过与国内各大肥料生产企业合作生产中逸品牌农业化肥，产品型号涵盖300余种，并自建经销商网点2500多家，形成了扎根于农村的销售网络雏形，为技术服务于广大农户做到了点对点的通路。

为了实现在现有种植条件下改善种植效果的目标，中逸农业从种子、农资、农服3个方面入手，分别成立了3家独立运营、相辅相成的子公司。

中逸种业：与中国农科院深度合作，针对不同地区，不同条件推广最适宜的玉米、小麦、高粱等主粮种子。从最初推广轮选66小麦种子，继而与农科院作物所合作推广国审高产小麦品种中麦6052，并取得独家生产经营权，再到和中国农科院作物所联合报审玉米高产新品种。迄今为止，中逸种业已推动了5个种植品种的繁育推广，全部为抗逆高产产品。预计未来几年中逸种业所推广的种子将以每年不低于10倍的增长速度进入广大农户手中。帮助农业科研单位推广最新最优质的种子，让广大农户乐于接受，并从中受益。

中逸农资：主要业务是化肥的产品设计，代工生产，销售及销售网络搭建。中逸农资是以传统的化肥作为载体，将所推广的科技产品添加其中，在不改变农民现有种植习惯的情况下，起到减肥增效的结果。在推出的300余种型号的产品中完成了15项新技术应用，在好于原有效果的基础上减少化肥使用数万吨。以先进的技术为核心，拥有良好使用效果的中逸肥料，在短短几年内在农资市场就有了一席之地，产品销售量和销售网络同步快速发展，中逸农资现已成为国内化肥代工企业的佼佼者。

传统的销售渠道、销售模式、产品样式、种植习惯，中逸农资以这样的方式毫无违和感地走进千万农户家中，同时又在这些传统中带入了新的科技元素，使农户有了愉悦的用后体验。用传统的化肥及化肥销售网络，中逸农资成功打造了一个推广新兴农业技术的载体。

中逸农服：中逸农服所打造的标准化农田服务旨在打造农业产业链全流程服务平台，以集成现代农业种植技术和智慧农业为手段，为农田种植者提供从播种到收割，产品订单销售的标准化全流程种植服务，链接农业产业链上下游：为上游提供科研转化平台、产品效果数据展示平台，为下游提供标准化、可追溯的产品。其核心竞争力在于提供科学的种植方案、专业的农业服务、定制化农资产品和多维度的数据支持，帮助农户更加科学合理地管理农田种植，提高作业效率，提高农田管理标准化，提高粮食质量和产量，达到农田增产、农民增收的目的。经过数年的发展，已初步形成了特有的服务模式，即在不增加农民投入的前提下，通过优化的科技和技术种植方案，优质高效的肥料，精细的植保服务，为农户大幅提高种植质量、产量，并且中逸农服不参与增收部分的收益，只按每季初始约定的固定服务费用进行季后结算，完全让农户享受科技增产部分的收益，真正做到服务于民，受益于民。

中逸农服将科技产品、先进的技术、高效的生产力手段和完善的服务带入，帮助农户增产增收的案例如下。

中逸农服为农户提供小麦从播种到收割再到订单销售的标准化全流程农业服务，服务内容包括以下 4 个方面。

1. 全程标准高产种植方案：在小麦季种植前，为农户制定完整的标准高产种植方案，方案中涵盖种植技术指导、种植作业标准、农资产品使用指导、关键生长周期用肥用药指导，方案结合技术团队和合作科研院校的先进技术、历年的种植经验，为小麦的种植提供了全程、全方位的技术指导。

2. 提供先进的科技农资产品：中逸农服结合中逸农资，将独有的科技产品融入传统农资产品，帮助农户达到减肥增效、提高粮食产量的目的。

3. 提供高效的农机服务：中逸农服与各地区经验丰富、拥有先进农业机械的农机队合作，制定标准化的作业指导书，为农户提供标准化的、高效的整地、播种、植保、收割等一系列农机作业服务。

4. 提供全程技术服务：中逸农服团队分布在各地区，为农户的种植提供全方位的服务，包括土地评估、墒情管理、作业指导、病虫害预警、生长情况跟踪、植保用药指导、突发情况处理、销售渠道对接等。

中逸农服 2021—2022 年冬小麦业务分布在河南和安徽北部，主要业务地区遍布周口的郸城、项城、沈丘，驻马店的汝南、正阳、泌阳，南阳的社旗、方城，许昌的长葛，亳州的利辛等地。以下从种植全过程展现中逸农服的服务成果。

1. 科技农资产品。

要想庄稼长得好，地里施肥不可少。根据小麦的需肥特性和种植户的用肥习惯，中逸农服定制生产了一系列农服专用肥。

底肥源子能 24–14–7 硫酸钾复合肥，其特点是：精准的氮磷钾配比满足小麦一生基肥所需；硫酸钾配方有效调节土壤酸碱性；独家专利源子能（专利号：201810942308.6）促进小麦早发快长、调动小麦原有抗性机能增强抗逆能力。

源子能叶面肥，其特点是：提高叶面肥的吸收率和利用率，促进小麦品质提升；磷钾加源子能的组合，不仅能增强作物的光合作用和碳水化合物的合成与转运，还能促进作物总淀粉和直链淀粉积累。

2. 种肥同播。

一是传统播种。中逸农服结合自有合作农机队和当地机械资源，调配进口大马力深翻机械配合国产大马力播种机，在质量有保证的前提下提高效率。

整地播种——许昌。许昌长葛大广农业和中逸农服合作了 600 亩小麦，在 2021 年 10 月 25 日开始正式播种，使用的是小麦播种专用播种机，播种量 30 斤、底肥源子能 24–14–7 硫酸钾复合肥 100 斤，播种深度 3.5 厘米左右。

二是无人机撒播。小麦可以称得上是高科技 + 农业的舶来品，在 2021 年中逸农服结合泌阳农户在这一领域迈出步子，使用无人机撒播的小麦，根系发达、植株健壮、分蘖能力强。

免耕播种和无人机撒播小麦只是中逸农服实地探索和论证高产高效农业种植的一个剪影，中逸农服在服务过程中将不断试验和推广新技术，推动农业向标准化、工业化发展。

三是播种后巡田。播种后一周，中逸农服团队到各地农户的田间地头进行巡田，观察出苗情况，检查是否有漏播、重播的情况，并及时将出苗情况反馈给农户。

播种后巡田是非常关键的，苗情好坏直接影响长势和产量，俗话说“七分种三分管”，对播种质量的监控和管理是小麦高产与否的决定性因素。

出苗情况的观察——南阳。南阳方城县众望农业科技有限公司是中逸农服的老客户，从最初合作的800亩玉米到1200亩小麦，众望采用的全部是小麦的免耕播种，免耕的特点是V字形垄沟让施肥位置更精确合理，让小麦能在有限的条件下吸取到更多的水分。

出苗情况的观察——驻马店（无人机撒播）。中逸农服与泌阳农户第一次尝试无人机撒播，播后出苗情况良好，新技术在后续服务过程中将逐步推广。

四是植保。中逸农服根据标准高产农服方案，结合小麦生长特点，在不同阶段采用不同的植保机械，在返青拔节期使用自走式植保机，加大用水量，提高打药效果，在抽穗开花期和小麦灌浆期使用无人机，减少对小麦茎秆的损害。

五是植保巡田。在每次植保后以及小麦的生长关键节点，中逸农服技术团队对农田进行巡视，观察除草效果、病虫害情况，检查打药是否有重喷漏喷，对小麦出现的病虫害或田间墒情及时制定解决方案。

小麦成熟分为3个阶段：乳熟、蜡熟、完熟。在小麦的每个生长时期都能看到中逸农服的技术人员出现在田间地头，为农户提供及时的技术指导。

六是收割。收割是一个种植季的收官之战，是种植成果展现的时刻，保质保量按时收割，是小麦抢收的关键。

近两年小麦收割季天气变化大，导致河南南北同步收割，小麦成熟后需要抢收，收割机械总是农户心头一个难题，中逸农服整合各地收割机械资源，为农户调配收割机械，保证收割的及时性以及收割质量，做到颗粒归仓，让农户享受到收获的喜悦。

中逸农服通过对小麦季服务地块产量的估测，各地产量均产：河南许昌地区亩产 1300~1500 斤，相比当地 2020 年平均数据增产 400~600 斤 / 亩；河南南阳地区亩产 1100~1300 斤，相比当地 2020 年平均数据增产 300~500 斤 / 亩；河南驻马店地区亩产 1200~1400 斤，相比当地 2020 年平均数据增产 200~400 斤 / 亩；河南周口地区亩产 1000~1200 斤，相比当地 2020 年平均数据增产 200 斤 / 亩；安徽亳州地区亩产 1100~1300 斤，相比当地 2020 年平均数据增产 100~300 斤 / 亩。根据国家统计局关于 2022 年夏粮产量数据，河南小麦均产 894.5 斤 / 亩，安徽小麦均产 805.8 斤 / 亩。中逸农服切实提高了农户的收入，农户对中逸农服的服务给予了高度的肯定。

在此基础上，中逸农业通过中逸农服链接农业产业链的上中下游，打造农业产业闭环，形成公司平台特有的商业模式：全产业链订单农业。打造全面的、独有的，具备核心价值的数据平台，涵盖百万级的农户数据，千万级的农田数据，上亿级的农作物种植数据，形成绝对核心竞争力。保证粮食安全，改善土壤质量，有助于农业现代化进程。

在发展过程中，中逸农服遇到的最主要的问题是农民的服务费用往往不能按期兑付。农户在完成收粮卖出后，不按时支付农服费用，支付时间极其不确定。另外，近些年极端天气出现的概率越来越大，面对天灾，国家对土地所有者投入大量的农业保险支持，在自然灾害发生的时候，保险金能够覆盖农户的损失，但在此情况下，农户基本不予兑现农服费用，中逸农服由于不是土地所有人，也无法在任何渠道购买农业保险对冲风险，以上种种问题的累积会给中逸农服带来较大挑战。

经验总结

中逸农业深耕大田作物种植生产领域，顺应国内农业发展趋势，通过搭建平台，将前沿的科研成果、先进的农业技术、优质的种植方案推向广大农户，经过数年的探索发展，已形成了优良品种选育、高质量化肥生产、完善服务落地的完整产业模式。

通过在不同地区对不同管理方案的探索，中逸农业深知精细化、差异化、标准化的管理才能切实提升农户种植水平、改善种植环境、提高农户收益、助力粮食稳产增产。

◎ 中逸农业与深圳市华农果品专业合作社进行技术合作种植的油蟠桃（作者摄于2022年）

专家点评

在中逸农业这个案例中看到的是一个活跃于大田种植业、直接面对广大农户的全过程服务商的追求与成效。中逸农业以现代农业科技平台为核心竞争力，深耕良种、化肥、服务三大领域，通过大田亩产的大幅提高，使农户的收入相应提高。这一做法，与新时代科学技术在产业发展中发挥更关键作用的时代潮流相顺应，也与我国农村青壮年劳动力大量流入城市、农村劳动力结构性与季节性短缺的国情背景相适应，对其发展前景理应抱有乐观的期待。对于其在发展中遇到的现实问题，主要应通过在现行体制下探索出一个企业与农户利益共享、风险共担的机制设计来加以解决。

——林家彬

云南昆明

潜心农科服务　助力乡村振兴 *

昆明王国食品集团有限公司

农民合作社是促进农民增收致富、农业生产健康发展的纽带和桥梁，在促进农业农村经济发展中发挥着十分重要的作用。然而，由于受边远山区等不利因素的制约和影响，边远山区农民合作社的健康发展举步维艰并面临着严峻的考验。

赵素留，2015 年被云南省科技厅认定为云南省科技特派员，他和他的科研创新科技特派员服务团队长期坚守在边远山区农业生产一线，对边远山区农民合作社的发展和边远山区经济发展深有感触。

一、精准对接帮扶、用心服务

由于受经营规模小、生产不规范、发展底子薄等因素的影响，边远山区的农民合作社难以走向规范化、规模化发展轨道，更难以适应现代农业经济发展的需要，针对边远山区农民合作社发展的需求和面临的困难，在经过长期调研分析了解情况及发展趋势的基础上，赵素留和他的科研创新科技特派员服务团队选择了从最基层的农民合作社入手，以科技服务为突破口，认真践行一线工作法、典型示范法、项目带动法，积极投入产业振兴、干部规划家乡行动工作。按照科技特派员工作计划，首先对口帮扶建水县福新农民合作社、元阳小新街农民合作社，在深入调查研究的基础上，结合当地农业产业结构调整和发

* 本文部分内容引自《让科技之花在更多田野上绽放》，《中国食品报》，2022 年 10 月 31 日。

展情况，积极开展新品种试验、新技术示范推广、科技培训与人才培养、基地建设等服务工作。

为了做好试验示范工作，赵素留跑县里、州里、省里等科研部门咨询请教，引进高抗病、丰产性强、适应性强的优良马铃薯、辣椒等，开展多点试验，筛选出丰产性强、表现优良、适应性强、高抗性好的新品种10个进行种植试验，最终将试验成功的6个新品种积极推荐给农户种植。赵素留深入田间地头，走进农户家庭，与农户面对面交流了解科技需求，开展咨询讲解活动，并聘请农业科技专家积极讲解、示范地膜覆盖、水肥一体、合理密植、节水节肥高质高效、生物防治等新技术新方法，将多年试验成功的20多项新技术新方法科研成果无偿分享给农户，让更多山区农户学着干、跟着干、大胆干、创造性地干。

由于受边远山区种植农户科学种植水平低和受教育程度不高等因素的制约和影响，边远山区社员农户科学种植水平低、对新鲜事物的接受能力差，导致农作物种植产量不高、品质不好、难以达到市场消费需求进而影响农业生产综合效益和山区农村经济发展，新品种、新技术、新方法难以推广示范应用，基层农技推广工作难以展开，既影响了农业生产发展，也影响了农民增收致富，针对这一突出问题，赵素留和他的科研创新科技特派员服务团队尝试用多种方式传授新技术新方法，让更多山区农户体会到科学技术就是生产力，就是种植效益，让更多先进实用技术生根发芽开花结果。为了做好农技推广工作，有效提高农户科学种植水平，他指导合作社建立了一支由主要技术带头人和科技示范种植户“土秀才、田专家”组成的40多人的农技推广团队，由科技特派员、合作社辅导员及巾帼带头人组成的20多人的科技创新团队，建成了一支“三农”工作科研创新队伍，开展“卡脖子”技术攻关活动，创制了无公害绿色食品生产技术规范、场地环境管理规范、产品质量检测标准等技术规范标准30多项，发挥农民合作社示范带动作用，积极开展“三品一标”产品认证工作，统一良种供应、统一生态轮作、统一技术规范、统一培训服务、统一技术指导、统一投入品控制、统一采收经营销售，通过大力发展绿色食品产业，获得无公害绿色食品认证6项，建立高产示范基地6个、绿色科技示范基地6个，示范面积超过5万亩，积极推行绿色生产、绿色技术、绿色管理，建成全国双创示范园区和国家出口溯源备案基地10万亩，带动辐射产业化基地建设30万亩。

通过高产示范、集成示范、科技示范、典型示范、绿色示范、党员示范，加强技术培训，新品种、新技术科技示范及推广应用，技术到田、科技入户，努力破解"示"而"不范"，"带"而"难动"的突出问题，积极打通科技服务农户"最后一公里"，不仅提高了农户的科技种植水平和规范化管理能力，还让农户充分认识到当好"新农人"，必须掌握"新农具"、学习"新农技"、了解"新农合"，才能获得"新发展"的重要性，让更多山区农户明白谁来种地、怎么种地，树立种得好、管得好、卖得好、合作好才能发展好的现代农业理念和创新发展意识。广大山区农户纷纷表示将积极加入合作社，通过抱团发展、精细管理、规范生产、规模发展实现共同富裕。

10年来，累计开展培训咨询超过100期，培训山区农民2000多人次，辐射受益农民超过10000人次，培养农产品经纪人、科技特派员等农村实用人才100名，培育种植大户、科技示范户超过500户，带动辐射受益种植农户超过30万户，提供就业机会突破30万人次。

二、拓展功能内涵，延伸服务

由于受边远山区交通不便、信息闭塞、产品信息不畅通等因素的影响，广大山区种植农户生产种植的农产品大多数采用传统的经营方式进行销售，因产、销脱节，不知道市场需要什么就生产什么，而是凭传统的经营生产种植，然后进入批发市场和零售市场，市场好时大家一起种植，市场价格下跌时大家一起倒霉，增产不增收、增收不增效的现象时有发生。

充分发挥农民合作社桥梁和纽带、示范带动、科技引领、基地建设、品牌创建、合作发展的多重作用，让更多山区农村农产品商品化、商业化、高质化、高值化，加快实现山区农村农业生产专业化、规范化、规模化、品牌化发展十分必要和重要。

由于受边远山区种植分散单打独干、产销信息不对称、营销渠道不畅通等因素的制约，卖难、买难的问题仍然存在，农户种植的农产品只能烂在田地里，农产品的食用价值和经济价值难以实现，加之新冠疫情带来的影响，大多数农产品销售面临难以想象的困难，为破解农产品滞销难题，赵素留积极联系上级有关部门，争取农产品电商直销和农村电子商务信息平台扶持项目，帮助指导农民合作社建立了电子商务信息平台，积极发布产品市场信息，探索互联网 + 农产品出村进城、产地直采、网络直销的“田头市场 + 平台营销 + 品牌 + 市场”的营销模式，展销促销、展示宣传，拓宽营销渠道，积极推行订单生产、订单种植、订单市场，将农产品顺利销往 20 多个中心城市，还出口到越南、泰国等东南亚国际市场，完善适应农产品销售的供应链运营服务体系，破解了农产品出村进城的“最后一公里”。

结合当地山区农村经济壮大新主体、搭建新平台、发展新产业助力乡村振兴的需要，先后对接帮扶建水县福新农民合作社、建水县鹏帅种植公司、建水县会和商贸公司等 10 多家农民合作社和中小企业，建立健全规章制度，完善组织保障运营管理架构，推动安全生产管理、全面质量管理及岗位工作等制度建设，制定企业发展规划，建立科技示范基地、农民田间学校和科研创新孵化平台，开展新品种新技术新工艺科研创新和农技推广，积极打造龙头企业，发挥示范带动作用，大力发展高原特色绿色食品产业，使其步入健康发展正轨。

结合农民农村创新创业发展的需要，积极聘请由国家创新创业导师、大学教授、农业科技专家、博士硕士组成的创新创业导师科技服务团队，开展创新创业大讲台、星创天地大讲堂，宣传党的强农惠农政策，传递党的温暖，增强创业活力，激发创新动力，通过专家开方、教授指导、凝练提纲、把脉问诊、精心辅导等方式，指导帮助建水县福新农民合作社等农民合作组织积极开展创业创新创意活动。通过项目路演、展示交流、专业培训、积极参赛，高原特色冬马铃薯产业化开发项目获云南农村创新创业大赛一等奖，低纬高原绿色食品马铃薯高质高效关键技术集成应用项目获云南创新创业大赛二等奖，优质早熟柑橘高质高效关键技术集成创新应用项目获云南创客中国大赛二等奖，建水小米辣绿色高产高效关键技术集成应用项目获云南农村创新创业创意三等奖。同时，几个项目还被推荐为全国双创活动周展示项目。

三、加快成果转化，创新服务

深入山村社区，进入农户家庭，奔走在田间地头，这是赵素留的常态。因为他知道，只有这样才能有更多“科技产出”，才会有更好“科技落地”，也才能有更多“科技分享”。

为加快科技创新和科研成果推广应用，实现高原特色果蔬农产品食品高值化开发利用及深加工关键技术集成创新应用，延伸产业链、拉长市场链，让更多高原特色农产品食品走上世界餐桌，赵素留带领科研创新科技特派员服务团队，积极开展“卡脖子”技术攻关和协同创新，承担和完成国家级、省级重大重点科研课题 50 多项，建立省部级工程技术研究中心及孵化平台，创制严于国家标准的企业内控标准超过 100 项，获国家科技成果登记 100 余项，取得国家发明专利等自主知识产权 50 多项。主持开发国家高新技术产品 12 项，占 2022 年云南入选高新技术产品目录总量的 1.6%。开发云南重点新产品 7 项，占云南 2022 年重点新产品总量的 2.89%。通过不断创新成果，积极推广应用，更好服务“三农”，成功走出了一条“龙头带动、创新驱动、合作互动、基地舞动、市场拉动”一二三产业融合创新协调开放共享新路子，为巩固拓展脱贫攻坚成果，全面推进乡村振兴提供了成功示范。他的经验可复制、可推广，为高原特色绿色食品产业提质增效、行业科技进步和竞争力提升，提供了科技支撑及技术储备，具有较强典型性、代表性。

作为一名云南科技特派员，赵素留始终牢记使命、秉持初心，致力于在科技服务助力脱贫攻坚和乡村振兴中不断做出新的更大的贡献。

为了选择最佳的试验区域，试验最佳的品种，他带领科研团队，经常深入到边远山区、乡村小道、田间地头开展考察调研，一去就是几个月，哪怕付出再多的艰辛和汗水也无怨无悔。

为了完成一项工艺验证，完善评价标准，获取最佳技术参数，他带领团队一直坚守在车间里，一待就是二十多个小时，甚至更长。

为了获取最佳的种植密度参数和最佳测土配方，他带领科研团队坚守在田间地头，亲自监测观察、调研分析。为了获得更多具有生产价值和科学应用价值的科研成果，无论严寒酷暑，他始终坚守在田间地头。作为一名科技特派员，他始终坚持服务“三农”工作宗旨，积极投身农业科技创新和成果推广应用工作，用心服务、真心服务，做给农户看、带着农户干，不断提升服务“三农”的工作水平，立足本职工作，按时、保质、保量完成各项工作任务。一丝不苟、一点一滴、一步一个脚印，他以强烈的大局意识、创新意识、责任意识，脚踏实地，在乡村振兴战略实施中发挥了显著的引领作用。

在科技服务山区群众的道路上，有他无畏的身影；在乡村田野上，有他竖起的鲜艳旗帜。从“万企帮万村”到“万企兴万村”，科技扶贫、产业扶贫、智力扶贫、产业振兴、人才振兴，一项又一项工作他及时完成。创新创业比赛、创客决赛、创新方法大赛，一场又一场比赛按时参赛并获奖。一个又一个科研课题按时按质完成，一个又一个技术难题获得突破，一项又一项高质化产品获得开发利用及产业化推广。

赵素留同志用实际行动，为自己的人生写下了饱满而精彩的一笔，用实际行动诠释了一名科技特派员全心全意做好服务“三农”工作的宗旨。

经验总结

本案例的主要经验和做法是：充分发挥科技特派员示范带动作用和科技创新引领作用，因地制宜结合边远山区农村经济发展需要，指导帮助农民合作社走向规范化、规模化发展轨道，加快农村实用人才培养和农技队伍建设，大力发展绿色食品产业，壮大乡村特色产业，促进农村经济发展，带动山区农民增收致富，形成可借鉴、可复制的成功经验，推动农业农村现代化发展，促进农民共同富裕，为全国乡村产业振兴提供宝贵的经验和成功示范。

◎ 赵素留在田间查看玉米长势（作者摄于2022年）

专家点评

这个案例的本质，是一位科研人员出身的企业家热心于公益事业。公益事业的目标，是帮助农民增收致富；公益事业的渠道，是借助于云南省的科技特派员制度；公益事业的对象，是农民合作社；公益事业的内容，以帮助农民合作社研发和引进先进的农业生产技术为主，兼及帮助农民合作社寻找和拓展农产品销售渠道等。兼及的部分，完全是急农民之所急、想农民之所想的结果。

如赵素留这样情怀与能力兼备的企业家不可多得，弥足珍贵。如何通过恰当的制度设计促使类似的人才更多涌现，值得相关决策者深入思考。

——林家彬

新疆乌鲁木齐

科技志愿服务 助力乡村振兴

新疆慧光创新科技开发有限公司新时代文明实践科技志愿服务团队

新疆慧光创新科技开发有限公司新时代文明实践科技志愿服务团队组织成立于 2007 年，其前身为新疆慧光生态保护公益志愿科普团队，2014 年成立乌鲁木齐市慧光新时代文明实践科技志愿服务团队（于 2021 年在中国科技志愿服务平台注册，现注册有专家学者、大学生、研究生志愿者 247 名，在新疆志愿云平台注册志愿者 202 名，从事科技培训、科技咨询、科普报告、农技服务、青少年科技教育、科普讲解等）。2007 年至 2022 年团队开展科技志愿服务品牌项目 160 项，累计开展科技志愿服务时长 63200 小时，人均每天服务时长 4.5 小时，培训农民 85210 人次，培养乡村农民科技志愿者 12130 名，参与品牌项目活动的累计受益群众 21380 人次。编写科技志愿服务活动简报 150 份。在科学技术研究与科学技术普及、农业与农村发展、乡村振兴与生态文明建设、自然生态保护与可持续发展中做出了重要贡献。如今已经建立起一支以新疆农业大学食品与药学科学学院、动物科学学院、生命科学学院、资源与环境学院、林学与园艺学院，新疆畜牧科学院，新疆农业科学院，新疆林业科学院，乌鲁木齐市畜牧水产技术推广中心，中国人民大学农业与农村发展学院等科研院校参与合作的科技志愿专家团队，多年来大力弘扬新时代志愿精神和科学家精神，广泛开展科技志愿服务，传播科学思想、倡导科学方法、普及科学知识，结合人才振兴、产业振兴、生态振兴等开展了富有成效的科技志愿服务活动，并带动更多的科技志愿者参与到建设美丽中国的行动中，在科学技术普及与科技志愿人才培养、乡村振兴与生态文明建设、自然生态保护与可持续发展方面做出了重要贡献，已经成为新疆科学技术创新与科学技术普及、社会责任与公益责任、生态文明与绿色发展、生物多样性保护与应对气候变化、巩固拓展脱贫攻坚成果同乡村振兴有效衔接的最具社会影响力和科技志愿服务最佳的重要贡献力量之一。

健康养殖能力提升科技志愿服务项目通过优秀种羊和养殖综合配套技术的推广与应用，建立高繁绵羊新品系选育群 2 个，多胎种羊达到 15000 只，多胎羊基础母羊存栏量为 1.3 万多只，示范带动养殖多胎羊 21000 只，累计增收达到 250 万元，每户实现新增收入 16000 元以上，人均增加 8000 元。该项目提高了农区多胎羊产业发展供种能力，打通了羊产业养殖技术堵点卡点，提升了农区多胎羊扩量增产，促进了羊产业提质增效。为 20000 多名各族农牧民、乡村振兴创业青年累计开展各类健康养殖科技服务活动、技术指导 160 余场次；辐射带动受益群众 18000 余人，稳定就业人员 2330 名，吸收乡村科技志愿者 78 名（含科技特派员），培养农村养殖科普带头人 3 名，建立了 5 个慧光新时代文明实践科技志愿服务工作站，两个慧光大学生科技志愿服务站。

健康养殖能力提升科技志愿服务项目区位于新疆沙漠区（塔克拉玛干沙漠、库姆塔格沙漠）腹地，沙漠化、荒漠化极为严重，气候干旱少雨，沙化土地面积大、分布广，风沙危害严重，生态资源受到严重威胁，水资源极其匮乏，生物多样性少，耕地严重盐碱化和沙漠化，环境恶劣。项目区居民有汉族、维吾尔族、哈萨克族、回族、柯尔克孜族、塔吉克族等。过去当地科技产业落后，科普知识与科技技术普及率较低，科技推广与科技成果转化程度不高，生态产业产能效能低下，经济收入不高，因此，如何引导改善当地人的汉语交流及生活水平、改善社区发展环境、帮扶解决项目区乡村产业发展振兴的关键科技问题及农区肉羊产业发展需求成为亟须解决的问题。

针对遇到的问题采取了以下解决方法：

1. 健康养殖科学素质能力提升方面。一是开展培训，通过理论紧密联系农业生产实际的培训方式，满足农牧民的实际需求，举办了针对广大农牧民的基础性知识技术培训班。二是突出重点，针对具备一定文化素质和实用技术的基层党员干部、科技示范户、农民技术员、致富带头人，举办较高层次的专业知识技术培训班。三是创新举措，培训以集中讲座为主，结合现场会、座谈会、线上培训等多种形式，创建微信群课堂、QQ 群课堂，在田间地头、牛羊圈棚等地利用新媒体开展技术指导和培训。

2. 在特色农业技术服务方面。一是牛羊高效繁育技术示范推广，即牛羊同期发情及人工授精的示范推广与技术培训，建立了科技示范户 3 个，通过技术服务使牛羊繁殖率提高了 10% 以上。二是团队组织实施开展了绵羊“两年三产”繁育技术的示范，通过科技指导传授先进水平的绵羊“两年三产”繁育技术，大幅提高了母羊产羔力。三是团队组织实施开展了牛羊科学饲养技术示范推广与培训。四是团队现场技术指导、技术培训、示范推广、辐射带动，帮助当地养殖企业、养殖工人、养殖合作社及养殖户掌握养殖技术，提升地方科技创新能力。五是利用建立的科技志愿服务站平台与科研院校专家技术支撑，培养了农牧民合作社科技志愿者服务技术人员 135 人次，先后开展科学培训 36 场、科学普及报告 7 场，提高了志愿者实践能力，锻造队伍，形成合力，为后期科技志愿者素养提升提供了智力支持。六是实施开展了农区肉羊规模化群体快速检测多胎基因和应用示范。七是开展了快速扩繁和推广多胎羊、羊的提纯复壮、品种培育方面创造前所未有的现代技术支撑。八是开展了对农区专用品种培（选）育、良种繁育、群体改良、示范基地培育、技术培训。九是开展共性技术和关键技术研究、集成、试验和示范。十是通过印制宣传挂图，发放科普资料，指导科普图书阅览，讲解科普知识，开展农技咨询等方式积极开展科技科普宣传教育。累计发放科普包 3280 份，科普资料 2800 余份，生态养殖、种植科普知识读本 3600 余本。

3. 特点和亮点。项目培训围绕肉羊、肉牛、家禽高效繁育、营养调控、疫病防治等技术方面开展了专题培训。内容涵盖了多胎羊饲养管理、种羊选种选配、饲草料加工、牛羊疫病防治、牛羊肉加工、机械剪毛等理论性广、实用性强的现场技术培训和服务指导。培训以理论结合实操的方式开展，专家用通俗易懂的语言给参训学员进行了授课讲解，现场解答学员在养殖方面存在的疑感，传授了养殖经验，并为学员发放了汉维双语的实用养殖技术手册。

项目聚焦提高农民科学素质、增收致富，建立了常下乡、常在乡的科技服务机制，传播健康养殖知识，打造生态文明乡村，着力解决了新疆乡村产业发展振兴的关键科技问题。

4. 阶段性成果。项目建立了高繁绵羊新品系选育群 1 个，通过优秀种羊和养殖综合配套技术的推广与应用示范带动养殖多胎羊 20000 只，每户实现新增收入 16000 元以上，通过项目提高了农区多胎羊产业发展供种能力，提升了农区多胎羊扩量增产，促进了羊产业提质增效，着力解决了新疆乡村产业发展振兴的关键科技问题及农区肉羊产业发展需求。

健康养殖能力提升科技志愿服务项目使项目区草场退化沙化、生态环境恶化的局面得到根本改变，对草地降碳，实现碳中和，应对气候变化和生物多样性保护，为农民科学素质提高、促进新时代社会主义新农村及生态文明建设，在推动建设更可持续的生态文明乡村社区，实现美丽中国目标，为美丽乡村建设及农村农业环境保护，维护当地生态平衡，建设天更蓝山更绿水更清的美丽新疆，促进人与自然和谐共生命运共同体做出了突出贡献。

该科技志愿服务项目 2022 年 4 月入选中国科学技术协会 2021 年度科技志愿服务先进典型名单、入围中宣部 2021 年度“四个 100”最佳科技志愿服务项目先进典型，同时获得“2021 中国社会影响力大奖”环境保护奖、获得第十一届公益节公益年度人物奖。2022 年 5 月自治区科技活动周由自治区科技厅、自治区党委宣传部、自治区科协联合授予新疆慧光创新科技开发有限公司新时代文明实践科技志愿服务团队新疆维吾尔自治区科技志愿服务队旗 。

经验总结

健康养殖能力提升科技志愿服务项目采取征集农牧民亟须解决的技术问题，及时把握各类生产和科技需求，及时修订培训内容及科技服务方向。培训以集中讲座为主，结合现场会、座谈会等多种形式，力求使学员在培训中掌握一门产业实用技术，发挥技术能手、致富大户的示范引领作用，让更多村民学习加工技能，带动村民就业创业，确保培训活动取得实效。同时，建立健全科技培训工作机制，完善工作方案，分批组织专业教师开展培训，形成长效化工作机制，确保培训取得实效。

为更好实施此项目，除成立强大的科技团队作为支撑外，还与新疆维吾尔自治区科学技术协会、乌鲁木齐市科学技术协会和乌鲁木齐县科学技术协会建立了良好合作联系机制，紧紧贴近科协系统服务宗旨，及时动员组织林果合作社、农技人员等积极参与服务活动，大力宣传，营造科技助力乡村振兴行动的良好氛围。

项目实施促进新疆慧光创新科技开发有限公司科技志愿服务制度化、规范化、常态化，推动传播科学知识，更好地服务基层科技科普，提升群众科学文化素质，团结科研院校广大科技工作者积极投身科技志愿服务行动，进一步助推科技志愿服务发展。

◎ 健康养殖能力提升科技志愿服务项目活动现场（作者摄于 2022 年）

专家点评

本案例具有两个值得称道的亮点：一是项目的主体是志愿者组织，是具有民间性、自愿性、自主性特征的公益活动；二是项目内容是发挥志愿者团队的自身优势，以实用科技知识的传播普及为手段助力乡村产业振兴。

在我国总体上成为中等收入国家之后，无论是之前的脱贫攻坚还是现在的乡村振兴，原本都应是志愿公益活动蓬勃开展的领域。但由于政府组织了大规模的各类对口帮扶行动，这个领域中的公益活动相对式微。本案例持续15 年的实践表明，只要政府相关部门给予支持和引导，提供顺畅的渠道，公益活动仍是大有可为。

乡村产业振兴离不开先进实用技术的推广应用。本案例的项目团队主要由高校涉农相关专业师生及科研机构专业人员组成，开展农牧业科技推广活动既得心应手，也顺理成章。这样一条乡村产业振兴路径是值得重视和推广的。

——林家彬

湖北恩施

科技与技能双赋能　一片绿叶带富一方百姓

湖北一红一绿茶业科技集团有限公司

恩施种茶制茶历史悠久，茶文化底蕴深厚，是万里茶道的源头之一，保存了原生态的民族茶食、茶饮、茶俗、茶事、茶礼，创造了绚丽多姿的恩施硒茶文化。恩施州是中国重要的优质茶叶产区，茶园面积180万亩，规模位居全省第一、全国地市级产茶区第四，形成了以绿茶、红茶为主，青茶、黑茶、白茶为辅，藤茶等特种茶为补充的多品类产品格局。尤其是继承非物质文化遗产传统蒸青技艺的恩施玉露，条索挺直如针，色泽翠绿如玉，汤色嫩绿明亮，香气清高持久。还有利川红，外形细紧苗直，色泽乌润，金毫显露，具有“玛瑙红、花蜜香、冷后浑”的品质特征。2021年干毛茶总产量13万吨，综合产值200亿元，茶叶收入占茶农人均可支配收入的45.6%。以恩施玉露、利川红为代表的恩施硒茶红遍大江南北、享誉全国茶界。

当前，恩施茶生长环境好、内在品质优、文化底蕴深、产业基础好，尤其是近年来取得了长足的发展，在某些方面甚至具备了一定的比较优势，但和茶产业发展先进地区相比，在技术、人才、品牌，尤其是营销方面还存在一定差距，需要引起重视，加以改进。

当前国家正在实行乡村振兴战略，恩施州人民政府响应国家政策，发布了恩施州“十四五”发展规划，其中包括了硒茶产业，助力恩施州乡村振兴发展。现在硒茶产业的发展空间广阔，此时正是发展硒茶产业的好时机。在各级党委、政府和相关部门的高度重视和恩施州上下的共同努力下，恩施硒茶产业现已成为全州农业农村经济的支柱产业和乡村振兴的先锋产业。2018年在湖北武汉东湖茶叙上，外国元首为“一红一绿”点赞，恩施硒茶成为茶界网红，助力茶农使“茶篮子变成钱袋子”。全州茶产业发展已进入提档升级的关键时期，拓宽恩施硒茶产业链，提升恩施硒茶品牌科技含量，是恩施走出硒茶全链发展新步伐的关键。

恩施茶产业在发展过程中遇到了以下问题：

1. 茶叶资源产出效率低。恩施茶园面积大、产量高、品类多，但茶叶资源产出整体效益偏低，夏秋茶利用率低。全州茶叶亩均产量 86 千克，是全国平均的 127.86%、浙江的 148.35%，但亩均农业产值只有 2760 元，是全国平均的 61.54%、浙江的 58.17%。

2. 茶产业人才队伍弱小。近年来，恩施加强了企业专业技能人才的培训力度，但是企业过于依赖政府项目培训，主动参加有针对性的专业培训少，全州茶产业人才队伍依然存在知识层次低、数量不足、结构不合理等问题，尤其是懂茶知茶的技术型、管理型、营销型专业人才，审评师、茶艺师等实用人才严重缺乏，不能完全满足茶产业转型发展的需要。

3. 产业融合发展处于初级阶段。随着近几年的大力发展，恩施茶叶种植、加工在省内乃至全国具备一定的竞争优势，但在传统茶叶销售之外，茶叶衍生产品的创新与探索、销售的产业链延展不够，茶科技方面的探索尚缺一批能够带动产业发展的科研成果，三茶（茶文化、茶产业、茶科技）融合处于摸索阶段，没有形成生产力的转化，亟待整合发展。

为解决以上问题，湖北一红一绿茶业科技集团有限公司采取了以下对策：

1. 加快培养高技能人才队伍，加大茶文化推广力度。2018 年，湖北一红一绿茶业科技集团有限公司与湖北恩施学院采用产教融合、校企合作的模式创办硒茶学院，硒茶学院应恩施硒茶产业发展需求而生，2022 年已是中国农业科学院茶叶研究所培训服务点、湖北省技能大师工作室、恩施州农业农村局定点培训机构、恩施市职业技能定点培训机构，也是湖北省人社厅指定的茶艺师、评茶员、茶叶加工职业技能等级认定机构。

硒茶学院始终坚持扎根恩施、服务恩施、发展恩施，积极开展茶业职业技能人才培训、评价工作，在人才培养、茶文化推广方面取得突出成效，多次承担政府部门组织的茶业技能竞赛活动，以赛促教、以赛促学、以赛促建，培养了一大批高素质茶业技能人才。

2. 创新茶科技，延长硒茶产业链。硒茶学院与中国农业科学院茶叶研究所签订了《人才培养战略合作框架协议》，在恩施州落地尹军峰专家工作站，依托中国农业科学院茶叶研究所技术指导建立新茶饮研究工作站，结合恩施硒茶特色，硒茶学院开发出一系列延长恩施硒茶产业链的茶叶精深加工产品：茶粉、新茶饮、茶口红、茶牙膏、茶护肤品、茶洗浴用品等，创立了湖北本土第一个新茶饮品牌“一红一绿”，将茶文化、茶产业、茶科技有机融合，率先开启湖北新式茶饮千亿级市场赛道，并将新式调饮与恩施硒茶有机融合，让恩施硒茶，硒“饮”天下。

通过多年的努力，取得了以下成效：

作为服务地方经济的特色产业学院，硒茶学院实现茶文化进机关、进企业、进学校、进茶楼、进景区的茶文化五进工程，为恩施州培养了湖北省技术能手 8 人、国家一级高级技师 72 人，国家二级技师 39 人，国家高级茶艺师、评茶员 100 余人，培养产业致富带头人、高素质农民 1000 余人，培养专业的持证茶艺师、评茶员、茶叶加工工人 2000 余人；培训机关和企事业单位、学校学生等茶文化爱好者 15000 余人，带动就业 10000 余人。

硒茶学院多次承办斗茶赛以及茶业职业技能大赛，培养的多名青年技能人才成为企业技能骨干，在各类技能竞赛中取得优异成绩，通过大赛遴选直接晋升高级和技师资质的优秀技能人才 80 余人。自 2019 年开始，连续 4 年承办恩施硒茶斗茶大赛暨茶业职业技能大赛、英山茶文化旅游节暨“我是茶仙子”茶艺表演赛、2021 年“湖北工匠杯”技能大赛——湖北省第十一届茶业职业技能大赛，硒茶学院与时俱进，不断提高，主动按照国赛、省赛技术标准承办每一场大赛，受到业内广泛认可。2020 年，硒茶学院选送的选手参加省赛，1 人获得湖北省技术能手称号；2021 年，“湖北工匠杯”技能大赛——湖北省第十一届茶业职业技能大赛中，硒茶学院培养的选手有 5 人获得湖北省技术能手称号。

硒茶学院师生还积极参与恩施硒茶的推广活动，先后两次参与了外交部湖北全球特别推介会、中东欧国家 16+1 国家协调员合作文化交流会等，还通过国务院新闻办公室、学习强国等平台向中国以及全世界推介恩施硒茶。2018 年在外交部蓝色大厅举办的湖北全球特别推介会，硒茶学院师生面向全世界 300 余名驻华使节推介了恩施玉露，2019 年在国务院新闻办公室举办的以长江经济带建设与湖北高质量发展为主题的湖北专场新闻发布会上，硒茶学院师生高水平地展现了巴楚的独特魅力，为展示湖北良好形象做出了积极的贡献；2021 年硒茶学院何洁院长再次受邀参加外交部湖北全球推介会，为恩施硒茶走向世界再添助力。

2021 年，《湖北日报》出了一篇报道——“恩施率先泡出湖北网红茶”，这是“一红一绿”新茶饮产品的首次亮相，以新茶饮、茶日化产品为切入点，“一红一绿”新茶饮门店打破了传统茶馆和其他新茶饮店的经营模式，创立了结合传统茶、新茶饮、茶食品、茶日化加工产品销售和茶艺服务为一体的体验店。将每一款新茶饮和茶日化产品融入特色品牌推广点，这也是“一红一绿”新茶饮产品跟其他新茶饮的差异化优势所在。同时，以技能培训为基础，践行“1+X+N”模式，即以一个专家工作站，带动 X 名高技能人才、致富带头人，辐射 N 个区域，实现技术全覆盖，为传统茶行业“去库存”，提升茶产业科技含量，打破地域限制，推动茶文化创意产业的发展，有效地延长产业链。

经验总结

1. 打造全产业链科技支撑体系。依托中国农业科学院茶叶研究所，落地专家工作站，积极发挥硒茶学院作为特色产业学院的人才培养与孵化作用，常年开展茶业职业技能竞赛活动，全州茶叶专业人才队伍不断壮大，科技支撑能力逐步增强。

2. 加快开发时尚化消费品。这是一个全新的消费时代，必须善于策划新的消费品类、消费场景、消费业态。湖北一红一绿茶业科技集团有限公司将加快开发新茶品、新茶饮，加快发展新产业、新业态，下决心引进科研人才和培育市场主体，挖掘饮料类茶品、食品添加类茶品、日化类茶品等时尚消费品市场潜力，培育新的消费空间。

3. 用技能与科技为品牌赋能。茶首先是农产品。农产品要卖什么？商品—有品牌的商品—有文化、科技灵魂的商品。通过高技能人才培养，以文化传播与科技内涵为品牌赋能，在科技跟文化联动的背景下，把文化做好，实现产品增值。

4. 不断创新，开发拓展年轻消费群体。新茶饮的快速发展，给传统茶做年轻化市场打造了一个样板，紧跟时代发展需求，做到产品创新、场景创新和经营业态的创新，围绕社交、电商、数字化、定制等方式，通过各种新玩法，去吸引消费者，给消费者传播茶的一些理念，开拓年轻消费群体。

5. 做精做强传统茶业的基础上，做广做大跨界茶。这两个茶是相辅相成的，把上游做好为下游服务，把下游做好促进上游发展。把资源、文化、科技，通过碰撞，形成真正具有恩施地域特色的产品，真正把恩施茶产业做大做

◎ 硒茶学院何洁院长受邀参加外交部2018湖北全球推介会（作者摄于2018年）

强。根据自身优势把各自的优势发挥好，才能真正让茶产业从“红海”走向“蓝海”。

一片绿叶带富一方百姓。湖北一红一绿茶业科技集团有限公司致力于将茶产业作为绿色生态产业、特色优势产业，坚持“种茶只种生态茶，做茶只做匠心茶，卖茶只卖良心茶”，绿茶、红茶、白茶、黑茶、青茶等茶类竞相发展，抹茶、调饮茶、茶日化产品等新兴产业健康成长，评茶、斗茶、饮茶、品茶、茶艺、茶文创等茶衍生文化行业生机蓬勃，恩施正从茶业大州向茶业强州蜕变。全州茶园面积超过 180 万亩，基地规模稳居全国地市级第四位、湖北首位，年产干茶超过 13 万吨，综合产值超过 200 亿元，80 万茶农过上更加富足的生活。

专家点评

茶叶产业在恩施州的乡村振兴中，是绿色生态产业、特色优势产业，于全州乡村区域覆盖面广，涉及当地 80 万茶农。当地在做强茶叶产业的方向和实施措施上，形成的基本经验很突出，值得一些地区借鉴。

在产品开拓上，一是提升主产品的内在质量，把含硒、有机做真做实，使恩施硒茶名副其实，名扬天下；二是拓宽加工产品，挖掘饮料类茶品、食品添加类茶品、日化类茶品等时尚消费品市场潜力，适应需求潮流的变化，培育新的消费空间。

在产业支持上，一是通过引进、合作等多种方式，把先进技术投入作为关键；二是建立多层次技术研发、应用推广和指导的队伍，使科技投入成为茶产业创新发展的可持续支撑。

——袁崇法

吉林白城

数字科技赋能　助力农业现代化

中农阳光（白城）数据有限公司

洮北区“数字洮北·智慧城乡”综合服务平台，利用卫星遥感、物联网、人工智能、大数据、云计算等技术以数字乡村的全新应用为目标，建设“星联网”“空联网”“气联网”“视联网”和“地联网”五位一体全域立体化“数联网”智能监测网络，形成规划、监测、预警、评估、执法等信息化联动机制，实现数字乡村全场景“一张网”式智能监管与服务。

该平台于2021年5月在白城市洮北区落地。一期建设规模上线，实现了村屯、矿产、雪寒韭菜基地、稻米基地、河湖等区域的重点覆盖：卫星遥感全域覆盖；硬件方面建设智能监测点145个；软件方面建设智脑4个、智眼4个、手机端App 1个；搭建现代化综合指挥管理中心1个，可以对各个子系统进行指挥、调度、监控、预警并进行远程调度，同时可以远程查看重大事项的实时处理进展。目标是将指挥中心设计成为一个具有多种功能的综合性的信息资源交流场所。

该平台自上线以来，在智慧农业、智慧水利、智慧矿产、智慧经开4个服务模块项下共计11个子服务模块，实现智能预警、精准执行，提高巡查效率的同时，降低巡查成本。同时该平台受到洮北区政务服务局、农业农村局、水利局、自然资源局的一致好评。

该平台在发展之初，遇到许多问题：

1. 踏查选点。一套完整的“智慧城乡”综合服务平台在有软件的基础上，缺少不了硬件的支撑。在规划建设时基站的选点，现场踏查尤其重要，数据监测站的准确落成是数据采集的基础，通过现场可分析该区域适合建设的塔形、高度，以及安装的设备等多种信息的确认。

2. 数据采集。洮北区“数字洮北·智慧城乡”综合服务平台的宗旨是让数据赋能，带动城乡发展。数据是服务开始的基础，农村具有面积广、数据来源少、地形多变、植被茂密遮挡信号等自然特点，往往在信息基础采集上具备一定难度。

3. 数据融合。综合服务平台在掌握多项技术的前提下，如何将多种技术融合应用是最为关键的地方。

针对以上问题，中农阳光（白城）数据有限公司采取以下对策：

在智能监测站的建设上，洮北区“数字洮北·智慧城乡”综合服务平台与中国铁塔在智慧城乡领域达成了全国独家合作的意向，利用铁塔的位置及传输优势布设智能监测站，保证数据精准、高效。同时，服务区域没有铁塔站的情况下，平台还采取了自建站的方式，根据服务需求的不同，设立不同高度的自建站用于挂载相关设备。

在数据采集方面，“数字洮北·智慧城乡”综合服务平台具备基于AI+“星空气视地”天空地一体化物联网采集能力，保证数据准确、有效。其中，“星”是指由国家国防科工局高分办授予的高分卫星企业专线，可以实时接收高分辨率卫星全球范围内数据；“空”是指利用无人机航拍实现街景拍摄、监控巡察；“气”是指通过气象采集设备对各项数据进行监测；“视”是指利用高清摄像头对周边20平方公里进行全覆盖影像监测；“地”是指利用地面传感器对土壤墒情、水质进行监测。综合“星空气视地”五位一体技术，完成数据采集与获取。

在数据融合处理方面，该平台拥有由院士领衔，北京大学、中国人民大学、中国农业大学、哈尔滨工业大学、中国人民解放军空军工程大学等高校人才组成的经营管理技术团队，“星空气视地”五大领域专家团队作为强有力的技术支撑和科技保障，解决数据融合应用难题。该平台以AI技术为核心，融合卫星遥感及影像识别、地表识别、气象识别、光谱识别等技术，实现数据处理，多源数据相互融合、互相校验。

通过多年的努力，取得以下成效：

应用了智能卫星遥感技术、智能气象站技术、智能监测技术。构建起“星气视”综合智能感监测体系，依托综合服务平台以及各业务子平台，为洮北区提供专项治理、宏观施政、统筹协调、精准作业的综合性服务体系，最终实现为洮北区提供农业特色农产品产地、品质溯源，自然资源智能监管保护，水利智能巡查预警，经开区智慧安防等服务，同时搭建区级城乡指挥中心，依托覆盖城乡的智能检测体系，实现为城乡数据统筹管理、宏观管控、应急指挥、精准施政等功能提供优质服务。实现智能执法、精准执法，提高执法效率，降低执法成本。

智慧农业方面，通过应用“数字洮北·智慧城乡”平台实现了洮北区 800 公顷[①]稻米基地以及雪寒韭菜基地 7 个试点大棚内的精细农业管理，实现了水稻和雪寒韭菜的数字化远程监测，智能摄像头可监测作物从种到收的实时生长环境。通过智能传感器设备实时对空气温度、降雨量、日照、水的 pH 值、水的温度、土壤温度、土壤湿度、土壤氮含量、土壤磷含量、土壤钾含量、土壤 pH 值、土壤电导率进行监测并回传数据，实现了按照稻米和雪寒韭菜的生产标准量身定做的种植智能化监控模式，实现了种植的农业现代化，实现了农业灾害的智能预警与及时防治，实现了农业生长状况及产量的精准监测与评估，根据微量元素的指标上下限值来指导农民种植，达到降低成本、提高品质、促进品牌打造和农产品附加值的提升。

每周提交一份工作简报，内容包括一周内的气候变化，作物的长势、作物分布情况。

自然资源监测方面，监测站覆盖 961 平方公里。实现部分区域矿产资源智慧监测、智能报警，对违法破坏耕地采砂及运输行为进行智能监控，对私搭乱建、非农事活动进行自动监控设置和抓拍上报预警。实现对私搭乱建违法行为进行智能监管。减少人工巡查次数，提高巡查效率，降低巡查成本。

---

① 1 公顷 =10000 平方米。

通过应用“数字洮北·智慧城乡”平台实现了部分区域的实时监测，通过实时监测，达到了自然资源不被破坏、百姓不被处罚的管理模式。

每周提交一份工作简报，内容为根据矿产资源保护、私搭乱建、非农事活动等违法抓拍行为。统计一周内的常规识别影像、异常识别影像次数以及部分影像案例和实际情况分析建议等。

智慧水利方面，实现了对葛连泡、西葛连泡、白城东湖、月牙湖的泡塘监测，同时可监测洮儿河、老旱河、新开河，共计建设 20 余个监测站，实现监测范围达到 512 平方公里；通过中农阳光（白城）数据有限公司研发的“点地找头”功能，提供点选地图上任何一个地块，查看该地块实时监控影像功能；自动匹配距离该地块最近的监测站；对部分泡塘设立电子围栏、建立监控站，监控垃圾乱倒等行为，并实现在防汛抗旱时期对湖泡进行实时智能管控、巡查和报警。

对重要路口堤段建立监控站。对防洪、防汛、违法采砂、垃圾乱倒等进行智能管控、巡查、报警。水利局工作人员，配备智能巡查 App，实现智能巡查、精准检查，减少人工巡查次数，提高巡查效率，降低巡查成本。

每周提交一份工作简报，内容包括对降水的识别和分析、防汛抗旱，对违法采砂、河道四乱等违法行为一周内统计的常规识别影像、异常识别影像次数以及部分影像案例和实际情况进行分析、提出建议等。

经开区方面，建立两个点位的职能安防监测，实现对区域安防智能监测、报警。经开区安防执法人员，配备“智能检查执法 App”，实现智能执法、精准执法，提高执法效率，降低执法成本。减少人工巡查次数，提高巡查效率，降低巡查成本。

每周提交一份工作简报，内容包括安全巡查，路灯、路面等设施设备的巡查识别和抓拍。一周内统计的常规识别影像、异常识别影像次数以及部分影像案例和实际情况的分析建议等。

指挥中心方面，为保质保量提供数据采购服务，中农阳光（白城）数据有限公司在原有场地基础上通过改造、装修、集成，配备有显示屏、音频、视频、多媒体、集中控制、通信、电脑网络和照明等多个子系统。搭建现代化“洮北区综合指挥管理中心”。对各个子系统进行指挥、调度、监控、预警。可进行远程指挥调度，可远程查看重大事项的实时处理进展。目标是将“数字洮北·智慧城乡”综合指挥中心设计成为一个具有多种功能的综合性的信息资源交流场所。

建立区级指挥中心平台，实现数据统筹、精准施政、宏观管控、应急指挥等功能，有效解决当前在农业生产现代化、乡村治理现代化等政务管理的痛点和难点问题，实现洮北区乡村振兴和农业农村现代化发展的战略目标。

经验总结

洮北区“数字洮北·智慧城乡”平台项目经过运行，达到了预期的目标，并积累了较为丰富的经验。项目综合各方资源优势、集成各类先进技术、以市场为杠杆促进发展、以数据为核心引领未来，对智慧管理、智慧农业建设具有一定的参考借鉴意义。

1. 模式新。项目采用的企业投资建设并提供服务，政府购买服务的建设和运营模式，是智慧管理、智慧农业综合服务的创新模式。该模式以市场杠杆促进服务，具有以下优点：一是良好的持续性，企业提供持续的服务，才能获取持续的收益；二是确保了服务的质量，企业只有提供了优质的服务，才能通过政府的绩效考核；三是政府减少了前期投入，以较小的投资即可获取服务。

2. 效益好。项目通过运行，取得了较好的经济效益和社会效益。在经济效益方面，通过数联网实现生产体系的科技化和统一化，实现雪寒韭菜的标准化生产；通过数据化实现雪寒韭菜的生产过程溯源，实现数据化直播带货，拓增销量。在社会效益方面，该项目在乡村振兴战略和数字农业战略的背景下建设，并且符合吉林省总体要求和发展方向，对加快农业信息化建设、智能化数据服务、提高防灾增产能力等有良好的推动作用。同时，项目实现了雪寒韭菜基地的精细农业管理，实现了按照雪寒韭菜生产标准量身定做的雪寒韭菜种植智能化监控模式。

3. 可复制。卫星遥感天网服务不受地域与行业限制，与中国铁塔合作地网按照“万站一标”原则建设，已经完成吉林省《基于通信铁塔的农业气象灾害智能监测站建设规范》标准制定，能够快速实现全市、全省、全国性、多领域复制推广。2022 年项目服务已在吉林省白城市洮北区、山西省大同市云州区、山东省潍坊市大家洼街道进行了复制推广，并已与 10 余个市县（区）达成了合作意向。

专家点评

洮北区“数字洮北·智慧城乡”综合服务平台，利用卫星遥感、物联网、人工智能、大数据、云计算等技术实现数字乡村全场景“一张网”式智能监管与服务。

洮北区通过应用“数字洮北·智慧城乡”平台实现了 800 公顷稻米基地以及雪寒韭菜基地 7 个试点大棚内的精细农业管理，实现了水稻和雪寒韭菜的数字化远程监测，智能摄像头可监测作物从种到收的实时生长环境，实现了提高品质、促进品牌打造和农产品附加值的提升。

数字化管理是一个趋势，是实现现代化管理的有效手段。洮北区积累了较为丰富的经验，具有一定的参考借鉴意义。项目采用的“企业投资建设并提供服务，政府购买服务”的建设和运营模式，是智慧管理、智慧农业综合服务的创新模式。

——肖金成

第五章
品牌建设助力产业振兴

河北邢台

擦亮金沙河品牌　促进一二三产业融合

河北金沙河面业集团有限责任公司

金沙河集团现有员工 6700 余名，日处理小麦 20000 吨，有 100 条挂面生产线，日生产挂面 5000 吨。挂面产销量全国排名第一，面粉产销量全国排名第五。总部位于地处冀鲁豫三省中心地带的邢台市，这一地区是国家优质小麦生产基地，为公司提供了优质的粮源，确保了挂面的麦香味，口感劲道爽滑。金沙河集团不断完善公司营销网络，使公司销售和服务覆盖区域越来越大，随着市场占有率的提高，金沙河产品品牌在广大客户心目中的地位和价值与日俱增。

在品牌建设、策划和推广方面，公司一贯坚持深入浅出的策略，不断提高品牌知名度、美誉度、忠诚度。公司相继通过 ISO 9001 质量管理体系认证、ISO 14001 环境管理体系认证、HACCP 食品安全管理体系认证，绿色食品和有机食品认证，并先后获得邢台市政府质量奖、河北省政府质量奖、中国名牌产品、中国驰名商标、农业产品产业化国家重点龙头企业等荣誉。经中国粮食行业协会专项调查，被评为 2020 年中国挂面加工企业 12 强、2020 年中国小麦粉加工企业 50 强。

2019—2021 年金沙河集团挂面产销量呈递增趋势，2020 年突破 150 万吨，市场占有率达到 18%，出口额 68 万美元也创新高。同时顾客满意度、员工满意度也连年上升，在环保和安全方面 2019—2021 年未发生重大事故，集团发展平稳向好。

公司围绕顾客建立了完善的市场营销和服务网络，通过不断技术创新与管理创新，特别是“互联网 +”思维下的商业模式创新，为顾客创造长期价值而获得不断的成功。

金沙河集团始终坚持为员工创造福利、为客户创造价值、为大众创造健康、为社会创造和谐的使命，通过 30 余年的努力，2022 年集团拥有 5000 余名优秀经销商，产品畅销全国各地，进入了沃尔玛、家乐福、大润发、华润万家、乐购等卖场，并远销欧洲、美洲、大洋洲、非洲的 70 多个国家和地区。

公司在发展过程中遇到了如下问题：当前我国粮食生产效率低下的主要原因在于以分散的小农户为种植经营主体，由于规模小，难以发挥出我国已经拥有的现代化农业生产力水平，生产效率低，产量低。规模化发展成为我国现代农业转型发展的必由之路。面对日益增长的农产品加工需求，金沙河集团紧抓市场机遇，通过引进先进设备和与科研院所合作研发等方式，提升深加工能力，做长、做强农业产业链。同时金沙河农作物种植专业合作社实行以二产为主导的一二三产业融合发展模式，金沙河集团利用其良好的信誉、现金流、大量固定资产和自有资金，为金沙河农作物种植专业合作社提供充足的低成本资金资源，以满足合作社在土地流转、农田基础设施建设、农机、良种、新技术推广等方面的资金需求，这样合作社发展就拥有了得天独厚的优势和便利，其规模扩张完全不受资金限制，能够在更高规模水平上释放被小农生产方式制约的农业潜在生产力。金沙河农作物种植专业合作社仍然可以进一步提高农业生产力水平，提高劳动生产率，规模化发展仍有不可估量的广阔发展空间。

针对以上问题，金沙河集团采取了如下解决方法：协同金沙河农作物种植专业合作社、金沙河佛照山开发项目、金沙河红薯岭田园综合体项目构建组织保障体系与利益联结机制，促进其区域内部资源协同配置，农业企业品牌和农产品品牌相互促进、共同发展，引领带动了当地农业农村经济高质量发展。

一、金沙河农作物种植专业合作社

金沙河农作物种植专业合作社成立于 2012 年，在国家土地流转政策的支持下，金沙河农作物种植专业合作社开始探索一二三产业融合发展的道路，

2022年金沙河农作物种植专业合作社共涉及两省三县7个乡镇31个行政村7106个土地承包户。

多年来金沙河农作物种植专业合作社通过培育职业农民队伍、科学种地精耕细作、良种试验改善种植结构、研发软件智慧化管理等方式，实现了一二三产业融合利益联结、多方主体受益。伴随着合作社经营模式的创新，也极大地调动了农户的种植积极性。

1. 固定地租模式，企业投入资金、技术服务，职业农民投工，最终企业和职业农民风险共担、五五分红。

2. 股权联盟模式，企业提供资金担保、技术服务，职业农民投资、投工、入股，农户以土地经营权入股，最终农户和职业农民风险共担、按比例分红。

3. 服务联合模式，企业提供农资采购、技术指导、仓储运输、农机设施等服务，大农户自负盈亏，同等条件优先采购大农户粮食。

金沙河农作物种植专业合作社的成立也为金沙河品牌的发展夯实了基础，有了自己的原料供应基地，公司在挂面外包装上印刷溯源码，凡是购买金沙河牌挂面的人就能通过手机扫码了解到小麦从种植到加工的一系列信息，从源头上把控，增强产品、地域、品牌和信誉的保护，使金沙河品牌的含金量更高。金沙河农作物种植专业合作社实行统一品种、统一技术、统一管理、统一农资、统一储存、统一销售的六统一管理模式，通过这种方式，严格控制农药肥料的使用，确保小麦品质达到国家食品安全标准，也为合作社标准化、制度化的管理提供了依据，并为以后认证有机食品示范中心做好准备。同时金沙河的品牌效应也给合作社农户带来实惠，提高了农产品的附加值，产品销售额越高，农户得到的年底分红越多。

金沙河农作物种植专业合作社始终遵循从规模化的增量收益中获益，不但不与民争利，而且在一产和三产中建立向内部各主体农民倾斜的利益保护机制。同时为了确保农户对财务的知情权，开发了“农事宝”，利用信息化的手段将所有金沙河农作物种植专业合作社财务对内部各主体农民公开。金沙河农作物种植专业合作社还坚持将农户的地租、股份分红直接由合作社转入农户社保账户，减小农户收益流失的可能。多年来，金沙河农作物种植专业合作社地租农户和股权农户从合作社获得的土地流转收益远远高于流转给种植大户或小规模合作社的收益。因此，每年有很多农户要求加入金沙河农作物种植专业合作社，从未有农户为收益问题与合作社产生纠纷。金沙河农作物种植专业合作社扩大规模的障碍主要是职业农民数量不足，下一步将增加职业农民培训数量，使更多农户加入合作社，进一步扩大土地规模。

二、金沙河佛照山开发项目

金沙河集团在 2011 年 11 月按照村企共建的要求，与白庄村村委确定共同开发佛照山生态经济观光园，在发展服务业的同时更好地宣传公司品牌发展，截至 2020 年 8 月已经累计投资 2500 万元。

金沙河集团在承包了白庄村佛照山以后，贯彻落实退耕还林的政策，两年内将土地全部植树绿化，为保证山林更好地恢复，将村民放养的山羊全部买了下来防止植被破坏。在佛照山修缮河道、平整土地、砌墙垒坝，增加果树种植面积，在秋季还会陆续为村民建设售卖商品的商铺改善村民经营环境，将景区内原有的水泥路翻修成柏油路面，增设路灯、护栏、指示牌、厕所等基础设施，将佛照山打造成一个休闲旅游的景点。

建设改造过程中把金沙河的品牌文化注入佛照山旅游的吃、住、行、游、购、娱各环节，既提升旅游景点的品位、丰富旅游的内涵，也将当地的景点注入品牌文化建设，拓宽品牌传播展示的渠道和覆盖面，利用工业旅游和休闲旅游相结合的方式让大家近距离地感受到“金沙河”的品牌文化。

三、金沙河红薯岭田园综合体项目

金沙河红薯岭田园综合体项目位于河北省沙河市西部丘陵地带十里亭镇，该镇属于半丘陵地貌，因长年开采煤铁矿引起土地的开裂变形，大片耕地变为高低不平的塌陷区。塌陷区农户纷纷弃耕外出务工，承包土地大量闲置撂荒。2018 年在沙河市政府力邀之下，金沙河集团在沙河市成立河北红薯岭农业开发有限公司、金沙河红薯种植专业合作社，主要探索红薯、油菜、油葵等特色农产品种植、加工、旅游一二三产业融合发展模式。

多年来，金沙河集团取得如下成效：通过金沙河农作物种植专业合作社的规模化、机械化、科学化种植，使得平均亩产增加 100 公斤粮食，耕地增加了 2%，生产投入降低了 10%；农民也从靠天吃饭的传统农业生产转变为月月领工资的职业农民，人均年收入达到了 12 万多元，一产增收，使企业和农民形成利益联结，带动农民增收致富。2018 年，金沙河农作物种植专业合作社共支付服务费 76.58 万元，涉及 5 个乡镇 22 个村（其中 6 个贫困村，97 户贫困户 181 名贫困人口）。2019 年共支付 93.2 万元，涉及 27 个行政村。

通过金沙河佛照山的开发建设，为白庄村及周边村庄提供了更多的就业机会和赚钱的途径，村民收入增加，生活水平明显提升，也使金沙河品牌深入人心，提高了品牌知名度。沙河市佛照山荒山综合开发有限责任公司将流转过来的土地开辟成果园，再承包给村民种植管理。2022 年白庄村承包种植果园农户 11 户，每户承包 30~40 亩不等，收获的水果或者蔬菜向公司上交 50%，剩余 50% 公司按照市场价回收，果树的种植成本由公司承担。随着佛照山景区开发成为人气旅游景点以后，对雇工的需求量大为增加，最多时日工超过 100 人，平均每天工资 80 元。除了就业外，每年旅游旺季从停车场到景区 3 公里的道路上村民将自家种植的水果蔬菜进行售卖，日收入可以超百元。

红薯岭田园综合体项目 2022 年已流转土地万余亩，主要涉及大油村、东葛泉、西葛泉、水涧、小油村、曹章村、王岗等村 2000 余户农民，按照每年 700 元 / 亩土地流转费与农民签订流转合同，释放当地劳动力。每年还将支付村委每亩 50 元的服务费，用于美丽乡村建设。

金沙河红薯岭每年除给农民700元/亩土地流转费和村委50元/亩美丽乡村建设服务费外，还在种植过程和旅游旺季聘请当地农民到金沙河红薯岭工作，以70元/天结算工资，每年用工量在40000人次左右，相应支出工资约280万元。

后期金沙河红薯岭作为万亩基地，带动沙河市西部10万亩土地，农户、合作社种植油菜、油葵、红薯，金沙河集团免费提供技术指导，农作物依托金沙河红薯岭加工、销售。带动周边农民增收致富，为沙河市美丽乡村、环境治理贡献一份力量。

金沙河集团开发的一二三产业融合旅游新模式，以面粉和挂面加工科普教育示范基地、红薯岭花海、佛照山红叶节、农民丰收节等旅游资源，发展壮大第三产业，累计接待游客100多万人次。直接带动周边数千户农民增加旅游服务收入，形成了产业发展、群众增收、村庄富强的多赢局面。

经验总结

在一二三产业融合发展模式下，金沙河农作物种植专业合作社作为企业的原料生产车间被纳入农业全产业链生产体系，实现小麦从田间地头到挂面出厂的全周期生产；粮食加工企业利用自身的信誉、资金优势，为金沙河农作物种植专业合作社的发展提供持续的、充足的低成本资金供给，增强金沙河农作物种植专业合作社的竞争力和抗风险能力。公司加工业借助一产提质增效，创造了可观的经济效益，通过把部分增值效益反哺农户和农村建设，又壮大了集体经济，形成了粮食增产、农业增值、农民增收、企业增效、农村增益的新格局。一二三产业融合发展，使金沙河企业各产业形成闭环链条，提升了企业的综合效益和整体实力。在未来的发展中，金沙河集团将时刻围绕国家农业供给侧结构性改革，将一二三产业融合发展推向深入，增强企业自身实力，承担更多社会责任，促进农村经济发展，助力乡村振兴。

◎ 金沙河农作物种植专业合作社万亩种植基地（作者摄于2022年）

专家点评

这个案例主角金沙河集团是小麦加工业龙头企业，该企业扶持专业合作社并与之联盟，打造全产业链，以公司小麦加工主营业务，通过支持合作社的方式，在小麦种植、打造乡村生态旅游点、依托当地资源发展特色农产品加乡村旅游，践行在农业领域的一二三产业融合发展，取得了公司本身的发展、促进农民就业增收和当地农村建设显著的成绩。其以大公司 + 专业合作社、辐射带动农户就业增收的成功实践，为龙头企业 + 合作社，特别是对大公司如何连接合作社、打造全产业链提供可借鉴的经验。

——徐小青

广东茂名

发挥地理标志品牌效应　走好乡村振兴致富路

广东省茂名市化州市市场监督管理局

化橘红是广东茂名化州特产，是地理标志保护产品，是化州地域文化的重要象征和标志。近年来，化州市充分发挥化橘红地理标志品牌效应作用，全力擦亮化橘红这一金字招牌，使“小地标”创造“富民奇迹”，在促进化橘红产业发展，助力乡村振兴上发挥了积极的作用。

一、地域文化，源远流长

（一）历史渊源

化橘红，素有南方人参之称，是中国四大南药和十大广药之一，距今已有1600多年的栽培历史，明清时期被指定为朝廷贡品、御用药物。具有宽中下气、散寒燥湿、健胃利气、消炎止咳的特殊功效。化橘红具有的品质特色，主要取决于化州市内特定的土壤条件、气候环境和人文因素。

对化橘红的品质特色，前人也认为除了它本身的药物成分和得天独厚的气候条件外，更主要是化州市的土质所致。据州志记载，“化州城内宝山及署内有礞石土质”，“礞石能化痰，橘红得礞石之气，故化痰力更胜”。因此，化橘红的品质、功效都强于异地产的任何橘红。清乾隆、道光及光绪版《化州志》记述了化橘红的传说、药效、价值、辨伪、土壤、气候、种植、采收、加工、上贡、产地及标图等。

（二）济世康民

2020年以来，化州市委、市政府积极倡导和组织化州广大民营企业和商业协会，捐赠了价值2000多万元的化橘红，驰援湖北、吉林、黑龙江等地，抗击新冠疫情，还向戍边部队捐赠了价值约400万元的化橘红，帮助戍边官兵应对恶劣环境，为支持国防和军队的建设发挥了积极的作用。

（三）闪亮名片

化橘红独特的品质，造就了它能集万般宠爱于一身。2006年12月，国家质量监督检验检疫总局①批准对化橘红实施地理标志产品保护；2009年化州获授中国化橘红之乡称号；2012年化橘红（中药文化）入选广东省非物质文化遗产项目；2013年11月，国家工商行政管理总局商标局②通过了化橘红、化州橘红地理标志证明商标申请注册；2016年化橘红被列为广东省岭南中药材首批立法保护品种；2021年8月，化橘红地理标志入选国家地理标志产品保护示范区筹建名单，同年11月，化橘红入选国家知识产权局国家地理标志运用促进重点联系指导名录；2022年4月，浙江大学中国农村发展研究院农业品牌研究中心、浙江永续农业品牌研究院、浙江芒种品牌管理机构等联合组建的课题组发布了《2021中国地理标志农产品品牌声誉评价报告》。报告显示，1471个地理标志农产品品牌中，化州化橘红入选中国地理标志农产品品牌声誉榜前100位，位列第四十九。一同发布的中国地理标志农产品（中药材）品牌声誉榜前100位中，化州化橘红位居第六。

二、务实创新，护好“地”宝

化橘红，是上天馈赠给化州人民的瑰宝。为使化橘红这全球独一无二的地标名片走得更远更好，化州市秉承历史，坚持发展特色产业，用好一件地理标志，做强一个品牌，发展一个产业，造福一方百姓的发展理念，在化州市委、

① 2018年，由于职责整合，组建中华人民共和国国家市场监督管理总局，不再保留中华人民共和国国家质量监督检验检疫总局。

② 2018年，由于职责整合，组建国家知识产权局商标局，不再保留国家工商行政管理总局商标局。

市政府的大力支持和各级市场监管部门及相关职能部门的共同努力下，通过政府搭台、部门联动、行业自律等方式，制定了化橘红产业发展规划及相关标准、健全地理标志工作体系，加强地理标志品牌的宣传推广，加强服务对接、业务培训和产品研发等，全力守护好一“地”之宝，不断推动化橘红产业发展壮大，力促“小地标”发展成为大产业，推动了乡村振兴战略实施。

（一）制定标准促提升

化州市结合化橘红产业的实际情况，组织制定出一套完整的发展规划与标准，如制定出台了《化州市特色农业发展总体规划（2018—2035）》、《化橘红种植技术规程》（DB 4409/T 14—2020）、《地理标志产品 化橘红》（DB 4409/T 06—2019）等地方标准，以及《化橘红追溯信息要求》（T/HZDS 01—2020）等标准文本，为化橘红的产业升级、质量提升和营造良好发展环境创造了有利的条件，促进了化橘红产业的健康发展。

（二）健全机制凝合力

化州市以化橘红国家地理标志产品保护示范区建设为契机，把化橘红地理标志产品保护工作纳入市委、市政府重要议事日程，成立了由市长任组长、市政府分管领导任副组长，市场监督管理局、农业农村局、林业局、财政局等相关单位领导为成员的化橘红国家地理标志产品保护示范区建设工作领导小组，建立健全化橘红地理标志联动保护工作机制，加强部门联合执法，开展专项行动。并通过化州市政府网及时曝光知识产权违法案件，震慑违法行为。增强了全社会地理标志保护意识，切实维护化橘红地理标志产品品牌形象。

（三）宣传推广强品牌

积极组织化橘红企业参与各种线上线下的展销会、产品产销对接会等。通过举办化橘红赏花节、化橘红文化节、化橘红封坛仪式、化橘红品牌（北京）MR 发布会等系列活动，全力提高化橘红品牌的知名度和市场价值。为了开发化橘红文化旅游业，全力促进化橘红产业的发展，化州市举办了以化橘红文化为核心、以民间流传的1500年前“巾帼英雄第一人”——冼太夫人历史人物为主线的“梦回橘州”文化旅游项目协调会，通过旅游业进一步提升化橘红品牌的知名度。2022年6月19日，化州市举行第三届化橘红封坛活动，持续推动化橘红封坛活动走出化州、进入全国。活动邀请了专业拍卖机构开展拍卖活动，在线下设置化州主会场，在线上搭建广州分会场，两大会场同时安排专业拍卖师进行拍卖连线，在封坛活动现场利用大屏实时展现分会场动态，进行实时拍卖。通过化橘红藏品展示、拍卖让全国人民从中了解化橘红的文化底蕴和传统工艺，感受化橘红的独特属性和收藏价值。带领化橘红“走出去”，提升市场认知度和品牌认可度。2022年6月28日，化州市在广州南站举办化州橘红高铁冠名列车首发仪式。化橘红高铁专列日运行98个车次，覆盖18个省（市），列车车身、车厢走廊、行李架、小桌板等位置，随处可见化橘红元素。全力打造化橘红区域公共品牌形象，进一步扩大化橘红地理标志产品的影响力和知名度。

（四）对接服务促帮扶

为扎实有效推进化橘红国家地理标志产品保护示范区建设，全力服务化橘红产业做大做强，化州市市场监督管理局通过请进来的办法，邀请了国内知名的地理标志专家，到化州市化橘红产业协会和化橘红龙头企业调研，与化橘红产业协会和化橘红龙头企业实行了服务对接，积极引导企业运用化橘红地理标志品牌效应，把化橘红产业做大做强。针对企业融资难问题，市场监管部门组织化橘红企业举办了知识产权质押融资对接服务活动，帮扶企业缓解了融资难、融资贵问题。同时，化橘红的种植大镇——平定镇组织召开了化橘红产业高质量发展推进大会，建立了化橘红产业联盟，发出了维护化橘红产业健康发展倡议书。组织金融部门创建信用村、信用户，以信贷助力化橘红产业发展。相关职能部门也各司其职，全力为化橘红产业发展保驾护航。

（五）培训引导强技能

为全面提升化橘红地理标志产品的保护能力，化州市市场监督管理局积极组织举办化橘红国家地理标志产品保护示范区建设业务培训班，邀请了国内知名地理标志专家前来传经送宝，提高了化橘红企业对地理标志的运用能力和保护意识，形成了一二三产业融合发展的新格局。同时，面对市场营销模式转变的新形势、新挑战，化州市组织举办了化橘红新农人“直播 + 短视频”数字人才培训活动和化橘红品牌营销高质量主题大讲堂活动。“直播 + 短视频”活动邀请了各大电商平台认证讲师开展培训，从短视频拍摄方向、脚本直播、配乐选择、剪辑美化、直播实操等环节进行讲解，对短视频、直播制作全流程实操内容进行培训指导。化橘红品牌营销高质量主题大讲堂活动，邀请品牌营销专家、渠道平台专家、中医药专家、科研专家等现场宣讲、互动交流。从化橘红品牌价值、化橘红最新科研成果、化橘红产业关键技术等多角度讲授化橘红品牌与营销。通过化橘红品牌的运用和保护、化橘红市场营销等多维度的培训，化州市培育了一批化橘红产业发展的领军人才，建立化橘红品牌长效工作机制，让化橘红“小地标”创造出了更多的“富民奇迹”。

（六）引进人才求创新

为促进化橘红产业的创新发展，化州市全面构建化橘红产业发展人才体系。通过政府聘请、项目引进等方式，2022 年已招聘了专业人才 400 多人，引进参与化橘红新产品研发团队 70 多人，同时着力培育本土人才，建立由 80 人组成的化橘红本土技术专家团队、由 300 多人组成的化橘红专家队伍。先后创建了化橘红深加工工程技术研究中心等省级科技研发中心 4 个，取得国家专利技术 90 多项、欧洲发明专利 4 项、国家保护处方 3 项，通过 GMP 认证化橘红药品生产企业 7 家，产品获得国家有机认证 2 家、粤字号产品 3 家。

（七）行政执法保质量

每年，市场监管、农业农村、公检法等多部门联动，加大对化橘红产品质量监督抽查和违法犯罪行为的打击力度，及时曝光打击侵犯知识产权案件。严厉打击侵犯地理标志违法行为，增强全社会地理标志保护意识，切实维护化橘红地理标志产品品牌形象，促进化橘红产业健康发展。

三、提质增效，谱写新章

梧桐花开，凤凰自来。化州市持续深入开展化橘红地理标志助力乡村振兴行动，全力守护好“中国化橘红之乡”的一“地”之宝，使“小地标”发展成为大产业，谱写了乡村振兴、共同富裕的新篇章。

（一）地标效应显现，农民增产增收

化橘红实施地理标志产品保护，特别是开展化橘红国家地理标志产品保护示范区建设以来，化橘红产业得到迅速发展。2022 年，化橘红种植面积达 11.6 万亩，已建成化橘红产业专业镇 9 个，化橘红全产业链产值已超过 55 亿元。在市场上形成了橘星、橘利、李橘园、百橘源等一批化橘红知名品牌，产品销往国内外，化橘红产业成为乡村经济发展的支柱产业。2022 年，化橘红鲜果、干果价格进一步提升。鲜果收购价格倍增，帮助农民增产增收，仅鲜果收购部分就给当地种植户带来增收约 5 亿元，激发了橘农种植的信心，推动了化橘红产业不断发展壮大。

（二）产业长足发展，造福一方百姓

化橘红产业带动一二三产业融合发展，形成了以产业为重点，以文化休闲旅游为纽带的化橘红产业新格局。以化州市最大的化橘红示范基地为依托，将“中华化橘红第一村”——平定镇大岭村，打造为化橘红生态旅游观光景点。

同时在当地建设化橘红加工及产品展销平台，形成以游促销、以游旺品牌的休闲度假场所。促进一二三产业融合发展，提升了化橘红地理标志产品品牌形象。使化橘红从过去“一只小果”发展到如今“一片大产业”，走出了一条极具特色的乡村振兴之路。

经验总结

化州市发挥自身区位和独特的资源禀赋优势，提高品牌影响力，丰富产品体系，推动化橘红产业不断发展壮大。

1. 打造产业发展生态。依托化橘红独特地道的药材特性，充分挖掘化橘红药效作用，围绕产业集群化发展、产业技术创新、区域合作与品牌化发展，进一步提高产业链现代化水平，打造产业发展生态，引领中医药产业现代化发展。

2. 推动产业集群发展。以化橘红现代农业产业园建设为载体，以化橘红国家地理标志产品保护示范区建设为契机，努力培育引进一批能够掌控全产业链

◎ 化橘红科普长廊（作者摄于2022年）

和产业链关键环节的企业群体，加快推动产业集群化发展。加快推进化橘红药食同源申报工作，全力把化橘红产业做大做强。

3. 推动产业高端发展。借助高校及科研机构力量，加强化橘红产品创新，努力研发价值链高端产品，提高产业附加值。推动化橘红产业转型升级，提质增效。

专家点评

化橘红是列入《中华人民共和国药典》的著名药材，在具有环境资源特色的化州，已有 1600 多年的栽培历史。在历史上主要用于中医配方治疗，产量规模不大，只限于药材市场。

近几年来，随着中药和保健品市场的持续发展，当地通过对化橘红入药医疗功效和该药材营养成分的充分研究，不断深化认识，明确发展方向，采取各种有力措施，开拓药品和保健品两个市场，做大化橘红产业，以此助力乡村振兴。

该案例是中药材由产地而不是医院、药厂、药房主销的成功探索。许多中药材具有药用、保健、添加物等多种用途，化橘红的经验，可以为一些药材产地提供启发。

化州化橘红产业发展是“守正创新”的成功典型。要形成既具有一定规模的产业又能保证药材的性状质量，需要一系列的监管服务保证，化州在这方面也提供了宝贵的借鉴。

——袁崇法

湖南永州

做强做响迴峰品牌　走产业振兴富民路

湖南省永州市回龙圩管理区农业水利和乡村振兴局

产业振兴是乡村全面振兴的基础和关键，为深入推动乡村振兴战略落地见效，切实让农民富起来，回龙圩管理区依托当地优越自然资源条件，着力发展柑橘产业，创新保障机制，发挥龙头企业带动引领作用，促进农村一二三产业深度融合，大力打造迴峰蜜柑柑橘品牌，形成了前延后伸、首尾相连、互为市场的产业链，走出了一条依托柑橘产业的振兴致富路，形成了一个可借鉴、可复制的产业振兴有效经验。

回龙圩管理区的前身是成立于1958年的湖南省国营回龙圩农场。2001年，经湖南省委、省政府批准，湖南省国营回龙圩农场改制为永州市回龙圩管理区，回龙圩管理区管理委员会为永州市人民政府派出机构，行政级别为正县级，比照县级政府行使职能职权，全面负责管理区域内的行政、经济和社会事务。管理区位于湘桂边界，北至永州230公里，南至广西贺州100公里，东至郴州215公里，西至广西桂林190公里，下辖1个建制镇——回龙圩镇和1个国有林场，总面积107平方公里。

回龙圩管理区是革命老区，是原农业部现代农业（柑橘）示范区、全国农垦系统中最大的柑橘无公害示范基地、湖南省绿色食品示范基地，也是全国农垦现代农业示范区，有“湘桂边界柑橘之乡”“永州之野，橘香世界”之美誉。2007年，回龙圩管理区的迴峰蜜柑柑橘品牌荣获原农业部无公害食品认证，是湖南省著名商标；迴峰蜜柑分别于2018年和2019年获得了马德里国家商标注册和国家农产品地理标志登记保护。2022年，回龙圩管理区有柑橘园10万多亩，年产柑橘26万多吨，年产值达13亿多元，所产柑橘热销重庆、成都、北京、上海、长沙、广州等地，远销俄罗斯、东盟等13个国家和地区。

一、回龙圩管理区的主要做法

（一）设立机构，提供组织保障

成立回龙圩“迴峰蜜柑”产业发展领导小组，由区党委书记任顾问，区党委副书记、管委会主任任组长，区级相关领导任副组长，区水利局、区乡村振兴局、区财政局、区发展和改革局、区自然资源局、区交通运输局、回龙圩镇等部门负责人为成员。领导小组下设办公室，负责统筹“迴峰蜜柑”产业发展规划，协调各涉农项目围绕“迴峰蜜柑”产业规划进行重点项目的指南编制、申报、实施，整合各项目资金支持“迴峰蜜柑”产业发展。在柑橘生产适宜的主产村，把“迴峰蜜柑”产业发展纳入乡村振兴、区域经济发展、促进农民增收、农业增效的整体战略进行部署落实，及时研究解决“迴峰蜜柑”产业发展工作中的问题。在“迴峰蜜柑”主产村增配果树技术干部，在重点村培养配备专职技术员，构建或完善区、镇、村三级技术服务推广体系。成立“迴峰蜜柑”产业发展专家委员会，全面负责“迴峰蜜柑”产业发展技术方案制定和咨询，定期组织探讨和解决“迴峰蜜柑”产业发展中的重大技术疑难问题和对策，开展对主产村和有关部门管理干部、技术人员和企业负责人的培训。

（二）多元筹资，强化资金保障

坚持政策主导、农民主体、业主主营的原则，积极争取国家产业项目资金扶持力度。将农业产业结构调整、农业综合开发、水土保持、国土治理、乡村道路、农田水利、现代农业等项目资金打包使用投入“迴峰蜜柑”产业上来。区“迴峰蜜柑”产业发展领导小组统筹涉农项目资金，使项目建设在“迴峰蜜柑”产业发展中发挥更大作用。引导涉农金融实体加大对“迴峰蜜柑”产业的金融支持。大力招商引资，吸纳业主资金投入“迴峰蜜柑”产业，引导农民投工投劳，初步形成“迴峰蜜柑”产业多层次、多渠道筹资格局。

（三）创新机制，优化政策保障

大力推行业主开发制。积极发展家庭农场。鼓励支持果园向懂技术、会管理、善经营的种植能手和专业大户集中，变分散经营为集中经营，形成规模优势。对承包经营达到一定规模的果园业主给予一定补助扶持，对其果园基础设施建设给予相应配套支持；对从事低劣果园高换改造的果园业主，给予一定的资金补贴。

积极扶持龙头企业。集中力量，培育壮大市场前景好、科技含量高、带动力强的龙头企业，从事“迴峰蜜柑”生产、加工、销售。

发展壮大中介组织。积极探索“公司＋合作社带农户”的产业化经营模式，发展订单生产，建立稳定的利益共享、风险共担的“迴峰蜜柑”产业联合体，以提高组织化程度和综合效益，实现产业的规模化、一体化生产经营。在“迴峰蜜柑”生产重点区域扶持发展柑橘生产协会、营销协会，架起农户与龙头企业、农户与科技部门的桥梁，引领农户进入市场。规范合作社建设，使其能真正发挥作用。加大“迴峰蜜柑”产业扶持力度，促进“迴峰蜜柑”产业健康发展。

落实农村信贷优惠政策。积极推行农村小额信贷，对从事“迴峰蜜柑”产业发展的业主、农民、金融机构，在资金信贷上给予优先考虑，财政给予适当贴息。

推动实施“迴峰蜜柑”产业保险。凡因干旱、冻害等自然灾害原因造成保险柑橘树三级以上的灾害损失，均可获得赔偿。

建立回龙圩柑橘运销绿色通道。交通部门建立回龙圩柑橘运销绿色通道，保证及时运输，降低柑橘运销费用。

（四）科技入园，强化技术保障

加快柑橘产业转型。依靠科技，加快全区柑橘产业增长方式由数量型向质量效益型转变。与中国农科院柑橘研究所、湖南农业大学等国内外科研教学机构合作，推广应用最新科学生产技术和生产方式。积极运用生物、信息及其他高新技术，研究和推广品种选育、柑橘资源高效利用、柑橘病虫害防治、果品储运、加工等先进实用农业技术，大范围地提高科技进步对柑橘产业发展的科技贡献率。围绕市场需求，突出抓好关键技术的推广与应用，加强新品种的引进和推广，做好品种储备工作，加强果园生产经营管理，提高市场适应能力和产品竞争力。

完善技术推广体系。增配专业人员，调整知识结构。建立柑橘技术培训基地，开展各类技术培训和技术指导，推广关键技术措施，做好优质、丰产、高效和产业化示范工作。每年邀请有关专家在回龙圩管理区召开2~3次技术培训，业务主管部门及时印发技术资料，编印技术小册子，提高广大农民和业主科学种果技术水平。技术培训可分类分层次进行，选派农技人员或专业大户参加高级技术培训班，到科研院所和大学进行集中学习。

加强科技基础性工作。对全区柑橘产业发展基本情况进行全面排查，明确全区柑橘种植面积、品种分布、管理水平等，明确全区柑橘园地基本情况，包括柑橘园土壤状况和树体状况及各柑橘园品种、品质、性状等数据，建立数据库。开展可发展基地的调研和全区柑橘市场调查；实施回龙圩柑橘产业发展年度报告制度。

（五）品牌战略，强化市场保障

回龙圩管理区高度重视品牌农业发展，围绕农业供给侧结构性改革，精心打造柑橘区域公用品牌，通过举办“和美永州，橘香回龙”和“永州之野、橘香世界”为主题的文化旅游节，依托农交会、农博会、广交会等平台，全面展销“迴峰蜜柑”等精品柑橘。

用好先进技术。通过互联网等先进技术手段，与周边大中城市市场相连接，向农户介绍全国生产动态情况、销售信息、市场行情和需求情况；强化市场的商品集散功能、价格调节功能、信息引导功能，发挥市场对“迴峰蜜柑”产业的拉动作用。积极发展现代营销业，推行网上销售、直供销售和连锁销售，拓展销售渠道。积极开展产品推介活动，设立销售窗口，拓展市场，扩大影响，提高知名度。

建好柑橘品牌。建立“迴峰蜜柑”区域品牌和众多企业（家庭农场）品牌，形成回龙圩柑橘产业的品牌体系。加大对“迴峰蜜柑”著名商标和地理标志产品的宣传力度，进一步提高品牌知名度和美誉度，设立专项宣传经费，树立长远的品牌经营与宣传理念，协调各宣传和经营主体的关系，开展多形式、多渠道的品牌宣传，在大中城市设立宣传与专营窗口，提高“迴峰蜜柑”的品牌知名度和竞争力。

办好推介活动。办好“永州柑橘文化旅游节”以及相关的“迴峰蜜柑”论坛等推介活动，为“迴峰蜜柑”品牌运营搭建良好的交流平台。

做好品牌管理。加强品牌管理，建立奖惩制度，净化回龙圩柑橘市场。建立以“迴峰蜜柑”地理标志产品为核心的优质精品柑橘品牌群体，同时将核心品牌外的个体品牌纳入区域品牌管理范围，形成多层次品牌组合体，提升回龙圩柑橘整体形象，提高消费者对回龙圩柑橘品牌的认知，培养忠实消费群体，形成有序的品牌竞争局面，把回龙圩“迴峰蜜柑”打造成驰名品牌、百年品牌。

二、产业发展成绩显著

（一）产业优势明显

产业基础好。从20世纪60年代引进柑橘种植以来，柑橘在湖南省国营回龙圩农场（回龙圩管理区）形成了比较成熟的种植及产业文化体系，优良的自然生态环境土质辅以独特先进的栽培管理模式，形成了“迴峰柑橘”独特优异的品质。回龙圩管理区党委、管委围绕柑橘主导产业、民生产业、特色产业，加快培育农业农村发展新动能，走种养、农旅贸一体化、一二三产业高度融合的发展道路，通过集约化、规模化、商品化柑橘种植生产，已形成了种植范围广、效益对比好、出口潜力大、产业链条长、受益农户多的绿色生态产业体系。

交通条件好。交通便利，道贺高速、永富公路穿境而过，与广西贺州、桂林，永州、郴州等地运输通畅；乡村公路四通八达，旅游公路高效通畅，区内、区外交通便捷，使回龙圩管理区成为聚集物流、人流、信息流，承接产业转移，带动经济发展的理想地带，成为重要的交通枢纽。

乡村建设好。回龙圩管理区通过整合各种强农惠农资金投入标准化果园创建，极大地完善了柑橘园的水、电、路、仓库、太阳能杀虫灯等基础设施建设，基本达到了园连片、路相通、渠相连、旱能灌、涝能排、可加工、可仓储、可物理防虫的要求。其中，回龙圩镇神仙洞村、回龙村获得湖南省美丽乡村示范村等荣誉。

生态环境好。回龙圩管理区位于湖南永州市南部都盘岭南部腹地，属国家柑橘优势区划的赣南—湘南—桂北优势柑橘带，是蜜柑最适宜区域，脐橙次适区域，适合绝大多数柑橘品种良好生长结果；气候好，年平均气温 18.5℃，年积温 6752.5℃，10℃以上年有效积温 5698.3℃，年日照时数 1521h，素有湘南“天然温室”之称，柑橘成熟期光照充足，昼夜温差大，有利于着色及糖分转化；土质好，土壤为红黄壤，土层深厚，土质肥沃，pH 值 6.3~6.5，土壤中除富含各种微量元素以外，还富含一种使农产品散发香味并防癌抗癌的特殊元素——硒。

（二）产业规模可观

全区已建成标准化柑橘种植基地面积 10 万多亩，以温州蜜柑为主，脐橙、南丰蜜橘、杂柑为补充。其中早熟特早熟温州蜜柑 6.5 万多亩、中迟熟温州蜜柑 0.55 万多亩、脐橙 0.7 万多亩、杂柑及其他 1.9 万多亩。年产柑橘 26 万多吨，产值达 13 亿多元，其中绿色食品示范基地 2.14 万亩、注册出口水果果园 1.58 万亩、粤港澳大湾区“菜篮子”生产基地 1.58 万亩，建成柑橘商品化加工厂 38 家，年柑橘加工能力 30 万吨以上，成立柑橘专业合作社 28 个，入会农户 7015 户，柑橘种植生产全面实现统防统治。2016 年，马鹿头村现代农业产业园成功创建湖南省现代农业特色产业园省级示范园，八仙洞村柑橘园成功创建原农业部标准果园。

（三）企业带动引领

龙头企业情况。市级龙头企业共有两家，分别是永州市回龙圩管理区农垦集团公司、永州市回龙圩管理区海安绿色果品有限公司。其中，永州市回龙圩管理区农垦集团公司正在申报省级龙头企业。

合作社情况。全区成立农民专业合作社 28 个，入社农户 7015 户。其中，全区有劳动能力的 592 户脱贫户全部加入合作社。通过“合作社 + 农户”“合作社 + 帮扶”“合作社 + 分红”模式，回龙圩管理区对具有生产能力的农户提供柑橘苗木供应、配套材料供给、技术指导培训等服务，带动农户自主组织加强生产管理。2022 年已带动 418 户脱贫户稳定脱贫，累计吸纳务工人员 36000 人次；对家庭困难的农户，以不低于 8% 的分红比例吸纳其投资入股经营，实现户均年增收 3000 元。

与主导产业关联程度。以柑橘为核心的产业化联合体 2022 年已吸纳市级龙头企业 2 个，柑橘产业关联企业 8 个，农民专业合作社 28 家，家庭农场 231 家。区内从事柑橘产业人员已有 8000 余人，柑橘产业产值 13 亿元，占全区工农业总产值的 80% 以上，农民人均可支配收入达 16501.53 元。

加工原料来源情况。全区有柑橘种植面积在 20 亩以上的家庭农场 202 户；柑橘商品化采后处理加工厂 33 家，年商品化生产加工能力可达 30 万吨，柑橘电商平台覆盖所有村组；加工原料主要为柑橘，全部来源于回龙圩管理区域内；生产加工环节全部位于回龙圩管理区域内。

（四）产业融合发展

回龙圩管理区党委、管委科学谋划，有序推进，坚持绿色循环发展，用“全链条全循环、高质量高效益”的发展理念谋划柑橘产业发展，抓龙头带产业，抓基地育树苗，抓改良创品牌，抓集群促发展，实现了柑橘产业快速健康发展，促进了农村一二三产业深度融合，形成了前延后伸、首尾相连、互为市场的产业链：

柑橘产业企业内“前延后伸融合”。充分调动农民参与融合发展的积极性，有效保障农民在融合发展中的权益，让农民在融合发展中赢得更多实惠，解决一二三产业融合发展中的“最初一公里”问题，鼓励龙头企业向前延伸发展自身的标准化原料基地，与农民形成利益共同体；同时，借助基地发展以观光、采摘、科普文化、健康养老为主的都市农业，引导城市居民采取电商、金融等方式，积极参与融合发展，形成完整的一二三产业融合产业链。

柑橘产业内“首尾相连融合”。围绕农产品加工，吸引研发、仓储、物流、信息等配套服务企业入驻，在加工环节上实现不同层次的首尾相连、上下游衔接。前向，有稳定的规模化原料基地；后向，有健全的物流配送和市场营销体系，相关的企业以产业链为核心，形成相互融合、协作发展的格局。

区域内“互为市场融合”。加强各产业组织的联合协调，在壮大农业经营主体的基础上，加强“社社联合”“社场联合”“社企联合”，围绕一定区域内的特色产业，将长期形成的订单关系、契约关系固定下来，一二三产业的相关产业组织通过在农村空间集聚，形成集群化、网络化发展格局，形成特色优势区域品牌，真正将农业增值收益留在农民手里。

（五）品牌建设有力

政务品牌建设。回龙圩镇先后被授予湖南省新型城镇化建设示范镇、全国重点镇等荣誉称号。

企业品牌建设。“迴峰”品牌是湖南省著名商标、马德里国际商标。“迴峰蜜柑”在第十六届中国国际农产品交易会上获得十佳优质农产品称号，获湖南省“一县一特”农产品优秀品牌，并被列入国家农产品地理标志登记保护名单；在第二十二届中国中部农业博览会上获得金奖，“迴峰”牌被纳入中国农垦品牌目录产品品牌。回龙圩管理区农垦集团公司被评为全国绿色食品示范企业、湖南省绿色食品示范基地、粤港澳大湾区“菜篮子”生产基地。

（六）机制保障严密

创新产业融合机制。围绕特色产业发展，组建柑橘产业发展协会，大力发展新型农业经济主体，探索发展模式，创新经营机制。柑橘产业采取统一供种、统一技术服务、统一保护价、统一销售的“四统一”模式，带动农户3500多户；在柑橘产业发展上，探索出“政府＋企业＋金融＋农户＋协会”五位一体运作模式，由财政每年拿出1000万元专项资金，加大柑橘产业规模建设，初步形成了全产业链各类主体协作经营的新机制。

创新土地流转机制。探索了土地承包经营权抵押贷款，推行“土地租金＋入股分红＋到企业就业”的激励政策，为产业集群发展奠定土地基础。2022年，流转出土地的农户0.5万户，占农户数的21%，土地流转面积0.75万亩，占集群总耕地的90.1%。

创新融资担保机制。引进了中国农业银行、农业商业银行等多家金融机构。2021年为企业融资1000多万元，初步缓解了企业融资难问题。

经验总结

1. 坚持党建引领，加快产业发展。回龙圩管理区按照围绕产业振兴抓党建，抓好党建促产业振兴的工作理念，运用“党建＋”模式，着力发挥基层党组织的示范带动作用，促进基层党建和产业振兴的互动双赢。在村党支部和广大党员的引领带动下，村级党组织强了，产业旺了，村民富了。

“党建＋柑橘产业”，让群众富起来。柑橘产业是回龙圩管理区的特色产业、主导产业。为发展柑橘产业，回龙圩管理区把党建网格员派进了橘园里，把党员示范岗、先锋模范岗设到田间地头，由党建网格员致富能人牵头，每名党员致富能人联系帮扶3~5户家庭发展柑橘产业，深入田间地头为农户讲解政策、信息和柑橘栽培技术。依托村党支部的引领，全区先后把10名致富能手培养成党员、16名党员培养成致富能手、9名党员致富能手培养成村组干部，带动620户农户通过柑橘产业走上致富路。如八仙洞村练高文2007年从部队退伍，南下东莞打工，月工资只有两三千元，存不下什么钱。听说家乡柑橘产业越做越好，前几年他辞去工作，回到家乡种植柑橘，2022 年收入近 10 万元。

“党建 + 村企联合”，让合力“聚”起来。近年来，为帮助农户销售柑橘，提高柑橘效益，回龙圩管理区 9 个村党支部与 28 个柑橘合作社建立村企党建联合制度，成立柑橘协会党支部，由村党支部和柑橘协会党支部帮助柑橘合作社联络务工村民，由柑橘合作社物色推荐表现突出的村民发展成入党积极分子。截至 2020 年底，全区通过“党建 + 村企联合”模式，带动 306 名贫困村民进厂务工实现稳定脱贫，使 22 名入党积极分子发展成党员。如八仙洞村的普通村民张国安在村党支部帮助下创办了海安绿色果品有限公司后，采用“公司 + 农户 + 基地”模式，每年帮助农户销售柑橘 1.5 万吨以上，年销售收入 6000 万元，带动户均年增收 6000 元以上。

2. 坚持科学防控，确保产业安全。柑橘黄龙病是世界柑橘生产上的毁灭性病害，是柑橘中的“癌症”，是危害柑橘产业的重大检疫性病害。柑橘黄龙病在回龙圩管理区的柑橘树里逐渐蔓延，柑橘产业的发展、壮大受到严峻挑战。而柑橘产业是回龙圩管理区的支柱产业，防治好柑橘黄龙病刻不容缓。回龙圩管理区党委、管委对柑橘黄龙病防控高度重视，坚持全区一盘棋思想，运用“一定两禁三统”的思维，坚决防治柑橘黄龙病，并在柑橘黄龙病防治实践中不断摸索出一些可复制、可推广的防治经验，构建了“政府主导、社会参与，属地责任、区域协作、联防联控、群防群治”的柑橘黄龙病防控机制，依靠科学技术，采取综合防控措施，集中连片整体推进柑橘黄龙病防控。“一定两禁三统”即确定发展早熟蜜橘作为全区产业发展的主导产业；禁止私自嫁接其他柑橘品种，禁止售购和种植疫区苗木；统一由管理区组织采购无病毒蜜橘苗木，统一进行木虱防控，统一砍除柑橘黄龙病树。全区围绕柑橘黄龙病防治，共砍除黄龙病树 280 多万株，统一调运无毒苗木并向果农免费发放 105 万株；建设 40 亩柑橘健康苗木网室培育标准大棚，1200 个家庭培育小棚，年培育假植大苗 40 万株；开展飞防作业 10 万亩。通过以奖代补的形式，全区对到非疫区调运早熟蜜橘苗的组织及个人发放奖补资金共计 560 多万元。截至 2020

年底，全区柑橘黄龙病发病株率下降到 1.3%，通过一系列的防治举措，有效地预防和控制了柑橘黄龙病的发生、蔓延，确保了柑橘产业的安全，柑橘黄龙病猖獗流行的态势也得以基本控制。2021 年 3 月 29 日，湖南省的柑橘黄龙病防控现场会在回龙圩管理区召开。会上，省厅领导对回龙圩管理区就柑橘黄龙病防控做的典型发言予以充分肯定，并要求把回龙圩管理区柑橘黄龙病防控经验加以总结，向全省、全国予以推广。

3. 主体带动增收，提升产业效益。回龙圩管理区紧紧围绕柑橘全产业链建设，重点培育了一批涵盖种苗、生产、加工、销售等领域的行业龙头，在实践摸索中培育出了“电商企业 + 果农”“农业企业 + 合作社 + 基地 + 果农”“新型经营主体 + 基地 + 果农”“特色产业 + 果农”等多种新型农业经营主体经营模式。全区推动成立柑橘专业合作社，通过合作社带动果农按照标准化生产，使柑橘品质达到收购商的要求，让果农的柑橘销售价格得到有效提升，带动果农增收效果显著。2022 年，回龙圩管理区现有规模以上柑橘专业合作社 28 个，通过“主体带动”模式，2500 户农户实现增产增收。

◎ 迴峰蜜柑（作者摄于 2022 年）

专家点评

本案例的特点是作为一级政府机构的回龙圩管理区，因其属于农垦系统，具有经营职能，在当地特色产业——柑橘产业的发展中发挥了积极的作用。这些作用包括：技术引进和推广，发展集约化、规模化、标准化柑橘种植生产，农产品品牌建设，培育新型农业经营主体，推动资源整合和产业融合发展等。特别是推动形成了全产业链各类主体协作经营的新机制，以及“土地租金＋入股分红＋到企业就业”的激励政策，为农户带来了实实在在的利益。这些模式和新机制值得推广和借鉴。

——肖金成

湖北洪湖

发展莲藕产业　助力洪湖产业振兴

湖北华贵食品有限公司

莲藕在湖北是一种家喻户晓的水生蔬菜，采食历史悠久，长期以来藕带均以鲜食为主，但藕带组织脆嫩，表皮洁白，采收后储藏、加工、销售过程中极易发生褐变和软化失脆，影响产品的外观和内在品质，限制了藕带的储存和外销。湖北华贵食品有限公司（以下简称华贵食品）因势利导，顺势而为，从藕带的种植，进而到研发洪湖农家牌洪湖藕带（泡藕带系列产品），再到洪湖莲藕系列产品开发，深耕广袤乡村，以一个新产品开拓一个新市场，带出一个新产业，并不断地提升产业发展的层次和水平，将洪湖莲藕打造成湖北特色产业的亮丽名片。2019 年 10 月洪湖莲藕作为湖北 8 个特色品牌之一成功亮相央视“品牌强国工程”栏目，同年 12 月入选中国农业品牌目录。2020 年 2 月洪湖市凭借以莲藕为代表的水生蔬菜入选中国特色农产品优势区。

在发展莲藕产业过程中遇到了如下问题：当地农民长期抱着“金饭碗”饿肚子，70% 以上的青壮年不得不外出打工，导致农村空心村、空巢老人、留守儿童、婚姻矛盾等社会现象突出。少数在家的农民每当吃完团年饭就为来年干什么犯愁，种稻谷无力耕种，养鱼、养虾不懂技术，常常翻塘亏本，种五谷杂粮无人收购……地方政府也想了很多办法、采取了很多措施引导农民调整产业结构，但效果甚微。

乡村产业的振兴，实质上就是产业龙头的振兴。为解决上述问题，华贵食品采取了以下解决方案。

一、区域化布局推动种养结构调整

农业生产向农产品深加工领域延伸是发展现代农业的一大趋势。华贵食品顺应农业产业发展的规律，从江汉平原的实际出发，从 2012 年起就与武汉市农科院蔬菜研究所合作，选育适合在江汉平原种植的品质优、经济效益好的藕带新品种华贵 1 号和武植二号。当年喜获成功，亩均单产 1000 斤以上，产值 7000 元以上。通过基地的示范引导，汉河镇、万全镇等村中水系条件差、淤泥深的鱼塘以及部分低湖田纷纷加入藕带种植行列。藕带的种植既解决了原来一些精养鱼塘水体富营养化的问题，净化了水体水质，又提高了池塘的经济效益。截至 2019 年底，公司网络藕带种植农户近万户，面积超过 30 万亩，辐射到了江汉平原的仙桃、监利、嘉鱼、公安等县市。

二、标准化生产带动农民增产增收

制定企业标准，规范企业行为。公司先后制定了《洪湖藕带种植规程》（Q/HYG 0004S—2014）等藕带种植、藕带加工标准 9 部。标准的制定和实施客观上促进了农业生产的标准化程度。即在农业生产过程中的栽培管理技术、病虫害防治等按标准规程执行，确保向加工环节提供的是品质优、无病虫害、无农药残留的优质原料。同时，种植农户通过对标准的运用，藕带产量大大提高，品质大大提升。每亩藕带单产比常规种植高 150 斤以上，按每斤 7 元计算，亩均增收 1050 元。签种植订单的农户总种植面积约 10 万亩，仅此一项直接带动农民增收达 1.05 亿元。

参与制定行业标准，引领行业发展方向。从 2014 年开始，与华中农业大学、湖北省食品质量安全监督检验研究院联合制定泡藕带行业标准，华贵食品是唯一参与《湖北泡藕带》（DBS 42/009—2021）食品安全地方标准制定的企业。此标准填补了泡藕带行业无标准执行的空白。本标准已于 2017 年 1 月 17 日颁布实施。

三、现代化加工促进加工业转型升级

加大基础设施的投入力度。近几年公司先后投资近 5 亿元，建设了标准化车间 3 栋，建筑面积 36000 平方米；莲藕精深加工生产线 6 条，冷库冷藏量 5 万吨；年加工处理水生蔬菜能力 8 万吨，是江汉平原最大的水生蔬菜加工企业。

与华中农业大学密切合作，转化其具有国际先进水平的《即食藕带加工关键技术研究与示范》等科技成果，该成果处于国际领先水平。

引进现代化的先进加工设备，使洪湖莲藕系列产品生产在全国蔬菜加工行业中率先实现了机械化、智能化、规模化和现代化，推动了蔬菜产业加工的转型升级。

四、品牌化销售助力洪湖莲藕走向世界

按照“区域公用品牌 + 企业品牌”的农业品牌打造模式，华贵食品先后注册了洪湖莲藕地理标志证明商标和洪湖农家、华贵两个企业商标，以品牌化贯穿农业生产加工的全过程。2019 年 10 月“洪湖莲藕 清甜可口”成功亮相央视；2019 年 11 月洪湖莲藕入选中国农业品牌目录；2020 年 2 月洪湖市凭借以莲藕为代表的水生蔬菜成功入选中国特色农产品优势区。

积极参加国内和国际各类食品博览会。2016 年，先后参加了美国地道中国产品推介会和法国巴黎 SIAL 国际食品展。宣传推介洪湖莲藕，并多次获得金奖。

积极发展互联网销售。公司在淘宝、天猫、阿里巴巴、京东等开设网店，充分利用电子商务平台进一步扩大洪湖莲藕的销售量和影响力。在新冠疫情期间，由于新冠疫情常态化防控，线下销售停滞不前。华贵食品加大线上销售力度，改传统电商为直播电商和社区电商，同时抓住央视“为鄂拼单”“搭把手、拉一把”等活动的机遇，通过淘宝、拼多多和抖音等电商平台通力合

作，公司电子商务比2021年同期销售增加5倍以上。洪湖藕农压塘的2000万斤莲藕全部在4月底销售一空，为藕农直接挽回损失4000万元以上。

五、产业化经营实现农企持久发展

公司按照“公司＋合作社＋基地＋农户”的产业化模式，实行订单农业，一头连着农户，另一头连着市场。同时公司参与组建合作社，在洪湖及周边组建水生蔬菜种植专业合作社30家，打造成中国水生蔬菜行业最大的“航母”，并全面实现“十统一”①。确保产前、产中、产后服务“三到位”：产前与农民签订合同并将新品种统一配送到户；产中提供技术指导，确保栽培管理、病虫害防治等按标准规程执行，确保莲藕生产绿色生态，为加工环节提供优质原料；产后由合作社组织上门收购，集中运送，同时，公司严格履行与农户签订的保底收购合同，不限收、不拒收；市场价低于每公斤10元时，公司按每公斤10元进行收购，市场价高于每公斤10元时，按市场价收购，全面保底托市。②

经验总结

1. 农业产业化经营发展之“根”要扎深。“建田边的工厂，做乡亲的龙头。”让利于农，实实在在地与农民结为命运共同体。从华贵藕带新品种的选育与推广，到每年向农户“赊销”苗种，再到保护价收购藕带，让“老鱼塘”变为“增产地”等充分体现华贵食品的先“达人”后“利己”的发展理念。正如农民形象地说：“跟着华贵走，致富不用愁。”

2. 农业产业化经营发展之“位”要定准。华贵食品投资成功和快速扩张得益于能从地域里找特色、从规模中求效益、从创新中挖潜力，扎扎实实地从农

---

① 统一种养布局、统一良种更新、统一农资供应、统一生产标准、统一技术服务、统一货款担保、统一保护价收购、统一加工储运、统一使用区域公用品牌、统一包装销售。

② 引自《洪湖华贵“藕带＋鱼”引领湖区产业转型》，搜狐网，2016年9月17日。

民人人能种、人人会种的一根长在浅水中不起眼的藕带做起，进而研发泡藕带，填补 9 月至次年 5 月的市场空白，以一个新产品开发一个新市场，来带动一个新产业。

3. 农业产业化经营品牌之“步”要迈实。华贵食品在最初的藕带新品种选育推广成功后，并未就此止步，而是从维护藕农切身利益和自身长远利益出发，“倒逼”自己延长产业链，研发出洪湖农家牌洪湖藕带（泡藕带系列产品）。此举是华贵食品产业的基石，更是其“裂变”的关键一步。与此同时，华贵食品充分发挥“一曲洪湖水，唱遍天下知”的品牌效益，大打“洪湖”这一金字招牌，让洪湖农家牌洪湖藕带叫响市场，并利用成熟的销售团队和销售网络，迅速赢得和占领了市场。此外，通过申报地理标志保护产品、地理标志证明商标、湖北名牌产品，制定《湖北泡藕带》食品安全地方标准，让企业标准成为行业标准等系列举措，使自身的发展后劲明显增强，发展空间更加广阔。

◎ 洪湖莲藕生产基地（作者摄于 2022 年）

专家点评

华贵食品的成功经验从现象上看，可以归结为从地域里找特色、从规模中求效益、从创新中挖潜力，按照“公司 + 合作社 + 基地 + 农户”的产业化模式，实行订单农业，优先保障藕农利益。在具体经营战略上，充分发挥企业的实力高举高打，抓品种研发、抓品牌建设、抓销售渠道。然而更为重要的是，该企业的经营理念先进并充满情怀，在经营活动中想藕农之所想，急藕农之所急，将企业的发展与藕农的利益牢牢绑定，从而实现了企业发展与乡村产业振兴的共赢。

——肖金成

湖南炎陵

小产品有大潜力　小粽叶成“致富叶”

中共炎陵县委宣传部
湖南省炎陵县乡村振兴局

2021年，炎陵县提出要着力打造“文旅康养基地、生态工业基地、特色农业基地”，而打造特色农业基地就是要吃“生态饭”，打“特色牌”，深入推进“六大强农行动”，不断提高农业质量、效益和市场竞争力。炎陵县因地制宜推进了黄桃、柰李、中药材、茶叶、油茶、竹荪等多样性特色产品发展，但整体来说，产业特色不够“特”、产品品质不够“优”。综观省市，黄桃、柰李等种植也基本趋近饱和，市场竞争日益加剧，开发潜力有限。通过前期充分调研，粽叶发展市场前景较好，经济效益较高，符合新时代绿色发展的要求。立足实际，炎陵着力推动粽叶特色产业发展是振兴炎陵产业的最佳选择。

“端午节包粽子”是中国传统习俗，在国内江浙一带与广东地带，包粽子、吃粽子更成为一种日常生活习惯，对粽叶需求巨大。东南亚及韩国、日本深受中国传统文化影响，保留着吃粽子的传统，平常生活中粽叶也可作为美食料理的绿色高档配饰。据测算，大中华文化圈每年粽叶消费量约15万吨，市场需求量巨大。同时，随着国家工业化发展推进，城市化进程加速发展，人民生活水平不断提高，以往靠深山采摘粽叶的传统手摘习惯已慢慢转变，大部分农民不愿意艰苦劳累去深山采摘，市场呼吁粽叶规模化发展、集约化经营的特色农业经济来满足需求。所以发展粽叶产业，打造粽叶特色产业基地符合未来新农业经济的发展方向，也因其绿色涵水特性，符合绿色生态发展要求。

一、炎陵粽叶产业发展的优势

（一）品质优势

炎陵野生粽叶规模较大，可采摘规模约为2万亩，现可开发采摘约1万亩。炎陵粽叶以其宽大柔韧、富硒、品质优良而深受海内外喜爱，美誉度排全国粽叶品质知名度前两名，是炎陵被遗忘的地理标志农产品。

（二）需求优势

随着民众传统习俗的回归，粽子知名企业如五方斋、皇中皇等企业的发展，加上电商企业的强大推广能力，对粽叶需求越来越大。受市场需求影响和价格调节作用，很多农户也开始自发零散种植，粽叶呈现出加速发展的现象，有望成为继炎陵黄桃之后又一炎陵农业特色品牌产业。以示范基地引导农村粽叶的发展，以规模化的粽叶工厂来收储既有需求，呼声更大。

（三）品牌优势

湖南湘乐粽业生态农业科技有限公司以及炎陵绿佳源粽叶种植农民专业合作社在开发粽叶的同时，注重湘赣边区域合作社示范区湘赣红农产品公用品牌的培育推广，2021年以合作社名义申请了湘箬轩、粽林人、箐箬轩3个粽叶品牌商标，2022年已通过国家受理，为炎陵粽叶抢占先机，走向市场奠定了基础。

（四）致富优势

炎陵粽叶发展模式采取保底收购、技术培训、村级集体合作社和农户一起合作参与的模式，除农户种植有收益外，进厂就业、自营粽叶都可取得不错的经济效益。2022年炎陵县粽叶产业已辐射带动全县1000余户农户5000余名农民就业，人均年增收5000元以上。粽叶公司吸纳脱贫户、监测户就业，有500余人（含一般户）在粽叶公司进行分选分拣工作，每月工资性收入达3000元。除此之外，还有不少村民开粽叶网店，产品销售遍布全国，高峰期一天可销售1000多单，净利润达3000多元。

二、炎陵粽叶产业的市场前景

（一）经济效益较高

通过调查得知，粽叶种植农户投入 2000 元 / 亩，2 年可采摘收入，3 年可成林丰产，估算亩产约 2000 斤，按 2022 年市场收购价格 4.5 元 / 斤估算，丰产后收入高达 9000 元 / 亩，经济效益较高。

（二）适应能力较强

粽叶长期生长在林间、山岩中，喜阴湿、耐寒、耐肥，根系发达，生命力强，抗病性强，海拔 3000 米以下的环境都适宜生长，一年四季都可栽培，年年可采，季季可收。沔渡镇属中亚热带季风湿润气候区，地貌以山地为主，适宜种植粽叶。

（三）市场前景较好

粽叶清香、洁净、纯天然，具有杀菌、防腐、清热、止血、消肿等功能，除了常用的端午节包粽子外，也可用于竹筒饭、粽叶饭、茶饮料、肉制品等食品的制作中，用途广，市场前景较好。炎陵野生粽叶资源比较丰富，粽叶种植可依托丰富的山地资源，因势利导。

炎陵县粽叶产业发展现状：当前，炎陵县粽叶产业已经形成了以炎陵为圆心，周边省市为圆周的辐射模式，甚至蔓延到国际圈。炎陵粽叶产业呈现出品牌响、辐射广、竞争力强的独特优势。

三、炎陵粽叶产业的区域市场

（一）县域内

湖南湘乐粽业生态农业科技有限公司在炎陵县投资兴建了一个 3000 亩的粽叶种植示范基地，采用“公司 + 基地示范 + 农户”的产业发展模式，经过两年的耕耘，形成了 5000 多亩的产业规模，湖南省东泉农产品开发有限公司计划 5 年投资 1.26 亿元，种植粽叶 13000 亩。炎陵县开创以乡村振兴资金为引导的特色模式与湖南湘乐粽业生态农业科技有限公司签订粽叶产业合作开发协议，通过技术培训、市场保底收购等方式与农户建立利益联结，通过风险共担、利益共享的方式，带动当地农户种植粽叶，并免费提供种苗、肥料、技术培训，年销量达 3000 多吨，实现产值 5000 多万元。全县还建立了 10 个原料供应基地，全县 17 个村庄成为粽叶专业村，形成上游生产优质原料、下游加工销售，产业链紧密连接的特色优势产业。

（二）县域边

炎陵县正以粽叶产业为引爆点，辐射带动周边县市人口就业及产业发展合作，周边县市如桂东县、茶陵县、井冈山市、遂川县等约有 500 余人在炎陵县从事粽叶工作。除此之外，周边县市共同参与，形成了从采摘到销售的完整产业链，产业链规模近亿元。

（三）华中地区

炎陵县粽叶在华中地区已声名鹊起，华中地区省份如湖北、江西、湖南等皆有客商来炎考察、调研粽叶，2022 年已与华中地区数家公司签订了粽叶合作协议，年合作金额 2000 多万元，通过合作客商转出口东南亚约 300 万元。

四、炎陵粽叶产业存在的问题

（一）产业规模化程度不高

炎陵县粽叶产业发展正处于起步阶段，部分村民群众对粽叶发展前景仍存有疑虑，种植积极性不高；除湖南湘乐粽业生态农业科技有限公司和炎陵绿佳源粽叶种植农民专业合作社外，上档次、规模大、带动能力强的合作社或龙头企业较少，规模化程度不高。

（二）产业链条延伸不足

当前，粽叶产业发展时间较短，从初级产品到精深加工产品的产业链条未健全，提升产品附加值的研发力度不足，综合效益有待进一步提升；因耕地保护红线和生态保护红线划定，可利用土地资源有限，可持续发展面临困境。

（三）发展要素保障不够

资金扶持力度不大。粽叶种植还未作为特色农业列入县域“一带八基地”政策支持范畴，资金扶持政策不配套、不完善，扶持力度小，导致企业投资意愿不强。

科技扶持力度不足。产业技术服务工作滞后，粽叶种植技术培训还未纳入科技特派员服务范围，专业技术人员不足，缺乏与粽叶专业机构或科研院校的合作，产业发展缺乏强有力的技术支撑。

配套基础设施较为薄弱。粽叶基地周边道路、配套电力设施、生活设施等不完善，产品运输较为困难，采摘工人生活较为不便，仓储、加工等设施方面建设进程缓慢，这在一定程度上制约了粽叶产业的长远稳定发展。

经验总结

1. 着力抓好基地化发展。坚持把粽叶种植当作炎陵的特色项目、优势项目和主导项目来抓，充分依托湖南湘乐粽业生态农业科技有限公司和炎陵绿佳源粽叶种植农民专业合作社，按照统一规划、适当集中、规模连片、整村推进的思路，以龙头企业建基地带动农户种植粽叶向规范化发展，扩大龙头企业的辐射范围和作用，在全县培育一批粽叶种植专业村和种植专业户；鼓励和支持龙头企业与农户建立紧密且稳固的利益联结机制，通过开展定向投入、定向服务、定向收购的方式，为农户提供种植技术、市场信息、产品销售等多种服务，通过签订保底收购协议对农户收益给予最大程度保证，以此促进基地建设全面发展。

2. 着力实行标准化生产。积极搭建企业与科研院校沟通交流的平台，邀请省、市专家团队进村入企进行专业授课，加强粽叶标准化生产的宣传、培训和管理。加强与上级部门对接，落实科技特派员制度，树立粽叶种植标准，从竹林营造、幼林管护、成林丰产培育、有害生物防治等方面编制丰产保产技术规范，从种植、采摘、加工、包装等方面建立一套标准化流程体系，以标准化生产让粽叶达到高产量增收、高质量增值，最终实现产值的极大提升。

3. 着力推进产业化经营。积极推进土地流转，鼓励土地使用权转让、租赁，把土地向大户集中，培植粽叶种植大户，使全县的粽叶种植从零散经营转化为集中连片管理。与此同时，大力扶持专业大户和重点龙头企业，以湖南湘乐粽业生态农业科技有限公司为主体，采用“公司 + 基地 + 农户”的经营模式，将全县的粽叶统一品牌、统一质量、统一包装、统一宣传、统一销售，加快中洞村通风库和湖南湘乐粽业生态农业科技有限公司深加工厂房建设进度，提高粽业产业化水平，实现产、供、销一体化经营。

4. 着力加强品牌化建设。加快粽叶品牌建设，将现有的湘箬轩、粽林人、箐箬轩等打造成为具有代表性的粽叶品牌和系列产品。积极推进炎陵粽叶地理标志农产品申报，借鉴湘赣边区域合作正当时的优势，针对井冈山市、炎陵

◎ 种植基地中粽叶长势喜人（作者摄于 2022 年）

县、桂东县、茶陵县、上犹县均有粽叶的历史和现状，积极谋划，全力推进粽叶产业发展，力争将其纳入“湘赣红”特产品牌。

专家点评

这个案例的关键之处，在于找准了一个具有未来发展潜力的小产品——粽叶，持续发力，做大做精，注重农产品公用品牌建设，形成先行者优势。同时，在龙头企业与农户之间建立紧密且稳固的利益联结机制也很重要。目前，炎陵粽叶发展采取龙头企业为农户提供种植技术、市场信息、产品销售等多种服务，通过签订保底收购协议对农户收益给予最大程度保证的模式是对的，值得推广。

下一步，当地政府应帮助农户、种植合作社及从事加工销售的企业解决粽叶产业发展中面临的现实问题，做好服务，扶持这一特色产业行稳致远。但也要注意根据市场需求逐步扩大规模，不能拔苗助长，越俎代庖。

——肖金成

甘肃

品牌赋能 打造甘肃产业升级新引擎

甘肃农业出版传媒有限公司

2018年以来，甘肃省委、省政府立足全省农产品资源优势，着力打造甘味农产品省级区域公用品牌，大力实施品牌强农战略，在推动农产品产销对接、有效衔接乡村振兴方面取得了显著成效。作为甘味品牌宣传推广的科学化、体系化专职机构，甘肃农业出版传媒有限公司组建了一支专业化的品牌宣传队伍，服务于甘味品牌的推广运营体系建设，着力打造甘味品牌视觉识别系统、海报图文推广系统、融媒体视频宣传系统，通过市场化方式为甘味品牌推广延伸策划系列线上线下活动，不断放大“厚道甘肃 地道甘味”品牌效应，使甘味品牌核心竞争力和市场认可度明显提升，获得2021中国品牌·区域农业形象品牌影响力指数第一名，荣登2022消费者喜爱的中国品牌TOP100榜单，为助力甘肃乡村振兴起到关键的引领作用。

甘肃是中华民族、华夏文明和中华农耕文明重要发祥地之一，是传统农业大省，农业发展历史悠久、积淀深厚，特色鲜明、优势突出，势头强劲、成效显著。经过多年的艰辛探索和不懈奋斗，特别是2018年以来大力推进产业扶贫和乡村产业发展，甘肃农业发生了翻天覆地的变化，正在走上一条“现代”方向引领、“丝路”时空定位、“寒旱”内在特质、甘味品牌标识的现代丝路寒旱农业发展路子。2018年以来，甘肃结合推进农业供给侧结构性改革、推动农业高质量发展，全力打造甘味农产品省级公用品牌。

甘味品牌建设先后列入甘肃省委一号文件、省政府工作报告，省委农村工作领导小组两次召开专题会议研究甘味品牌建设工作，推动甘味品牌创意，阐释甘味品牌内涵，设计制作甘味品牌标识，征集确定“厚道甘肃 地道甘味”

品牌广告语，开展甘味品牌商标注册保护工作，构建起“政府推进、部门联动、企业主动、社会促进”的甘味品牌体系建设大格局。

作为省级农产品区域公用品牌，甘味省级公用品牌＋市县区域品牌＋企业商标品牌三级融合、协同发展、互为支撑，坚持互认共建、互促共享，形成了以甘味公用品牌为统领、地方公用品牌为支撑、企业商标品牌为根本的品牌培育体系。在品牌宣传推广中，既注重甘味品牌整体塑造，又分层分类强化区域品牌和企业商标品牌建设，发挥甘味省级品牌知名度提升快的优势，赋能区域公用品牌、企业商标品牌建设，同时发挥区域公用品牌、企业商标品牌消费指向明确，方便消费者选购产品，市场销售效果好的优势，加快提高品牌认知度和美誉度。

在省委、省政府指导，甘肃省农业农村厅、甘肃省农垦集团的大力支持下，经过3年多的培育，形成了省级甘味公用品牌，60个市县区域公用品牌，500个企业商标品牌，建立了《“甘味”农产品品牌目录》，甘肃农业出版传媒有限公司出版印制《甘味品牌目录画册》，甘肃省特色农产品产销协会对纳入《“甘味”农产品品牌目录》的地方区域品牌和企业商标品牌，授权使用甘味品牌标识，进行公益性宣传推介，提供增值服务。地方区域品牌和企业商标品牌开展宣传推介时，共同维护甘味品牌，同步使用甘味标识、同步宣传甘味品牌、同步讲好甘味故事。

一、品牌制约的因素

（一）市场主体创建甘味品牌意识不强

甘肃农产品生产、加工企业多为规模小、实力弱、科技水平低及生产工艺现代化程度不高的中小企业，在品牌打造方面缺乏战略眼光和整体谋划，品牌小而杂、影响力小、公众认知度低。企业对创建甘味品牌认识不到位，参与度不高。

（二）农产品产业规模化和产品标准化程度不高

甘肃区域性特色农产品种类丰富，如高原夏菜、花椒、油橄榄、玫瑰、百合、中药材等，虽有品质特色，但规模小、数量不足，难以形成品牌效应；大宗农产品如马铃薯、洋葱、苹果等，虽产量大、数量多，但品质参差不齐，标准化程度不高，不利于品牌打造。

（三）甘味品牌宣传推广渠道单一

甘味品牌农产品销售主要以传统的销售模式为主，品牌传播渠道相对单一，电商销售、直播带货等网络销售新业态尚未得到充分利用。甘味品牌销售渠道狭窄，市场覆盖率较低，品牌知名度、美誉度不高，加之甘肃不沿边、不靠海，物流运输成本较高，农产品销售价格不具有竞争优势，品牌打造进程缓慢。

二、甘味品牌建设的具体做法

（一）开展甘味品牌宣传推广活动

开展甘味品牌主题宣传；制作播出甘味品牌视频宣传节目，如《数说甘味》等；编写刊发如“甘味故事”类型图文；总结推广甘味农产品宣传经验。

（二）开展甘味品牌系列产销对接活动

举办甘味品牌系列展销活动；开展甘味品牌周线上宣传活动；联合省直机关和省内有关地方政府，开展区域品牌专场推介活动，加大甘味品牌农产品营销力度。

（三）开发建设甘味网上商城和供应链系统

在甘味智慧农业 App 中建立甘味商城，实现线上展示和销售；建立甘味供应链系统，大宗采购、零售管理、会员管理为一体的甘味农产品供应链系统。

（四）在央视投放甘味品牌广告

采取甘味省级公用品牌 + 地方区域品牌的方式进行宣传，第一个月播放

15 秒甘味品牌标识和“厚道甘肃 地道甘味”的广告宣传；其余 11 个月，将地方区域品牌广告语定版（每月更换 1 次），与“厚道甘肃　地道甘味”广告语定版结合播放。地方区域品牌广告包含崆峒区等 23 个县（区）的平凉红牛等 23 个区域品牌。

三、甘味品牌宣传推广的经验和亮点

（一）充分调动企业积极性，树牢品牌意识

引导企业涵养商业文明，培育专业精神，树立品牌意识，合理定位目标市场，避免同质化或恶性竞争。协助企业积极申报“三品一标”认证，提升品牌价值，打造拿得出、叫得响、保得住的甘味品牌。帮助企业挖掘资源潜力，注入特色内涵，提升品牌品位。以不增加企业负担为前提，鼓励企业积极参与甘味品牌创建，对入选产品及企业积极给予宣传推广支持，调动企业参与积极性。

（二）完善标准体系，提升产品质量

提高农产品生产标准化覆盖率，确保农产品质量安全。完善标准评价体系，规范推广生产技术，积极融入以产品标准、试验方法标准、投入品使用准则为主的国家标准体系。借助甘味品牌资源优势，进一步做好统一标准、统一包装、统一品牌，满足各地客商一站式采购需求。对授权甘味标识的品牌，做好产品的分级、分选，严格管控质量，以提升消费者满意度为目标，引导企业加快产业升级，提高甘味农产品技术含量和附加值，同时，改进包装，达到以质取胜效果。

（三）推动科技创新，提升农产品科技含量

引导企业加强与科研院所、高等院校合作，改良并推广优良品种，定向开发适合终端消费的特色农产品品种，加大新产品和高端产品的研发力度，

加快良种良法的引进、试验、繁育和推广，提升特色农产品科技含量，夯实品牌建设的种源品种。对采收、清洗、分级、加工、包装、仓储等过程进行商品化处理，采取特色农产品精深加工技术，结合市场消费需求，进一步开发符合现代便利消费模式的休闲及保健食品，提高农产品的档次和附加值。借助甘味大数据平台，深度了解消费者潜在需求，提高新技术的应用，通过产品创新、技术创新、包装创新、设计创新等策略，提升农产品科技含量和市场占有率。

（四）建立多元化的市场体系，扩大品牌知名度

在保持传统销售模式前提下，积极借助新业态拓展品牌传播渠道。巩固传统市场，开拓新兴市场，面向全国及“一带一路”沿线国家和地区，合理布局，有针对性地制订市场开拓计划，优化生产、加工、储存、销售流程，有效降低农产品进入全国及开拓国际市场成本，提高市场竞争力。充分发挥东西协作机制作用，加强甘味品牌宣传推广，推动甘味农产品走进东南沿海发达省市销售市场。引导企业积极开展国际认证，推动甘味农产品走出国门。同时坚持农业可持续发展战略，积极采用有机农业生产技术，对种植业、养殖业和农产品加工业进行全面规划，做到合理配置，节约利用能源，保护自然，不断提高甘味品牌知名度。

四、取得的成效

（一）集聚宣传要素资源，品牌建设水平进一步提升

甘味品牌宣传广告先后在央视、新华网等媒体投放，调动 520 余家网络媒体资源进行宣传，央视广告月接触人数超过 3 亿人，网络信息浏览量 1.1 亿次，成为现象级的网络传播产品，受到了网民的普遍喜爱。充分利用第三方平台，积极向今日头条、微博、微信、学习强国、抖音、快手等第三方平台加大品牌宣传相关稿件的推送力度，扩大了宣传范围，增强了宣传效果。

（二）举办品牌营销推介活动，带动农产品销售收入明显提高

通过举办甘味农产品北京、上海、天津、广州等专场活动扩大销售规模，举办金融助推甘味品牌建设系列活动，组织知名网络主播开展公益直播，定期举办甘味特色农产品贸易洽谈会和甘味农产品品牌建设高端论坛等各类大型活动，截至2021年12月，签订甘味农产品意向性采购协议金额超过170多亿元。

（三）线上线下融合推广，甘味农产品销售渠道进一步拓宽

在兰州设计集展示展销、品鉴体验、产业孵化于一体的甘味品牌中心，调动各方资源，在北京、天津、重庆、广州、深圳及甘肃省内白银、兰州新区、临洮等地设立了甘味农产品展销中心，在上海卜蜂莲花超市等设立了甘味农产品展销区，在京东、中粮集团我买网、中石油和各大金融机构线上商城等线上平台开设了甘味品牌馆或销售甘味农产品。开发甘味特色金融产品，推进政银企对接，助力甘味农产品销售和企业融资。借助阿里平台、数据优势，降低甘味农产品企业物流成本，推动产地和终端、线上和线下有机融合，进一步拓宽甘味农产品销售渠道。

经验总结

建立集中统一的品牌宣传推广体系。充分发挥甘味品牌中心在品牌建设中的旗帜作用，明确品牌中心的公益性职能定位，在做好集中统一宣传推广的同时，由品牌中心组织专业化队伍，开展地方区域品牌和企业的规划、评估等工作，同时，组织队伍定期开展品牌宣传的统一工作，杜绝非法使用和错误使用品牌标识体系的行为，确保甘味品牌产品的积极形象，形成宣传合力。

建立多元化的市场推广体系。在保持传统销售模式前提下，积极借助新业态拓展品牌传播渠道，面向全国及“一带一路”沿线国家和地区，合理布局，有针对性地制订市场开拓计划，优化市场推广机制体制，有效降低甘肃农产品进入全国及开拓国际市场的成本，提高市场竞争力。充分发挥线上线下同步推

广的带动作用，加强甘味品牌宣传推广，推动甘味农产品走进东南沿海发达省市销售市场，推动甘味农产品走向更多老百姓的餐桌。

加强人才队伍建设。围绕农业品牌建设，组织开展企业市场及品牌营销人才队伍建设，培训品牌企业负责人和营销队伍，邀请全国农业品牌专家指导甘味品牌建设，举办甘味特色农产品品牌建设论坛，通过理论和实践结合等方式，提升甘味品牌的内在价值，为打造具有现代化水平的甘味农产品品牌奠定基础。

◎ 甘味品牌北京运营中心（作者摄于 2022 年）

专家点评

立足全省农产品资源优势，着力打造甘味农产品省级区域公用品牌，大力实施品牌强农战略，推动农产品产销对接，是甘肃省委、省政府在实施乡村振兴中充分发挥市场机制作用的重要措施，并且取得了显著成效。

甘味品牌战略，顶层设计明确，特点突出，系统完整，覆盖全面，能够有效维护品牌声誉，避免竞争乱象。针对甘肃区域内涉农企业在国内外市场中主体地位不够突出、多数企业规模较小、竞争能力相对较弱的现实，由政府统一打包规划品牌战略，通过扶持、协助等多种方式与企业互动实施，可以有效提升品牌的权威性和影响力，强有力地支撑市场对甘味农产品系列的信任度。

甘肃的这一做法，在涉农市场主体影响力、带动力不足的地区，具有借鉴意义。

——袁崇法

广西柳州

深耕螺蛳粉产业　谱写乡村振兴新篇章

杭州微念品牌管理有限公司

广西微念实业有限公司（以下简称广西微念）为杭州微念品牌管理有限公司的全资子公司，是一家从事食品研发、销售和推广的综合型食品企业，现有螺蛳粉及休闲熟卤制品等系列产品，运营臭宝品牌。公司聚焦实业，拥有从原材料到工厂、技术研发到生产应用、品牌打造到推广销售的全产业链布局，以及覆盖海内外多地区的销售渠道网络，深耕食品产业，致力通过产业链带动乡村振兴，推动中华美食走向世界。旗下臭宝品牌以“创造快乐”为使命，以“快乐大大大口吃”为品牌理念，通过提供具有奇趣体验并不断创新的螺蛳粉，给消费者带来极致感官刺激和充满乐趣的快乐感受。

乡村振兴不仅包含乡村产业振兴、生态振兴，同时也包含人才振兴、文化振兴。2021 年，柳州螺蛳粉制作技艺被列入第五批国家级非遗名录。柳州螺蛳粉不仅是地方美食，同时也是推动柳州乡村振兴的重要载体。柳州商务局数据显示，截至 2021 年，柳州螺蛳粉产业提供就业岗位超 30 万个，全产业链销售收入达 501.6 亿元，袋装螺蛳粉销售收入达 151.97 亿元。螺蛳粉产业已然成为推动柳州产业振兴、乡村振兴的新引擎。

广西微念紧跟市场发展趋势，精准把握受众人群需求，挖掘地方特色美食文化，深耕螺蛳粉产业链，拓展农户增收渠道，切实提高农户实际收入，助推乡村振兴，并逐步探索中国故事的国际化表达。

在柳州螺蛳粉产业蓬勃发展的过程中，广西微念携臭宝品牌，积极响应号召，发挥民营企业优势，以实业助推柳州乡村特色产业发展及乡村振兴。

在产业发展过程中遇到如下问题：

1.“国潮”风起，非遗焕新。不少地方的美食频频出圈，如云南鲜花饼、陕西凉皮、北京烤鸭、柳州螺蛳粉等。地方美食出圈的同时，也带动了相关地方文化、非遗文化的传播。在众多地方美食中，如何选择“赛道”成为企业面临的第一问题。

2. 柳州螺蛳粉产业蓬勃发展，有数据显示，截至 2021 年底，柳州螺蛳粉生产企业达到 127 家。柳州螺蛳粉更需要在保护中传承、在创新中发展。如何持续创新并构建品牌差异，成为企业发展的一大难题。

3. 从街巷美食到规模化、产业化、标准化生产，柳州螺蛳粉产业的发展堪称“柳州经济韧性的缩影”。与此同时，柳州螺蛳粉产业也入选了 2021 年全国 14 个巩固脱贫攻坚成果和推进乡村振兴典型案例。如何能够高质量助力乡村振兴，成为新的发展课题。

4. 企业品牌文化是品牌价值核心的体现。如何在打造文化新消费品牌的同时传承和传播传统文化?

5. 非物质文化遗产在国际传播过程中具有得天独厚的优势。臭宝品牌产品助推非遗文化、地方特色文化扬帆出海时，在拓展海外市场上应如何筹备?

针对以上问题，采取如下对策：

1. 紧跟市场发展趋势，契合受众人群需求。螺蛳粉最早出现于 20 世纪 70 年代末，虽然历史较短，但螺蛳粉和米粉在柳州传承悠久。将米粉和螺蛳结合起来制作的螺蛳粉，是柳州民间的一大创造，而且其独特的传统手工技艺也是柳州宝贵的非物质文化遗产。

作为地方美食，酸笋通过腌制发酵后产生的特殊气味，也成为柳州螺蛳粉独特的记忆符号，它闻起来很臭，但吃起来很香。也正因此深受广大食客的喜爱并不断地传播开来。另外，柳州螺蛳粉在吃法和配料上的丰富也带来了新的发展机会，有望打破地域壁垒。

随着“国潮”兴起，非遗美食的关注度也在不断攀升；技术工艺的进步叠加互联网、物流的成熟发展，促使地方美食打破地域限制。品牌化、标准化、产业化也成为地方美食产业发展的转折点，整个行业正在经历重构，有众多创新的可能和机会。

从产业发展的角度来看，柳州市人民政府高度重视螺蛳粉产业发展，陆续出台一系列产业发展规划文件，推动柳州螺蛳粉向规范化、标准化、品牌化及规模化发展，这也正和广西微念及杭州微念品牌管理有限公司（以下简称微念公司）的战略选择不谋而合。

微念公司看好地方美食产业的发展趋势，5 年前进入文化消费领域赛道，正式布局地方美食，通过打造、运营具有东方文化特色的新消费品牌，推广中国味道，期望更多人了解传统美食，感受传统美食背后所蕴藏的深厚文化，这也是创立臭宝品牌的初心。

螺蛳粉市场具有广阔的发展空间和良好的发展前景，因此，广西微念也投入了大量的人力和物力深耕螺蛳粉产业链，有幸成为螺蛳粉产业发展的亲历者、推动者和见证者。

2. 在保护中传承，在创新中发展。在柳州螺蛳粉发展浪潮之中，广西微念与江南大学进行科研合作并成立微念 · 江南大学螺蛳粉联合创新中心，在研究柳州螺蛳粉产品特点及生产工艺等的关键技艺的同时，在内容上从保护并传承传统技艺入手，深入研究酸笋的发酵工艺、有益菌落等。在产品质量上严格把控，从原材料的种植、生产、加工到物流及销售等进行全产业链的投资建设。同时，结合当前市场消费者不断变化的需求喜好，力争在创新中求发展。比如许多消费者对吸满汤汁的大片腐竹情有独钟，就在其油炸技术、沥油、易碎、运输损耗等一系列技术问题上做研究，从而解决其产品的自身难点。

在内容建设上，臭宝品牌以 IP 为载体进行传播；在渠道搭建上，臭宝品牌在线上、线下及海外销售渠道上着力进行创新发展。形成既有传统的美食鲜明特色，又有现代产品品牌建设的先进形式，两者互相有机结合，迅速建立起产品品牌与用户之间的联结。

3. 深耕产业链，实现全产业链布局。小米粉，大产业，柳州螺蛳粉的产业化、工业化、全链条化是发展地方经济、提升上下游多产业发展水平的有效途径，也是带动相关地区经济高质量发展和扩大就业的有效形式。广西微念深耕螺蛳粉产业链，率先实现了全产业链布局。

在产业链上游农业端，从根源上实施帮扶，投资建设稻螺养殖基地、竹笋种植基地等，推行实施绿色种养循环模式，帮助当地农户增产提质增收，实现生态效益和经济效益共赢。公司已经和柳州当地的许多农户稳定合作数年。

在工业化生产方面，在当地投资兴建了螺蛳粉食品加工厂，工厂智能化水平处于行业领先位置，同时吸纳了众多在食品行业有多年经验的优秀技术人才，有效提升柳州螺蛳粉从业队伍的技术水平。甚至许多合作伙伴已经在柳州安家落户。

广西微念 2021 年同全国农业科技成果转移服务中心达成合作意向，双方将根据企业发展需求，研究、转化、应用农业科技创新成果。不断加强科企、科产融合，提高农业科技成果转化实效，为当地经济的高质量发展做出有效努力，也使发展成果更好地惠及农村、城镇，力求辐射带动更多群众增收致富。

4. 美食结合人文历史，焕发传承的新活力。非遗文化往往蕴藏着一方水土的人文历史和情感记忆。而美食是非遗文化的活态传承。广西微念以美食为载体，同当地的人文历史、情感记忆深入结合，通过打造品牌、IP 等形式，为地方文化的传播注入新活力。

在内容传播上，臭宝品牌正搭建覆盖海内外的传播矩阵，以创新内容和传播形式赋能非遗文化在全球化语境下的传播。例如，邀请了海内外众多有影响力的名人、博主拍摄记录他们体验中国地方美食的情景，向更多的人展示中国非遗文化的魅力。同时拍摄了多部与柳州螺蛳粉相关的宣传片在社交媒体上传播。在产品设计上，臭宝的品牌物料、产品包装设计、文创周边等融入更多传统文化元素，让底蕴深厚的非遗文化以多样的内容形式“活”起来，持续焕发出代代传承的生命力。

5. 美食产品同文创周边齐出海，探索中国故事的国际化表达。越是民族的，越是世界的。柳州螺蛳粉恰恰是这句话的生动体现，其地域特点、民族特性非常鲜明。在广泛调研基础上，广西微念认为，一方面可以将在中国市场积累和验证的经验，在海外市场进行应用；另一方面结合目标市场的文化背景和行业发展模式，推出与当地需求相匹配的本土化传播方案，也将更有助于推广产品。

广西微念一直坚持“传统文化年轻时尚化，地方特色全国全球化”，成立了出海事业部，组建具有海外运营经验的团队，以 IP 出海和品牌出海的形式，积极探索国货出海发展的新路径和中国故事的国际化表达。

在品牌出海方面，臭宝品牌海外渠道稳步拓展，已将产品推广至数十个国家和地区；而新上线的臭宝 IP，包括动画、文创周边等，也为海外传播提供更多优秀内容及想象空间。

随着中国国际影响力的提升，中国品牌、中国味道也将更深刻地影响世界饮食潮流。我国有悠久的美食历史、网罗不尽的地方风味、因材施烹的饮食哲学，这些都支撑了中华非遗美食逐渐走向世界，被更多人喜爱和认可。

取得了如下成效：

1. 线上联动线下，实现高质量、高标准生产。立足实业，进行科研力量创新，广西微念不仅拓展了螺蛳粉的消费场景和细分市场，同时实现了以消费带动产业振兴、乡村振兴，让更多人了解中国味道、爱上中国味道。

广西微念引进专业设备、倡导以智慧化生产为导向，致力于打造全智能化的螺蛳粉生产线，以期实现厂区智慧化管理，不断提升标准化品质工艺。这是广西微念推动螺蛳粉智慧工厂创新与发展的一大重要探索方向。同时，广西微念相关负责人为柳州螺蛳粉产业标准化技术委员会委员，深入螺蛳粉上下游产业链，积极参与行业建设。

未来，广西微念将与柳州螺蛳粉标委会携手推动柳州螺蛳粉全产业链的标准体系的建成，同时以螺蛳粉产业发展推动地方经济发展、助力乡村振兴事业。

2. 科研创新推动产业发展，促进行业标准化生产。在做优做强乡村特色产业方面，广西微念还积极搭建产学研平台，以科研力量助力行业高质量发展。2021 年 6 月，微念 · 江南大学螺蛳粉联合创新中心挂牌成立，为促进行业标准化生产及技术成果落地添砖加瓦。2021 年 9 月，广西微念被评为全国农业科技成果转移服务中心产品研发基地，这不仅是双方战略和关系的确立，同时有助于提高农业科技成果转化实效，助力现代农业发展和乡村振兴战略的实施。

3. 拓展农户增收渠道，切实提高其实际收入。在乡村振兴工作中，柳州市依托特色优势资源，通过政府引导，企业带动，加速螺蛳粉一二三产业融合发展。

广西微念积极发挥龙头企业的引领作用，与当地的农户建立起稳定的产销关系，使得农户在家门口就能够有一份好的收入。具体而言，广西微念在柳州持续建设原材料种养殖基地，如数千方竹笋种植基地、数百亩螺蛳养殖基地、酱菜生产厂、腐竹生产厂等，借此提高农户的收入水平。

值得注意的是，广西微念的螺蛳养殖基地采用的稻螺共养模式提高了水稻、螺蛳品质，也保护了当地的生态环境，实现了生态效益和经济效益共赢。

为多方面、多环节惠及农业发展和乡村振兴，广西微念与里雍镇龙团村结对帮扶，在乡村规划、产业发展、环境美化、人才振兴、设施建设、文化建设等方面开展共建，协助龙团村推进产业兴旺、生态宜居、治理有效、生活富裕的进程。更进一步延伸企业在产业链上游布局，拓展群众增收渠道，力求辐射带动更多群众增收致富。

4. 提供数千个就业岗位，帮助万户农户脱困脱贫。面对市场上繁杂多元的市场环境，广西微念重视品牌力量，立足于实体产业，带动当地农户就业。

据统计，截至 2020 年底，广西微念直接及间接提供超过 4000 个就业岗位；合作配套供应商共计 50 余家，其中多个上游企业响应国家扶贫政策，共配套几十个扶贫项目，曾累计帮助 1 万多户农户完成脱困脱贫。

5. 助推传统文化与地方文化扬帆出海。通过文化赋能消费，广西微念在国内新消费品赛道提升了知名度，成功打造出了文化 IP 和新消费品牌结合的标杆案例。广西微念立足于传统文化和地方特色文化，成立出海事业部，寻找中国故事的国际化表达及中国品牌与海外市场的契合点。

微念公司一系列举措取得了创新成果，公司运营的臭宝品牌螺蛳粉登上2022年抖音618原味螺蛳粉热销榜榜首，且获得了国际认可，为行业首个摘得“Superior Taste Award”2星奖章的螺蛳粉品牌。

经验总结

1. 紧跟国家发展战略，推动行业品牌化发展。党的十九大以来，柳州市人民政府高度重视螺蛳粉产业发展，陆续出台一系列产业发展规划文件。微念公司紧跟国家和地区发展战略，扎根实业，广泛布局，投资建设上游原材料基地，联动相关研究院，校企合作、产教融合推动行业向规范化、标准化、品牌化及规模化发展。

2. 顺应时代发展潮流，探索文化消费创新融合。螺蛳粉成为当下时代潮流，螺蛳粉产业受到市场的广泛关注。柳州通过优化行政审批流程、强化食品安全监管等举措，使螺蛳粉产业发展保持了良好势头。臭宝品牌顺应当下年轻人喜好趋势，围绕创造快乐、奇趣体验等主题发掘地方美食文化内涵，并通过文创周边等来拉近公众与非遗文化的距离，赋予品牌独树一帜的文化属性，进而提高产品的附加值，实现文化及消费的创新融合。实现文化赋能乡村产业振兴，推进物质生活与精神文化的共同富裕。

3. 探索品牌创新优势，助力消费提档升级。广西微念面向海内外市场，以文化IP为载体，打造“内容+渠道”的创新优势。臭宝品牌挖掘品牌发展潜力，实现农业生产、加工、流通一体化发展，有效促进上下游产业链合作方增收致富，助力消费帮扶提档。通过提高农户种植、养殖原材料的采购价等方式，让发展更为平衡、机会更加均等、成果人人共享，助力消费提档升级。

4. 企业勇担社会责任，助力乡村振兴及文化传承。产业兴旺是乡村振兴的重要基础，企业通过全产业链拓展产业增值增效空间，积极发展农产品加工业，让农民更多分享产业增值收益。在提升企业效益的同时，加强非遗文化的保护和传承，既是对历史的尊重，也是对国家和民族文化永续发展的有效助推。广西微念在品牌建设、产品生产上，注重非遗文化、乡村振兴等社会发展方向，注重科研技术成果的推进，主动承担民营企业的社会责任。

◎ **广西微念实业有限公司（作者摄于 2022 年）**

专家点评

米粉和螺蛳结合的螺蛳粉，是柳州民间的一大创造，是广西柳州宝贵的非物质文化遗产。广西微念作为一家综合型食品企业，把原本市场不大的螺蛳粉，做成了一项畅销国内外又始终保持鲜明特色的百亿产业。

广西微念坚持在非遗保护传承下保持特色，在不失特色下适应市场做相应调整；以现代技术手段替代传统的手工工艺，实现可规模化的大批量生产；以别具一格的“臭味”“家乡味”牢牢站稳市场。

发展前景越来越好的广西微念作为龙头企业，有效整合带动了各种辅料生产的规模化、现代化，拓展了就业，增加了收入，促进着乡村振兴；乡村相关产业的发展，同样也有效地支撑着龙头企业的可持续发展。

——袁崇法

湖北英山

做好茶文章　拓宽振兴路

湖北省英山县茶叶产业化办公室

英山县位于湖北省东北部，大别山主峰南麓，版图面积1449平方公里，辖3乡8镇313个村，总人口40.86万人。1986年，英山县被确定为国定贫困县，2006年又纳入国家新一轮扶贫开发工作重点县，2009年列入湖北省委、省政府确定的全省7个脱贫奔小康试点县之一，2011年列入国家大别山集中连片特困地区区域发展和扶贫攻坚试点区，2017年被省委、省政府确定为全省9个深度贫困县之一。

多年来，英山县在各级部门的大力支持下，依托茶产业资源优势，在脱贫攻坚期内，全覆盖建立村级自强互助脱贫合作社，实施“合作社＋市场主体＋产业基地＋贫困户”一体化产业扶贫模式，163家市场主体对接帮扶1.98万个贫困家庭，形成了稳固的利益联结机制，近20万茶农因种茶、制茶、销茶而脱贫致富。进入乡村振兴阶段，英山县主动在湖北省构建新发展格局先行区目标中找准定位，积极参与建设湖北省茶产业链，抓实“六大工程”，擦亮英山云雾茶品牌，奋力打造百亿茶产业，小茶叶已成为英山兴县富民、助力乡村振兴的支柱产业。

英山县发展茶产业存在一些制约因素：

1. 龙头企业不强。国家级茶叶龙头企业还是空白的，多数茶叶企业还处在成长期，规模不大、实力不强、辐射带动力弱。

2. 精深加工不够。大多数茶产品处在初级资源开发阶段，精深加工产品少，茶饮料、茶食品、茶保健品、茶化工等产品开发还未破题，茶叶综合利用水平亟待提升。

3. 品牌效应不大。英山县曾是国家级贫困县，财力有限，品牌宣传经费严重不足，虽然英山云雾茶在全省乃至国内市场有一定的知名度，但与西湖龙井、信阳毛尖等全国知名品牌相比，还有差距。

4. 自营出口不足。全县虽然有 12 家企业办理了出口备案登记，但只有 2 家企业自营出口，每年生产近万吨出口茶都是通过浙江、安徽等地进出口企业转运出口。

5. 茶文化建设滞后。英山产茶历史悠久，茶叶资源丰富，文化底蕴深厚，但与福建武夷山、安溪，四川峨眉山等先进茶区相比还有较大差距。茶叶生态休闲旅游尚未形成气候，企业茶文化设施建设较为缓慢。

为突破以上制约因素，英山全面贯彻新发展理念，坚持“大企业、大品牌、大市场”的发展思路，重点抓实“六大工程”，实现“十大转变”，奋力打造百亿茶产业。

1. 实施品质提升工程。建设大别山国家级茶树良种科技示范园，推进茶园良种化，夯实茶产业发展基础。调整优化种植布局，加速老龄低产茶园、种性混杂茶园改种换植，力争每年新建生态茶园 0.5 万亩、改造低产茶园 1 万亩，逐步实现“一村一品”。推广生态栽培、绿色防控、有机肥替代、农机农艺融合、物联网应用等集成新模式，建设绿色生态茶园。加强《湖北省促进茶产业发展条例》宣传，严格投入品源头管控，创建湖北省大别山生态茶产品质量检测中心，加大茶叶质量抽检频次，提高质量安全水平。

2. 实施龙头培植工程。着力培育壮大本地龙头企业，建立以主业突出、综合能力强、增长速度快、引领带动作用大的龙头企业牵头，合作社、家庭农场跟进，茶农积极参与的茶产业化联合体，加强产销衔接和利益联结，优化市场资源配置，促进茶业经济高质量发展。出台《加快推进英山县茶叶产业链建设若干措施》，每年统筹整合资金 5000 万元，重点支持基地建设、龙头培育、出口贸易、产品研发、品牌打造等，对新认定为国家级农业产业化重点龙头企业和年度考评排名第一、第二、第三的企业分别奖补 800 万元、600 万元、400 万元。

3. 实施品牌打造工程。修订英山云雾茶标准，将英山云雾茶定格为一个品种、一个形状，便于品牌宣传和消费者识别。完善英山云雾茶栽培规程、加工规程、冷藏保鲜规程、茶艺规程，进一步健全英山云雾茶标准化体系。加强英山云雾茶商标、地标使用和管理，确保品牌质量和品牌形象。鼓励支持企业以英山云雾茶公用品牌抱团参加国内外有影响、有实效的各种重大茶事活动，借助主流媒体、新媒体广泛宣传，提高英山云雾茶的市场知名度和美誉度。

4. 实施加工升级工程。以清洁化、自动化、智能化为方向，加大资金扶持力度，鼓励加快茶叶加工装备更新升级。全县新建或改建升级茶叶初、精、深加工生产线 160 多条，茶叶绿色加工能力和水平实现全面提升。湖北大别茶访茶业集团有限公司、湖北金雷茶业股份有限公司与国家科研院所合作，开发了绿茶面膜、茶酒、茶叶自动售货机、茶叶冷泡机，茶资源综合利用水平显著提升。

5. 实施产业融合工程。推动茶产业与旅游产业、健康养生产业、文化创意产业跨界融合发展，成功创建大别山茶叶谷、国家农村产业融合发展示范园，推出大别茶旅创意园、大广茶业科技产业园、英山间养生茶谷等观茶景、赏茶礼、品茶味、游茶园的茶旅游项目。促进茶与互联网融合，坚持线上线下市场并重，加强与电商平台合作，将中国大别山茶叶广场打造成英山云雾茶原产地采销集散中心及商家服务中心。创新茶旅融合活动，推出茶文化体验、茶艺展示、民间斗茶等特色茶文旅产品。推进“茶香小镇”“大别山出口绿茶产业园”建设，招商引资建设现代茶产业加工园，加快带动茶相关经济发展。

6. 实施科技创新工程。为解决英山茶产业管理分散、力量薄弱等问题，成立茶叶专家工作站、英山茶产业技术研究院、湖北省黄茶生产与加工工程技术中心，统筹建立农科教、产学研一体化的联动机制，加强引领性、创新性关键共性技术研发攻关和推广应用，推广一批新技术、转化一批新成果，培养一批专业型、复合型人才，为茶产业发展提供更充足科技支撑。

实现“十大转变”：茶树品种多杂乱向品牌良种化转变；平地原料基地向山坡生态茶园建设转变；夯实一产向一二三产业融合转变；加工由传统加工向清洁化、智能化加工转变；龙头扶植由全面撒网向扶优扶强转变；坐店经营等客上门向“走出去”开拓市场转变；转手出口向自营出口转变；品牌由单打独斗向区域公用品牌抱团出击转变；项目扶持立项申报向招标竞标转变；多环节脱节向全产业链延伸转变。

力争到2025年，全县茶园面积稳定在28万亩，产量3万吨；年营收超亿元的龙头企业3家以上，规上龙头企业17家以上，国家级龙头企业1家以上；综合产值达到100亿元以上，茶业税收达到亿元以上；英山云雾茶品牌价值达到30亿元以上。

经过多年的努力，英山茶产业取得了如下成效：

1. 产业规模不断扩大。2021年全县茶叶种植面积25.95万亩，产量2.79万吨，综合产值达到76.15亿元，茶业规模位居全国前列。2021年成功创建了英山云雾茶国家地理标志产品示范区。英山县荣获国际绿茶·魅力之乡、中国茶叶之乡称号，入选全国重点产茶县、2021年中国茶业百强县，成为百县·百茶·百人茶产业乡村振兴先进典型。

2. 龙头带动明显增强。全县现有茶叶企业313家，茶叶专业合作社116家，其中省级龙头企业7家、市级龙头企业15家，省级茶叶专业合作社示范社3家。

3. 品牌建设成效突出。全县注册有茶叶类商标135个，其中4个商标获省级著名商标，9个商标获市级知名商标。英山云雾茶先后荣获湖北十大名茶、湖北名牌产品、大别山生态名茶、中国地理标志保护产品、消费者最喜爱的中国农产品区域公用品牌、中国茶叶品牌馆入馆品牌等称号。英山云雾茶入选2022湖北地理标志产业发展十大典型案例，参评2022中国茶叶区域公用品牌价值评估，品牌价值27.07亿元。

4. 产业链条不断延伸。在巩固扩大名优绿茶生产的基础上，开发了红茶、乌龙茶、白茶、黑茶、精制出口绿茶。制茶机械、茶叶包装产品已成规模，以黄冈市丰景农业机械有限公司为代表的茶机制造企业不断壮大，现已生产茶叶杀青机、揉捻机、烘干机、筛选机等多型号绿茶制作机械，湖北英山庆龙茶业股份有限公司已形成纸品、铁罐等多类型茶叶包装系列。湖北大别茶访茶业集团有限公司成功开发了绿茶面膜、茶酒。湖北金雷茶业股份有限公司开发了茶叶自动售货机、茶叶冷泡机。茶旅游、茶餐饮正健康发展，茶餐厅、农家乐正成为茶乡的一大休闲体验特色。

5. 科技推动创新发展。实施科技兴茶工程，强化科技支撑，成立茶叶院士专家工作站、湖北省黄茶加工中心、英山茶产业技术研究院，加强与大专院校、科研院所的科技合作，参与国家茶叶产业技术体系建设，构建县、乡、村三级茶叶科技服务网络，大力推广了一批新技术、新成果，提高了茶产业开发科技水平。推行茶叶标准化生产，创建了一批有机茶、绿色食品茶生产示范基地，建设了一批高效标准茶园。采取科技培训、专家指导、办点示范等方式进行科技服务，创办了一批科技示范园区，培养了一批茶叶乡土人才，为茶产业可持续发展提供了科技支撑。

6. 质量监管不断加强。积极推进“三品一标”认证工作，构建茶叶全程质量监控体系，在湖北志顺茶业股份有限公司、湖北金雷茶业股份有限公司等 20 家授权使用英山云雾茶公用品牌的企业推广质量安全可追溯体系建设。及时发布茶园病虫情报，科学防控，坚持以生态防控为主。定期对茶企生产经营情况进行巡查，重点检查生产加工企业是否严格遵守质量安全及卫生标准，严把茶叶产品质量安全关。加大对农药使用安全间隔期管控，严禁不到间隔期采摘，从源头上控制了茶叶质量安全。全县已有 29 家茶叶生产企业获得了 SC 标识，有 3 家企业通过了国际质量体系认证，有 5 个产品通过有机认证，有 13 个产品通过绿色食品认证。

7. 茶乡旅游方兴未艾。每年举办中国英山茶文化旅游节，现已连续举办了 29 届，推进茶叶产业与茶乡旅游深度融合，以茶兴旅、以旅促茶，拓展了茶产业发展空间，提升了英山茶产业的文化品位。英山县乌云山茶叶公园已成为全国休闲农业示范点，英山生态茶园被农业农村部评为全国采茶芬芳地、中国美丽田园，茶乡英山已成为湖北省茶叶休闲旅游最佳目的地。

经验总结

1. 坚守一件事，矢志不渝抓茶叶。英山历任县委、县政府领导，一任接着一任干、矢志不渝抓茶叶，统一思想、统一认识，成立了茶产业链发展领导小组，主要领导亲自挂帅，定期制定发展规划、研究扶持政策、分解年度任务，做到统筹谋划、统一协调，及时解决茶产业发展中出现的新问题、新情况，为茶产业高质量发展创造了有利条件。

2. 制定总规划，统筹谋划抓茶叶。结合自然环境条件、茶叶资源优势和社会经济基础，相继出台了《英山县茶产业链建设实施方案》等一系列规划，明确了发展前景、目标任务和建设内容，使全县茶产业得以科学有序地发展。

3. 运用新科技，强化支撑抓茶叶。一是开展科技合作。县政府与中国农业科学院茶叶研究所、湖北省农科院签订了科技合作协议，引进一批无性系茶树良种。二是进行科技示范。鼓励、支持茶叶龙头企业、专业合作社通过土地流转、产销合作等形式建设高效标准茶园和现代加工园区。三是开展科技培训。每年开展科技入户、新型农民、阳光工程等培训活动，培养了万名茶叶乡土人才，为茶产业可持续发展提供了科技支撑。

4. 培植大龙头，示范带动抓茶叶。大力实施培优扶强工程，优先扶持有基地、有加工、有品牌、有带动能力的龙头企业，促使省市级龙头企业不断发展壮大。同时，加大招商引资力度，引进外商开发茶叶资源。鼓励支持茶叶企业通过合作、兼并、租赁、转让等形式，整合资本、抱团发展，建立领导专家联系制度，进行“零距离”指导，并在金融信贷、技术创新、产品开发、项目申报、品牌推介等方面给予扶持，为企业营造良好的发展环境。

5. 打造大品牌，创新思路抓茶叶。一是发挥优势创品牌。英山县地处北纬 30 度黄金产茶带，大气、土壤、水质条件均属清洁范围，茶叶自然品质好，内含物丰富，具有高山云雾出好茶的品质优势。二是执行标准创品牌。先后制定了英山云雾茶标准、“一个意见四个办法”，加强茶叶种植、加工、经营、商标与地标管理，建立全程质量可追溯体系，确保茶叶质量安全。三是运用科技创品牌。大力应用茶叶绿色生产、减肥减药、全程机械化、标准化等 10 多项新技术，充分发挥院士专家工作站、国家茶叶产业技术体系、院县合作等平台作用，以科技支撑品牌建设。四是依托“龙头”创品牌。大力培植一批茶叶品牌建设核心示范企业，充分发挥企业打造品牌、认证品牌、推介品牌的主体作用和龙头作用，增强企业的品牌意识和竞争意识，以品牌扩销路、增效益。

◎ 英山县两年一度的茶文化旅游节（作者摄于2022年）

专家点评

英山县具有很好的发展茶叶产业自然资源，在脱贫攻坚阶段，20万茶农的脱贫主要靠的就是茶叶生产链的全面产业化。进入乡村振兴阶段，茶叶产业更是成了发展、富民的支柱性产业。

全县茶叶产量规模可观，但品牌、质量的市场整体优势都不算突出，各产业环节的问题也表现不一。无论优势还是问题，集中整合的难度都比较大，也不现实。因而当地出台的一系列广覆盖的综合性政策更具针对性、适应性。

其中有两点值得关注：一是从多渠道扶持各种市场主体，支持、激励市场多主体竞争创新，共同闯出新路子，开创新局面。二是选择并扶持若干市场主体加快先行，树立样板，带头示范，引导市场主体健康前行。

——袁崇法

第六章
生态产业助力产业振兴

内蒙古鄂尔多斯

绿色生态富民　助力乡村振兴

内蒙古亿利资源集团有限公司

内蒙古自治区是我国荒漠化和沙化土地最为集中、危害最为严重的省区之一，也是我国防沙治沙、生态产业的“排头兵”。其中位于黄河几字湾南岸的库布齐沙漠经过30多年有效治理，实现了由“沙逼人退”到“绿进沙退”的历史性转变。在各级党委政府的支持下，内蒙古亿利资源集团有限公司（以下简称亿利资源集团）探索形成了库布齐治沙生态产业扶贫经验模式和成功案例，带动10万多沙区群众脱贫致富，受到党中央的肯定。2018年12月，生态环境部授予库布齐沙漠亿利生态示范区“绿水青山就是金山银山”实践创新基地称号，这也是内蒙古自治区首个“两山”理念实践创新基地。

随着生态文明建设的提速，库布齐治沙经验模式先后走进了新疆塔克拉玛干沙漠、内蒙古乌兰布和沙漠、甘肃腾格里沙漠、西藏那曲和山南以及青海等省区推动治沙生态产业和乡村振兴工作，在我国西部沙区持续深入推进。

库布齐沙漠是中国第七大沙漠，是内蒙古自治区中西部生态环境极度脆弱的地区之一，也是京津冀地区三大风沙源之一，曾被称为死亡之海，植被稀少、交通不便、降水缺乏、沙尘暴频发，恶劣的生态环境问题是地区经济发展的最大障碍。沙区生产生活条件十分恶劣，农牧民散居在沙漠里，过着与沙为伴的游牧生活，苦不堪言。

为切实破解库布齐沙漠治理难题，亿利资源集团在各级党委政府的支持下，30多年来坚守治沙事业，担当库布齐治沙的主体和主力，探索形成了治沙、生态、产业、扶贫四轮驱动平衡发展的库布齐模式。据联合国环境规划署发布的生态财富报告，亿利资源集团治理绿化库布齐沙漠6000多平方公里，创造了5000多亿元生态财富，带动10.2万人脱贫致富，实现了美丽与发展双赢。报告指出，大面积植树造林提高了地表植被覆盖，减少水土流失，有效调节微气候。碳固定是库布齐沙区生态系统改善的重要成果之一，在库布齐生态修复区内，固碳量高达1450万吨。

2022年，库布齐沙漠的植被覆盖率由1988年的不足3%增长到53%，动植物由100多种增加到500多种，降水量成倍增加，夏季雨后常见彩虹，春秋常见天鹅等候鸟翩跹。联合国环境规划署将库布齐沙漠生态治理区确立为全球沙漠生态经济示范区，先后授予亿利资源集团全球治沙领导者奖、地球卫士终身成就奖。

一、系统化、规模化治沙，使库布齐从漫漫黄沙变成绿水青山

30年来，内蒙古自治区、鄂尔多斯市、杭锦旗各级党委、政府积极构建政府主导、企业主体、社会组织和公众共同参与的沙漠生态治理体系。政府、企业、民众齐上阵，撸起袖子加油干。亿利治沙，道法自然。在30年治沙实践中，看清了沙漠，摸透了沙漠，找到了人与自然和谐共生的方法。采取分区治理，将库布齐治理划分为“三区一带”：西部为生态修复与保护区，中部为生态过渡区，东部为生态产业经济区，一带为沙漠绿化带。按照南围、北堵、中切割的治沙策略，在沙漠南缘封沙育林，阻挡沙漠蔓延；在北缘建设防沙锁边林，牢牢锁住沙漠；在中间修筑多条纵横交错的穿沙公路，以路划区，分块治理。同时，生态移民、自然封育、飞播造林、人工种植多管齐下，水、电、林、路、机、讯、网等基础设施配套展开。建成了中国西北最大的种质资源库，研发了甘草平移法、微创气流法、风向数据法、无人机植树等100多项种植技术，培育了1000多个耐寒、耐旱、耐盐碱的种子。亿利人的勤劳和智慧，让库布齐1/3的沙漠披上了绿装，形成了沙漠绿洲和生态小气候环境，让沙尘与绿洲、降雨、生物多样性此消彼长，出现了天鹅、野兔、野鸡、狐狸等多种野生动物，生物多样性逐步恢复。

2018年6月29日，中国林业科学院、中国治沙暨沙业学会、内蒙古农业大学等权威机构联合发布了《亿利库布齐三十年治沙成果报告》，认定亿利资源集团在库布齐治沙30年，投入产业资金300多亿元、公益资金30多亿元，治理沙漠6000多平方公里，沙漠的森林覆盖率、植被覆盖度分别由2002年的0.8%、16.2%增加到2016年的15.7%和53%。沙尘天气逐年减少，把沙尘挡在了塞外，把清风送给了北京，带动库布齐及周边群众10.2万人受益。如今的库布齐，人口被迫外迁的现象完全消除，人、沙、绿洲、动物和谐共生，呈现出一幅生态优美、生活恬美的生动画面。

二、市场化、产业化治沙，使库布齐的绿水青山产生金山银山的价值

宇宙万物是平等的，互为伙伴、互相共存。比如沙漠，它不仅是无机的身体，还把它的物产转化为有机生命的组成部分。通过认知革命，亿利资源集团重新认识了沙漠，不再把沙漠当成一种负担，而是当成一种资源，认识到沙漠是可以治理的、可以利用的，遵循产业生态化和生态产业化的绿色发展观，坚持向沙要绿、向绿要地、向天要水、向光要电。充分运用沙漠充足的阳光、土地和生物资源，引进国内外大型企业共同发展一二三产业融合的产业体系。一是农业治沙。挖掘沙漠植物经济价值，适度开发甘草、苁蓉、有机果蔬等种植加工业。二是光伏治沙。通过板上发电、板间养殖、板下种植的方式，光伏板生产绿色能源，草林种植防风治沙，养殖产生的生物肥又可反补种植，实现良性互动。三是工业治沙。在光伏治沙的基础上，充分利用现代煤化工产业链基础，延伸光伏制氢和电解槽制氢，协同发展清洁热力等业务。亿利资源集团在内蒙古自治区库布齐、达拉特建有一体化现代煤化工产业园，带动当地产业发展，创造就业机会。四是旅游治沙。依托大漠风光，大规模发展沙漠旅游，库布齐七星湖度假区已经入围国家5A级景区评选，2022年接待游客超过30万人次。

亿利资源集团在生态改善的基础上，形成了“1+6”立体循环生态产业

体系，实现了绿化一座沙漠的目标，培育了生态修复、生态工业、生态光伏、生态健康、生态农牧业、生态旅游六大产业。正是市场化的积极探索解决了沙漠怎么绿、钱从哪里来、利从哪里得、如何可持续等生态治沙的世界性难题。

如今的库布齐，绵羊和家禽在太阳能电池板下悠闲地吃草，光伏发电源源不断地输入国家电网，大漠绿洲和浩瀚星空吸引着越来越多的游客，甘草苁蓉转化为地道中蒙药产品，有机蔬果源源不断地运往全国。

经验总结

在各级党委政府的大力支持下，亿利资源集团依托党建引领，走出了一条以“公益 + 市场”为特点的可持续治沙乡村振兴之路。随着亿利治沙生态产业走出内蒙古，走进全国，把这种模式推广到西部生态脆弱地区。党的十八大以来，亿利治沙生态产业带动 3.6 万各族民众参与乡村振兴，主要有 8 种做法：

组建了 232 支民工联队，常年有近 6000 人跟着亿利资源集团在全国各地治沙、治地、治水，包括到内蒙古、甘肃、西藏、新疆、河北、贵州、云南、陕西等省（区）。财务数据显示，亿利资源集团累计支出劳务人工费用 10 亿元，使 3 万多名农民工受益。

通过建设工业园区带动绿色就业创业。亿利资源集团先后在库布齐沙漠边缘建成了达拉特能源循环经济园区和库布齐沙漠生态工业园区，在绿色低碳发展的过程中辐射带动杭锦旗、达拉特旗以及周边地区劳动力人口就业创业。

发展甘草产业。种植甘草是亿利资源集团在治沙过程中的重大发现，也是亿利资源集团乡村振兴的重要方式和“利器”。30 多年来，亿利资源集团在库布齐沙漠北缘、黄河南岸以及沙漠腹地，通过“公司 + 农户”“企业 + 基地”的方式，采取种苗供应到户、技术服务到户、产品回收到户的“三到户”模式，进行了 132 万亩甘草半野生化种植，先后带动 5500 多人投身甘草产业，参与乡村振兴。

生态移民搬迁。盐海子周边受荒漠化侵害十分严重。1996 年，亿利资源集团为散居的 100 多户牧民建设了盐海子牧民新村。2006 年，亿利资源集团为居住在大漠腹地的 36 户牧民建起了道图嘎查牧民新村，因地制宜，发展特色产业，户均收入 10 万多元，人均收入超过 3 万元。2008 年，亿利资源集团助力地方政府建设独贵塔拉沙漠越野小镇，生态移民 3360 户。2016 年，亿利资源集团和地方政府共建杭锦淖尔新村，建设 197 套住房院落、50 套养殖棚圈及完善的配套设施，水、电、暖、天然气全部入户，同时引导村民通过发展旅游业、特色种植养殖业、甘草产业等走上致富路。2019 年，与西藏山南市扎囊县共同投资建设了亿利扶贫旅游示范村，成功搬迁了当地 25 户建档立卡贫困户。

乡村振兴必先教育振兴。亿利资源集团先后投入 2.4 亿元，在杭锦旗、乌兰察布集宁区与政府共建集幼儿园、小学、初中、职业高中于一体的寄宿制亿利东方学校。同时成立了农牧民党校和培训学校，每年培训近4000名农牧民，提高他们的综合素质和技能水平。2018 年在云南大关县、青海海北、甘肃、新疆及内蒙古实施了亿利生态职业教育培训，帮助贫困家庭子女获取技能，就业创业。

党建引领乡村振兴。亿利资源集团成立了亿利库布齐沙区党委，亿利资源集团党员和当地贫困户“一对一”结对子帮扶，有针对性地因户因人施策，增强贫困户的自我发展意识，提高他们的生产能力，截至 2020 年底，211 名党员帮扶 303 户贫困户，共捐助 314 万元，户均帮扶 1.04 万元。沙区党委广泛开展了“一爱四惠八增”的党建惠民生活动，同步开展了“大漠党旗下的绿色中国梦”党性教育和生态技能培训。

发展肉羊养殖。“十三五”时期，亿利资源集团先后向杭锦旗全部 1400 多贫困户捐赠母畜，引导支持集约化养殖，助力杭锦旗脱贫摘帽。

光伏产业治沙。亿利资源集团在库布齐沙漠投资建成了 710 兆瓦生态光伏。在建设工程中通过租用沙地、工程发包、劳务外包等方式，带动 5170 人致富。同时全面实施“光伏组件清洗 + 板下种植养护”精准就业，使每户平均可增收 3.5 万元。

◎ 亿利资源集团捐建的现代化“牧民新村”（作者摄于 2022 年）

专家点评

从本案例可见，亿利资源集团是一家致力于沙区综合治理的社会企业。社会企业这一概念出现于 20 世纪末，其被普遍认可的定义是运用商业手段，实现社会目的。社会企业具有明确的社会目标或环境目标，运用商业工具和方法来实现这些目标，包括通过商业活动创收所得为社会项目提供资金。亿利资源集团在库布齐沙漠以生态环境治理、带动农牧民增收致富为目标，以科学治沙、发展适宜产业为手段，取得了良好的生态效益和社会效益，并把这一经验推广到全国多个省（区），较好地诠释了作为一家社会企业的应有风貌。

社会企业在我国已开始逐步发展。亿利资源集团是乡村产业振兴与生态环境治理领域社会企业的一个先行者，我们期待有更多的后起之秀陆续涌现。

——林家彬

四川、甘肃

共建可持续社区 助力乡村振兴

日昌升集团有限公司

日昌升集团有限公司（以下简称日昌升集团）以国家“两山”理念为指引，绘就乡村振兴新蓝图，提倡项目在地实践，邀请社区居民全程参与社区共建，培养居民的主人翁意识，通过社区共建来推动项目所在社区的生态环境保护、社会效益实现及经济效益提升，从而实现社区的可持续发展，用实际行动践行国家乡村振兴战略。2022 年，日昌升集团以四川绵阳马角镇、甘肃兰州金崖镇及杭州富阳新桐乡项目为例，开展了由浅入深、分步实施的社区共建工作，后续将形成模板，推广到全国的项目中去。

联合国环境规划署统计显示，全球每年使用超过 400 亿吨的建筑工程砂石，是继水资源之后消耗最多的第二大自然资源。在矿企合法合规的运作下，依旧面临以下问题及矛盾：

1.“闻矿色变”观念难刷新，“邻避效应”问题凸显：在外界的印象中，矿业历来被视为傻、大、粗的高污染、高危险行业。尽管国家对安全生产、科学开采以及环境生态化有着极高的要求及标准，但在公众眼中，矿企的“邻避效应”问题依旧凸显，如何化解不信任，是当下矿企需要解决的问题。

2. 单向“输血”式帮扶，根本矛盾难解决：当前，全球矿业集团主要以最简单直接的方式去试图找到企业和社区之间的平衡，如缴纳援助金、修建当地的基础设施或采取其他技术手段等，但这种企业单向“输血”所达成的平衡是脆弱且不可持续的，社区和企业的矛盾并没有在根本上得到解决。

3. 传统矿企与社区沟通受阻：长期以来，矿企与社区存在的矛盾使得双方均在回避与对方的沟通，不满情绪也不断发酵。在这样的趋势下，社区发展没有一个良好的环境，而企业的发展也受到了阻碍。

一、日昌升集团以可持续发展为导向的解决方案

（一）依托技术创新，实现社区环境可控

日昌升集团在项目合法合规的基础上，开展支撑企业绿色发展的关键技术研究，改进工艺技术水平，设计研究院研发投入费用超过 2019 年度主营业务收入的 5%。在骨料开发全过程中，日昌升集团采用虚拟仿真技术优化开采规划、安全爆破技术、边开采边复绿和复垦等技术模式实现矿区与社区生态环境可控，以达到生态环境保护与绿色矿山建设和谐共生。当前，日昌升集团已经先后在日昌升宏升、日昌升顺林等多个项目完成了以上技术创新，并将继续在后续项目中广泛推广。

（二）打造小镇品牌战略，提升当地竞争力

日昌升集团深挖地方特色，以“人、文、地、产、景”为品牌形象切入点，先后为四川绵阳马角镇及甘肃兰州金崖镇等项目地导入了小镇形象策略，丰富了当地的环境导视系统，并为当地粮食作物、经济作物及特色农产品等进行了农产品系列包装设计。之后，日昌升集团将逐步从品牌、产品、渠道及营销规划等模块着手，为两个小镇完善全品牌体系，并计划每年以打造 3~4 个小镇 VI 视觉宣传系统的速度，在 3 年内完成集团现有的 17 个项目所在地的小镇形象建设。

（三）举办社区文化活动，激发居民自治活力

日昌升集团通过多次调研，了解到四川绵阳马角镇及甘肃兰州金崖镇居民在社区活动上的痛点及需求，在两地先后为数百名社区居民及村镇干部举办多场社区共建相关培训讲座；号召当地居民重视并保护当地的物质类及非物质类文化遗产，维系当地饶有特色的古老村容，以美丽乡村特色墙绘为主题，联动当地社区居民共同打造特色乡村公共空间；随后，日昌升集团将以提供创意、

技术等资源支持为前提，链接社区周边高校、居民、团体、企业等资源，成立乡村发展促进会，并针对各社区特点，计划在各社区每年举办 7~10 场社区文化活动，如文化漂流、儿童美术大赛、主题墙绘、农村 CBD 空间改造、社区文化节等活动，丰富社区生活。

（四）开展可持续发展教育基础课程

为探索教育应对可持续发展目标（SDGs）的理论和实践方略，日昌升集团以教科文组织的《全球可持续发展教育行动计划》为学习方向和内容指导，通过走进校园，共促成长教育实践，积极创新教学模式，打造可持续发展教育课程，形成一套寓教于乐的可持续发展教学体系，培养当地儿童可持续性的公众意识和理念，激发和支持青少年积极思考、创新实践、贡献合作，为可持续发展目标的实现起到助力推动作用。

（五）持续发扬“利她”精神，赋能当地女性群体

日昌升集团通过洞察社区女性生活就业情况，有效地整合当地社区劳动力资源，为当地社区管理提供全新视角及注入创新活力，通过“妈妈课堂”课程体系的开发及实施，结合当地社区资源支持乡村女性获得创业和就业技能，更好地应对“数字鸿沟”和新冠疫情背景下的风险与挑战，促进产业帮扶，并支持鼓励社区先锋女性发挥引领作用，带动身边更多的女性就业，用创业拉动就业，用创业推动经济的发展，共同支持乡村经济的可持续发展。

二、日昌升集团共建可持续社区的成效

（一）以技术创新消除负面影响

日昌升集团致力于固体废料治理，通过资源梯级利用，资源整体利用率超过 99%，并采取废水循环利用，全流程降尘收尘等，实现“三废”零排放，用实际行动打消社区居民顾虑。据统计，日昌升集团现已获得数百余项专利，

并作为唯一的民企参与国家标准《建设用卵石、碎石》（GB/T 14685—2011）、《建设用砂》（GB/T 14684—2011）制定。

（二）通过小镇品牌形象导入，提升当地农民品牌意识

在日昌升小镇品牌形象策略导入之前，四川绵阳马角镇的农户与当地农企局限于单纯的菜篮子买卖，缺少品牌意识，农产品品牌的传播十分传统且有限；在日昌升集团为社区农户设计农产品包装之后，提升了社区居民的品牌意识，活跃了当地的市场经济，从单向帮扶向技术“造血”过渡，在各方的共同参与中，形成新的社区价值。

（三）持续的社区活动激活村民内驱力

日昌升集团邀请当地学校及社区居民全程参与文化类、文艺类社区活动筹备及举办，积极引导村民自发修缮村镇基础设施与公共服务设施，启动记录收编甘肃兰州金崖镇的水烟厂、三圣庙等古迹及文化故事，维护富有地方特色传统的村容村貌，全面激活社区的内生动力。除此之外，通过旁听社区讲座，参与公益艺术创意活动等，村民了解了生态和文化知识，提高了绘画与设计能力，几乎每一位村民都成为当地“导游”。

（四）普惠的可持续发展教育

当前，可持续发展教育课程已在杭州富阳新桐乡以及清波街道全面开展，受到学生家长的好评以及校方的认可与支持，并与校方达成长期的课程合作意向。同时，该课程模式也已与相关儿童公益组织达成共识，通过经验复制将惠及四川、甘肃等多个省份地区。

（五）女性培训提升当地学习竞争力

日昌升集团通过定期开展培训课堂，面向社区女性举办现代商业技能培训，进一步赋能乡村女性，促进乡村经济发展。以杭州新桐乡为例，依托当

地文旅产业优势，与当地妇女共寻商业契机，携手挖掘地域特色美食，通过“网红点心”吸引周边游客消费，助力当地文旅产业发展，并提供从制作、推广到销售的全程指导和产品包装等一站式帮扶。2022 年，逾 200 名乡村女性受益，两年内，预计覆盖千名女性群体。同时，“妈妈课堂”的开展让当地的留守女性发挥自身优势，提升技能素养，开阔思维眼界，实现乡村闲置人力资源的有效配置。

经验总结

砂石正逐渐成为全球的战略性矿产资源，与此同时，砂石矿业也面临着巨大的机遇和挑战。日昌升集团通过共建可持续社区，不仅建立了良好的企地关系，为行业的可持续发展做出了示范，同时积极响应国家乡村振兴战略，为企业赋能社区、提升社区的生态环境保护能力、实现社会效益及经济收入增长，做出了积极的贡献。该项目通过有效的复制、传播，为更多的企业、社区等利益相关方带来价值，让人人都享有可持续发展的社区。

◎ 日昌升集团坚持“好邻居”理念，与社区居民共同探索乡村振兴（作者摄于2022年）

专家点评

这个案例给人留下的深刻印象是，日昌升集团是一家具有国际视野和前沿理念的企业。该企业对联合国可持续发展目标、企业与社区和谐发展、女性参与、区域品牌及农产品区域公用品牌等概念都有比较深入的了解，并在企业的经营活动中自主自愿地加以践行。从本案例所展现的日昌升集团可见，这是一个矿业企业通过积极认真地履行社会责任而带动了矿区周边社区健康发展的成功典范。矿业企业将其所掌握的先进理念、意识和方法引入矿业项目所在地周边农村社区，是乡村产业振兴中不可忽视的一股重要力量。

——林家彬

江苏苏州

念好农业园区“四字诀” 赋能乡村振兴“排头兵”

江苏省苏州市吴江区乡村振兴局

苏州市吴江区地处江南腹地，太湖东岸，是长三角生态绿色一体化发展示范区，也是太湖流域水稻优势产区和典型的鱼米之乡。吴江区现代农业产业园于 2020 年 4 月获批创建，2022 年 1 月通过认定，成为苏州市首家也是江苏省首个以优质粮油为主导产业的国家现代农业产业园。产业园总面积 84.59 万亩，覆盖 3 个区镇 82 个行政村 6.76 万户农户。产业园总体布局为“一核一带，四区多点”，“一核”即精致粮油一二三产业融合发展核心区，“一带”为优质粮油产业融合发展示范带，“四区”为水稻（小麦）高标准种植示范区、精品油菜生态种植示范区、品牌粮油产品加工仓储物流区和农文旅休闲观光体验区，“多点”即分布在产业园内的重点农业项目。

一、吴江区发展遇到的难题

（一）产业不连片

吴江区地处江南典型水网地区，河湖众多，导致农业资源碎片化，这成为制约现代农业规模化发展的一大瓶颈。而缺少规模支撑，便难以实现技术、人才等现代生产要素的集聚，机械化、标准化、数字化发展等也受到了制约。

（二）产业融合度不高

产业融合发展层次不高，园内农产品加工仍多以初级加工为主，精深加工不足，产业化、科技化、现代化水平不高，产业链延伸不足。此外，农业与旅游、文化、科技、养生等产业的深度融合不足，价值链有待拓展。

（三）主体带动能力不强

由于农业投资大、周期长、回报率低，很多企业不愿意投身农业发展，导致园内新型经营主体数量偏少，且规模普遍不大，技术及经济实力较弱，抵御市场风险能力较低，示范引领作用不强，联农带农作用不显著。

二、“四字决”促发展

（一）念好“融”字诀，产业发展稳基延链

1. 高起点规划“融”字当头。邀请农业农村部农村社会事业发展中心指导国家现代农业产业园发展规划编制，科学规划“一核一带，四区多点”总体布局，引导吴江经济开发区、汾湖高新区、平望镇三大水稻优势产区融合互补协调发展，明确产业园建设目标为全国经济相对发达地区城乡融合发展和粮油融合发展的示范区和引领区。2021 年，产业园内水稻油菜种植总面积 12.4 万亩，主导产业覆盖率达 76.12%。

2. 集中连片高标准相“融”。针对江南水网密布，粮油产业难以大规模连片发展的现实短板，吴江区不断挖“潜”提“质”，提高农业综合生产能力。一方面实施退渔还田和高标准农田全覆盖工程建设，增加优质水稻种植面积，优质晚粳水稻品种南粳 46 占比超 80%；另一方面重点开展农作物绿色高质高效创建活动，建成 5000 亩以上水稻绿色高质高效示范片 1 个和 1000 亩以上水稻绿色高质高效示范片 2 个，推广稻田综合种养面积超 8000 亩。截至 2021 年底，产业园适度规模种植面积 10.54 万亩，适度规模经营率达 93.94%。

3. 产业“融”合构筑高质量链条。产业园因地制宜地发展农产品加工、冷链物流、农村电商、休闲农业和乡村旅游，贯通产加销，融合农文旅，推动乡村产业发展壮大。建成集水稻种植和粮食加工销售于一体的农业企业及合作社 9 家，培育壮大规模以上农产品加工企业 66 家，依托金利油脂、三

港配送、北厍粮油等龙头企业，大力发展稻米初、深加工，引导农民由“谷农”向“米农”发展；打造的特色稻田画和菜田画成功“出圈”；建成600平方米太湖流域稻作文化展览馆，系统展示太湖流域稻作文化发展过程、面貌、地位和影响；建成中国美丽休闲乡村1家，全国休闲农业与乡村旅游星级示范3家，江苏省休闲农业精品村1家、主题创意农园4家、种植业“百园荟萃”3家、农耕实践基地1家、康美基地2家，各休闲农业精品点串点成线，形成中国美丽乡村休闲旅游行精品景点线路1条、江苏省休闲农业和乡村旅游精品线路2条，年接待游客超300万人次。

（二）念好“智”字诀，科技投入筑巢聚才

1. 建好用“智”载体。以苏州市承担国家智慧农业试点试验任务为契机，突出数字化赋能农业农村高质量发展，制定出台《苏州市吴江区智慧农业农村试点建设实施方案》，全力推进以一个数据中心，两个平台（农村基础信息管理平台和农业地理信息系统平台），N个覆盖生产、管理、服务、决策与营销应用系统为整体架构的数字农业农村“1+2+N”管理平台建设，全面提升产业园智慧农业发展水平。

2. 引入优“智”平台。围绕稻油新品种试验示范、水稻绿色高质高效生产、水稻无人农场示范应用等方面，加强与中国农科院、南京农业大学等科研院所及农业企业合作，打造产学研推合作平台。2022年已建立院士工作站2个、教授专家工作站2个、实践基地4个，参与国家、省、市级各类农业科研合作项目22项，推广应用省级及以上新成果7项、市级2项，在产业园集成示范应用了一大批先进的农业技术和设施装备。

3. 提升自“智”水平。自2016年承担全国首届“互联网+”现代农业工作现场会以来，围绕“建设数字农业示范园，引领农业农村现代化”目标定位，积极探索，加大投入和建设力度，形成水稻耕种管收农机无人化驾驶示范农场、园艺花卉种苗自动化生产、高密度流水养鱼以及农产品质量安全追溯等数字农业应用场景，其中获评全国智慧农业案例1个、省智能农业百佳案

例 2 个、省农业电子商务百佳案例 2 个。吴江区获评全国县域数字农业农村发展水平先进县、首批江苏省数字乡村试点地区、主要农作物生产全程机械化示范县。

（三）念好“优”字诀，绿色发展育品提质

1. 做“优”资源提效率。以创建全国农作物病虫害绿色防控示范县为目标，大力开展水稻轻简栽培、绿色防控、测土配方施肥和侧深施肥技术示范推广，化肥农药利用水平超过 43%。通过农作物秸秆全量还田培肥地力，农膜和农药包装物定点回收处置工作机制等措施，农业废弃物综合利用率达 99.93%。

2. 做“优”品牌立口碑。重点打造全国名特优新农产品——“吴江大米”区域公用品牌，建成“吴江大米”生态种养基地约 20 家。同时，加强长三角区域农产品联展联销，开设“云上消费商城”，抱团挺进中高端市场，推动本地农产品加快“走出去”，有效提升了品牌影响力和优质口碑。

3. 做“优”规范保安全。把标准化生产作为做好农产品质量安全工作的重要抓手，切实保障农产品消费安全。2021 年，产业园内各类生产企业执行生产技术规程 85 个，覆盖率达 100%；水稻、油菜基地获批全国绿色食品原料标准化生产基地。建立了完备的农产品检测体系，检测数据接入省市区三级监管平台，全面实现农产品质量安全可追溯。2022 年已建立快检实验室 10 个，配备专业检测人员 30 人。

（四）念好“富”字诀，联农带农同行共赢

1. “富”集政策强化帮扶支持。制定《苏州市吴江区农业高质量发展政策》及实施细则、《吴江区支持国家现代农业产业园和农业现代化示范区建设的十条措施》等一系列政策文件，不断加大财政支农扶农力度，创新农业农村重大项目招引机制，持续推进产业园建设，各级财政累计投入资金 21.27 亿元，引导社会资本投入超 42.64 亿元。充分发挥创业担保贷款政策的撬动作用，引导金融机构推广针对农户、返乡创业人员、小微企业、高校毕业生等特殊群体的

信贷产品，2021 年产业园金融信贷资金投入 83.11 亿元。

2. 丰“富”主体惠及更多农户。出台《关于系统优化农业营商环境 支持新型农业经营主体发展的实施意见》，引导经营主体做大做强，共培育壮大农业龙头企业 20 家，其中国家级龙头企业 2 家，省级龙头企业 6 家，市级龙头企业 12 家；农民专业合作社 189 家，家庭农场 131 家，以“合作社 + 农户”“龙头企业 + 农户”“龙头企业 + 合作社 + 农户”等模式，吸纳就业人数 8 万多人，促进当地农民实现增产增收、就业增收、分红增收。

3. 人才外引内育共同奔“富”。通过开展定向培养和学历提升两种方式，重点培养具有本科或大专学历志愿扎根基层的实用型、复合型青年农业农村人才。在教育资助、创业扶持、社会保险等方面予以财政扶持，鼓励和引导各类科技人员、大中专毕业生、返乡农民工、退役军人等到产业园创业创新，催生农产品初加工、农村电商、乡村旅游等新产业新业态，带动农民增收致富。2021 年，产业园入选全国农村创业园区，新增返乡创业创新人员 1201 人，吸引了一批“田秀才”“土专家”“乡创客”返乡、下乡、在乡创业创新。

三、吴江区取得的成绩

（一）主导产业发展水平领先

吴江国家现代农业产业园水稻、油菜基地获批全国绿色食品原料标准化生产基地；区域公用品牌“吴江大米”获全国名特优新农产品，子品牌同里“富蘇”大米入选第二届中国“好米榜”30 强金奖榜单，吴江国家现代农业产业园获得第二届中国“好米榜”最佳生态稻园奖；水稻“无人农场”被纳入农业农村部智慧农业案例。基于稻米产业化和智慧农业发展优势，2020 年吴江国家现代农业产业园承办了全国优质稻产业化现场观摩交流会和全国智慧农业改革发展大会。

（二）一二三产业融合发展不断深化

围绕农业特色资源，培育壮大规模以上农产品加工企业 66 家，2021 年吴江国家现代农业产业园农产品加工业产值为 68.76 亿元，与农业总产值比值为 1∶3.12，农产品加工转化率达 87.2%；连续多年打造稻田画、菜田画吸引游客打卡，建成了 14 家省级以上休闲农业精品点，串点成线形成 3 条省级以上休闲农业和乡村旅游推介线路，2021 年吴江国家现代农业产业园实现休闲农业和乡村旅游营业收入 2.56 亿元。2021 年吴江获评首批全国休闲农业重点县。

（三）联农带农富农成效显著

创新联农带农机制，形成集体资产量化入股分红型、“企业＋村委会”整村流转入股分红型、“合作社＋农户”土地入股分红型、“合作社＋农户”资金量化入股分红型、“企业＋合作社＋农户”订单合同型、参与多种经营务工增收型等多种利益联结机制，农户与合作社或龙头企业建立利益联结机制的比重超 100%，让园内所有农户分享更多产业红利。2021 年产业园农民人均可支配收入达 5.38 万元，高出全区平均水平 31.76%。

经验总结

1. 建好产业园，运行机制是保障。吴江国家现代农业产业园运行机制实行“四统一”。统一管理：成立以区人民政府区长任组长的国家现代农业产业园创建工作领导小组，统筹协调产业园创建工作；统一规划：以国家现代农业产业园创建规划为统一引领，引导吴江开发区、汾湖高新区、平望镇三大水稻优势产区融合互补协调发展；统一政策：以农业高质量发展政策及实施细则、支持国家现代农业产业园建设十条政策措施等一系列政策为支撑，推动土地、资金、人才、技术等资源要素向园区集聚；统一标准：实现粮油栽培技术、绿色防控技术、生产基地建设、农产品质量安全监管等多项标准统一，推进主导产业高质量发展。

2. 建好产业园，一二三产业融合是关键。吴江国家现代农业产业园按照产加销、农文旅一体化发展的要求，积极发展农产品加工业，配套发展清洗、分拣、包装、冷链、仓储、运输等产业，培育壮大金利油脂、欧福蛋业、天辰冷链、江澜农业、三港配送等一批农产品加工流通企业；深度挖掘产业园生态康养、休闲观光、文化传承等功能价值，大力发展创意农业、观光农业、休闲农业、体验农业等新业态，形成种养加一体化经营、产业链上下游紧密衔接、一二三产业深度融合发展的产业格局。

3. 建好产业园，创新发展是灵魂。吴江国家现代农业产业园积极抢抓智慧农业改革试点机遇，加快构建智慧农业农村“吴江样板”。创新打造“1+2+N”数字农业农村云平台，大力推进物联网、大数据、互联网、智能控制、卫星定位、5G 等信息技术与种植业、渔业、畜牧业生产深度融合应用，示范打造智慧农业生产场景，探索“无人农场”“大田托管”等社会化服务新模式。其中，产业园核心区打造的水稻“无人农场”，实现了无人激光平整地、

◎ 吴江区智慧农业农村云平台（作者摄于2022年）

无人机插 + 侧深施肥、无人植保（变量植保）、无人机收和可视化大田管理，2021 年入选全国智慧农业案例。

专家点评

本案例作为发达地区的国家现代农业产业园，其值得关注的做法主要体现在以下 6 个方面。一是通过高标准的规划编制与实施，在土地比较细碎的江南水乡实现了农业的规模化经营，提高了农业生产的效率。二是大力推行农业标准化生产，提高了农产品的品质和市场信任度。三是注重农产品区域公用品牌的建设，使好产品能够卖出好价钱，提高了农业经营的收益水平。四是高度重视现代科技的推广应用，舍得投入，大大提高了农业生产的科技水平。五是注重产业链的延伸和高价值化，大力发展农产品的深加工及农村文旅，提高了汲取农业经营附加价值的能力和水平。六是注重利益联结机制的构建，因地制宜，精准施策，形成多种形式的联农带农模式，使园区的发展与当地农民的利益高度相关，提高了发展的内生动力。

——肖金成

后　记

乡村振兴，产业兴旺是基础。产业兴旺，是解决农村一切问题的前提。只有产业兴旺了，农民才能有好的就业、高的收入，农村才有生机和活力，乡村振兴才有强大的物质基础。乡村产业是根植于乡村，以农业农村资源为依托，以农民为主体，以一二三产业融合发展为路径，地域特色鲜明、承载乡村价值、创新创业活跃、利益联结紧密的产业体系。正因为如此，在我国各地区之间自然条件和资源禀赋差异巨大的基本国情之下，不存在一条"放之四海而皆准"的乡村产业振兴路径，而应当鼓励各地方根据自身条件积极探索，形成百花齐放、百舸争流的局面。

在百花齐放、百舸争流的局面形成之后，我们可以发现，在众多的成功案例背后，存在一些共同或相通的基本理念、原则、模式，可以为后来者提供有益的借鉴。基于这样的认识，中国城乡发展国际交流协会与中国食品报社联合举办了"2022 乡村产业振兴典型案例征集"活动。活动得到了各方面的广泛支持，共收到案例文稿近百篇。本书编委会从中筛选出 36 篇具有较高典型性及可推广性的案例汇编成册，并由专家学者林家彬、肖金成、徐小青、袁崇法为每篇案例撰写了短小精悍的点评，希望能够成为乡村振兴事业参与者的有益参考。

在本书出版之际，我在此谨代表编委会对本书的形成和问世做出了实质性贡献的有关各方致以诚挚的谢意。首先要感谢积极响应我们征集邀约的所有案例提供者，没有他们的实践与总结也就没有这本书。其次要感谢我的老领导陈锡文教授，他慨允我们使用他在 2022 年中国社会保障学会主办的“共同富裕大家谈”活动上的发言稿作为本书的序，为本书增色不少。最后要感谢中国发展出版社，出版社专业的编校团队保证了本书的高质量出版。

林家彬

2023 年 6 月于中国城乡发展国际交流协会